U0906698

太原社会经济统计年鉴

下　卷

太原市统计局编

中国统计出版社
China Statistics Press

(京)新登字 041 号

图书在版编目（CIP）数据

太原社会经济统计年鉴 . 2002/太原市统计局编 .
——北京:中国统计出版社,2002. 7
ISBN 7 - 5037 - 3785-9
Ⅰ. 太 . . .
Ⅱ. 太 . . .
Ⅲ. 社会经济统计 - 统计资料 - 太原市 - 2002 - 年鉴
Ⅳ. C832. 251 - 54
中国版本图书馆 CIP 数据核字(2002)第 034196 号

中国统计出版社出版
E - mail/yearbook@ stats. gov. cn
(北京市西城区三里河月坛南街 75 号　100826)
太原市中远新印刷有限公司设计制版印刷
各地新华书店经销
787 × 1092 毫米　16 开本　31. 75 印张　89 万字
2002 年 8 月第 1 版　2002 年 8 月太原第 1 次印刷
印数:1 - 1000 册
*
ISBN 7 - 5037 - 3785 - 9/F · 1385
国内定价:576. 00 元(上、下册)

《太原社会经济统计年鉴 2002》编辑委员会

目　　录
（2001 年）

第一篇　综合

第二篇　人口、计划生育和社会治安

第三篇　农业

第四篇　工业、能源、交通、运输、邮电

第五篇　企业调查

第六篇　固定资产投资、建筑业

第七篇　公用事业

第八篇 财政、金融、税务、保险

第九篇 物价指数

第十篇 城市居民住户调查

第十一篇 农村住户调查

第十二篇 国内外贸易、旅游

第十三篇 劳动力和职工工资

第十四篇　科教文卫体、民政

第十五篇　县(市、区)经济概况

第一篇

综　合

资料整理

陆建云　梁永昭　王翠莲

1—01　太原市区、市、县及乡镇、办事处名称

县　　级	乡　　级
小店区	北格镇、西温庄乡、刘家堡乡、小店街办、坞城街办、北营街办、黄陵街办、营盘街办、平阳路街办
迎泽区	郝庄乡、迎泽街办、桥东街办、文庙街办、柳巷街办、老军营街办、庙前街办
杏花岭区	中涧河乡、小返乡、杨家峪街办、涧河街办、三桥街办、鼓楼街办、杏花岭街办、坝陵桥街办、大东关街办、职工新街街办、敦化坊街办、巨轮街办
尖草坪区	向阳镇、阳曲镇、马头水乡、柏板乡、西墕乡、柴村街办、新城街办、尖草坪街办、光社街办、上兰街办、南寨街办、迎新街街办、古城街办、汇丰街办
万柏林区	西铭乡、王封乡、小井峪乡、化客头街办、东社街办、万柏林街办、和平街办、千峰街办、兴华街办、下元街办、杜儿坪街办、开城里街办、南寒街办、白家庄街办、大虎沟街办、官地街办
晋源区	晋祠镇、姚村镇、金胜镇、晋源街办、义井街办、罗城街办
古交市	镇城底镇、河口镇、马兰镇、阁上乡、嘉乐泉乡、梭峪乡、常安乡、原相乡、岔口乡、邢家社乡、东曲街办、西曲街办、屯兰街办、桃园街办
清徐县	清源镇、东于镇、徐沟镇、孟封镇、马峪乡、柳杜乡、西谷乡、王答乡、集义乡
阳曲县	黄寨镇、东黄水镇、大盂镇、泥屯镇、侯村乡、凌井店乡、高村乡、杨兴乡、西凌井乡、北小店乡
娄烦县	娄烦镇、杜交曲镇、静游镇、庙湾乡、马家庄乡、盖家庄乡、米峪镇乡、天池店乡

1—02 行　　政

类别 县市区	街道办事处	(社区)居民委员会
小店区	6	78
迎泽区	6	89
杏花岭区	10	124
尖草坪区	9	52
万柏林区	13	79
晋源区	3	18
古交市	4	36
清徐县		9
阳曲县		4
娄烦县		4
合　计	**51**	**493**

区　　划

单位:个

乡政府	镇政府	村民委员会	自然村
2	1	98	112
	1	29	54
2		50	60
3	2	90	103
3		67	93
	3	96	112
7	3	200	387
5	4	193	211
6	4	245	424
5	3	217	249
33	**21**	**1285**	**1805**

1—03 自 然 资 源

指标	单位	数量
一、人口土地		
全市总人口	人	3153096
人口密度	人/平方公里	451
土地面积	平方公里	6988
平原	〃	1240
丘陵	〃	2117
山地	〃	3631
二、气候		
平均气温	摄氏度	11.9
日照时间	小时	2413.7
无霜期	天	199
降水量	毫米	353
三、林木		
林地面积	万公顷	14.67
林木蓄积量	万 m^3	230
森林覆盖率	%	20.3
四、水利		
水资源总量	万 m^3	53365
地下水资源总量	〃	48985
五、矿产		
煤矿	亿吨	163.72
铁矿	〃	6.20
溶剂用灰岩	万吨	9919
水泥用灰岩	〃	12436
石膏	〃	6080

1—04　土地面积及人口密度

指　　标	土地面积（平方公里）	常住人口（人）	人口密度（人/平方公里）
总　　计	**6988**	**3153096**	**451**
辖区合计	**1460**	**2392034**	**1638**
小 店 区	295	435892	1478
迎 泽 区	117	464282	3968
杏花岭区	170	519871	3058
尖草坪区	285	310361	1089
万柏林区	305	485354	1591
晋 源 区	288	176274	612
县（市）合计	**5552**	**761062**	**138**
古 交 市	1584	206594	130
清 徐 县	609	298643	490
阳 曲 县	2059	144068	70
娄 烦 县	1276	111757	88

指　　标	单位	总量指标					
		1978	1985	1990	1995	2000	2001
一、人口							
年末总人口	人	2011691	2344452	2612087	2827710	3087491	3153096
1.农业人口	〃	908821	919217	975743	995113	1048251	1054171
非农业人口	〃	1102870	1425235	1636344	1832597	2039240	2098925
2.男	〃	1083011	1258322	1384876	1490281	1607655	1638153
女	〃	928680	1086130	1227211	1337429	1479836	1514943
二、就业							
年末全社会从业人员	人	940300	1348000	1557000	1685000	1604926	1599949
第一产业	〃	253000	231000	243000	258000	276129	285250
第二产业	〃	501000	753000	835000	872000	601241	590563
第三产业	〃	186300	364000	479000	555000	727556	724136
职工人数	〃	672000	989000	1111000	1124000	884117	855513
三、国民经济核算							
国内生产总值	万元	186758	437220	913794	2147429	3465305	3844025
第一产业	〃	11036	28885	58755	118405	154936	143440
第二产业	〃	140152	295782	520827	1092795	1692582	1900891
第三产业	〃	35570	112553	334212	936229	1617787	1799694
四、农业生产							
农林牧渔业总产值(1990年不变价格)	万元	44085	59829	75218	93527	122531	119988
年末实有耕地面积	千公顷	144.52	134.97	131.47	126.82	157.55	157.78
农业机械总动力	万千瓦	28.56	68.08	90.44	109.37	121.54	121.28
化肥施用量(实物量)	吨	81565	35532	61565	74184	82093	79942
主要农产品产量							
粮食	吨	324515	304534	387806	334171	294557	207611
油料	〃	2035	16756	13882	6636	10557	4303

速度指标（%）								
指数(2000年比以下各年)				2001比2000	平均增长速度			
1978	1985	1990	1995		1979—2000	1986—2000	1991—2000	1996—2000
153.5	131.7	118.2	109.2	102.1	1.97	1.85	1.69	1.77
115.3	114.0	107.4	105.3	100.6	0.65	0.88	0.72	1.05
184.9	143.1	124.6	111.3	102.9	2.83	2.42	2.23	2.16
148.4	127.8	116.1	107.9	101.9	1.81	1.65	1.50	1.53
159.3	136.2	120.6	110.6	102.4	2.14	2.08	1.89	2.04
170.7	119.1	103.1	95.2	99.7	2.46	1.17	0.30	−0.97
109.1	119.5	113.6	107.0	103.3	0.4	1.20	1.27	1.37
120.0	79.8	72.0	68.9	98.2	0.83	−1.49	−3.23	−7.17
390.5	199.9	151.9	131.1	99.5	6.39	4.73	4.27	5.56
131.6	89.4	79.6	78.7	96.8	1.25	−0.74	−1.51	−2.37
774.2	402.1	267.6	151.0	110.3	9.75	9.72	10.34	8.59
317.5	206.8	138.3	130.1	90.9	5.39	4.96	3.30	5.40
632.0	398.2	273.3	149.2	111.0	8.74	9.65	10.58	8.33
1206.2	464.4	276.5	156.4	111.6	11.98	10.78	10.71	9.36
277.9	204.8	162.9	131.0	97.9	4.76	4.89	5.00	5.55
109.0	116.7	119.8	124.2	100.1	0.39	1.03	1.82	4.43
425.6	178.5	134.4	111.1	99.8	6.80	3.94	3.00	2.13
100.6	231.0	133.3	110.7	97.4	0.03	5.74	2.92	2.05
90.8	96.7	76.0	88.1	70.5	−0.5	−0.2	−2.7	−2.5
518.8	63.0	76.0	159.1	40.8	7.8	−3.0	−2.7	9.7

1—05　续表 1

指　　　　标	单位	总　量　指　标					
		1978	1985	1990	1995	2000	2001
蔬菜	吨	270035	460486	592063	683582	1250852	1265835
肉类	〃	10970	12001	17109	33603	47606	48856
奶类	〃	6195	20131	35041	36890	46020	51766
大牲畜年末数	头	74080	73615	79725	90388	91717	94869
猪年末数	〃	288724	151100	176354	302953	326700	338900
羊年末数	只	354122	209500	347183	375530	478600	494600
五、工业生产							
工业企业单位数	个	1147	1560	1981	2033	383	390
工业总产值(1990 年不变价格)	万元	556075	987104	1432174	1972592	2667101	2958632
轻工业	〃	129454	255206	358054	408076	499317	506395
重工业	〃	426621	731898	1074120	1564516	2167784	2452237
主要工业产品产量							
原煤	万吨	1100	2140	2840	3133	2544	2457
发电量	万千瓦小时	339100	347600	367800	873200	1135500	1174000
钢	万吨	103	153	190	239	250	307
成品钢材	〃	61	84	99	161	256	296
生铁	〃	82	111	160	241	292	316
焦炭	〃	126	153	386	893	836	441
水泥	〃	42	76	74	149	170	187
化学纤维	吨	607	4863	9704	6888	9500	8600
棉布	万米	7281	7126	7735	2867	4517	4677
卷烟	万箱	15.50	13.70	19.01	20.01	24.50	24.50
六、运输邮电							
铁路货运量	万吨	1452	2398	4653	5198	5603	5894
铁路客运量	万人次	427	814	1270	1400	1184	1268

注:工业企业单位数、工业企业总产值 1999 年、2000 年为全部国有、大中型企业和年产品销售收入 500 万元

速度指标（%）								
指数（2000年比以下各年）				2001比2000	平均增长速度			
1978	1985	1990	1995		1979—2000	1986—2000	1991—2000	1996—2000
463.2	271.6	211.3	183.0	101.2	7.22	6.89	7.77	12.85
434.0	396.7	278.3	141.7	102.6	6.90	9.62	10.78	7.22
742.9	228.6	131.3	124.7	112.5	9.54	5.67	2.76	4.52
123.8	124.6	115.0	101.5	103.4	0.98	1.48	1.41	0.29
113.2	216.2	185.3	107.8	103.7	0.56	5.28	6.36	1.52
135.2	228.4	137.9	127.4	103.3	1.38	5.66	3.26	4.97
479.6	270.2	186.2	135.2	110.9	7.39	6.85	6.42	6.22
385.7	195.7	139.5	122.4	101.4	6.33	4.58	3.38	4.12
508.1	296.2	201.8	138.6	113.1	7.67	7.51	7.27	6.74
231.3	118.9	89.6	81.2	96.6	3.88	1.16	−1.09	−4.08
334.9	326.7	308.7	130.0	102.9	5.65	8.21	11.9	5.39
242.7	163.4	131.6	104.6	122.7	4.11	3.33	2.78	0.90
419.7	304.8	258.6	159.0	115.8	6.74	7.71	9.97	9.72
356.1	263.1	182.5	121.2	108.2	5.94	6.66	6.20	3.91
663.5	546.4	216.6	93.6	52.8	8.98	11.99	8.03	−1.31
404.8	223.7	229.7	114.1	110.3	6.56	5.51	8.67	2.67
1565.1	195.4	97.9	137.9	90.5	13.32	4.57	6.64	−0.21
62.0	62.6	58.4	157.6	103.5	−2.15	−3.07	−5.24	9.52
158.1	178.8	128.9	122.5	100.0	2.10	3.95	2.57	4.14
385.9	233.7	120.4	107.8	105.2	6.33	5.82	1.88	1.51
277.3	145.5	93.2	84.6	107.1	4.74	2.53	−0.70	−3.30

及以上非国有工业企业口径，以前年份为乡及乡以上口径。

1—05 续表 2

指标	单位	总量指标					
		1978	1985	1990	1995	2000	2001
公路货运量	万吨	1672	1852	4458	9249	8600	9271
邮电业务总量	万元	589	1470	3890	36723	238105	299150
七、固定资产投资							
全社会固定资产投资额	万元	38930	194510	262924	701894	1047702	1227084
#国有单位	〃	38656	170776	232285	589344	775038	881797
#基本建设	〃	29919	115576	138515	293114	395478	436861
更新改造	〃	8677	50628	27105	247012	288208	361461
集体单位	〃	274	16430	17796	32212	43074	23853
#城镇	〃	274	7167	8992	13242	22359	2323
城乡个人	〃		7304	12843	29436	40680	43806
基本建设投资额	〃	30253	120423	141781	298810	435923	495734
第一产业	〃	664	345	908	362	2812	3913
第二产业	〃	14919	74523	105235	157957	213198	263610
第三产业	〃	14670	45555	35638	140491	219913	228211
八、国内贸易							
社会消费品零售总额	万元	60270	178923	355651	870120	1477516	1611322
九、旅游							
海外旅游	人次		9875	16133	23594	47886	43665
国内旅游	万人次			277	462	860	880.3
十、财政							
地方财政收入	万元	35883	50872	92130	134263	214828	241578
地方财政支出	〃	13737	32519	61055	146653	245873	297391
十一、金融							
金融机构存款余额	万元	120635	267546	822645	3216414	8662401	11216117

速度指标（%）								
指数(2000年比以下各年)				2001比2000	平均增长速度			
1978	1985	1990	1995		1979－2000	1986－2000	1991－2000	1996－2000
514.4	464.4	192.9	93.0	107.8	7.73	10.78	6.79	－1.44
40425.3	16197.6	6121.0	648.4	125.6	31.37	40.38	50.90	45.33
2691.2	538.6	398.5	149.3	117.1	16.14	11.88	14.83	8.34
2005.0	453.8	333.7	131.5	113.8	14.60	10.61	12.81	5.63
1319.2	342.2	285.5	134.9	110.5	12.44	8.55	11.06	6.17
3321.5	569.3	373.8	116.7	125.4	17.26	12.29	14.09	3.13
15720.4	262.2	242.0	133.7	55.4	25.85	6.64	9.24	5.98
8160.2	312.0	248.7	168.8	－84.7	22.15	7.88	9.54	11.05
	557.0	316.7	138.2	107.7		12.13	12.22	6.68
1440.9	362.0	307.5	145.9	113.7	12.89	8.95	11.89	7.85
423.5	815.1	309.7	776.8	139.2	6.78	15.01	11.97	50.68
1429.0	286.1	202.6	135.0	123.6	12.85	7.26	7.32	6.18
1499.1	482.7	589.0	156.5	103.8	13.10	11.07	19.40	9.38
2451.5	825.8	415.4	169.8	109.1	15.65	15.11	15.31	11.17
	484.9	296.8	203.0			11.10	11.49	15.21
		310.5	186.1	102.4			12.00	13.23
598.7	422.3	233.2	160.0	112.5	8.47	10.08	8.84	9.86
1789.9	756.1	402.7	167.7	121.0	14.01	14.44	14.95	10.89
7180.7	3237.7	1053.0	269.3	129.5	21.44	26.09	26.54	21.91

1—05　续表 3

指　　　标	单位	总　量　指　标					
		1978	1985	1990	1995	2000	2001
金融机构贷款余额	万元	106934	287349	899891	2904320	6313846	8209410
城乡居民储蓄存款余额	〃	16862	112847	487581	1975385	4196300	4701900
十二、物价指数(以上年为 100)							
商品零售价格总指数	%	100.0	112.0	100.7	114.5	96.0	98.4
居民消费价格总指数	%	100.0	112.0	101.7	116.8	103.6	99.0
十三、工资							
全部在岗职工工资总额	万元	44210	115920	257007	609421	724376	798790
#国有单位在岗职工	〃	38539	94900	220674	529353	441159	489146
全部在岗职工平均工资	元	627	1199	2351	5538	8394	9601
#国有单位在岗职工平均工资	〃	711	1279	2510	5788	8460	9989
十四、教育							
学校数	所	2048	2057	2009	1967	1890	1846
#高等学校	〃	8	9	12	13	12	12
在校学生数	人	513244	451732	442897	518546	649236	688065
#高等学校	〃	10230	26976	32463	44480	72689	101230
中等专业学校	〃	6270	17711	29323	43323	83107	86082
普通中学	〃	232214	151704	126591	131401	173635	185537
小学	〃	259109	241219	232653	269039	295062	293615
十五、卫生							
卫生机构数	个	825	932	998	972	1459	2079
卫生机构床位数	张	13198	18332	22944	24082	24817	22644
卫生技术人员	人	16388	24328	27780	30101	37880	37491
十六、科研							
科研机构数	个	31	68	108	115	109	110
科研机构人员	人	6479	11918	12249	12725	11893	11580

速度指标（%）								
指数(2000年比以下各年)				2001比2000	平均增长速度			
1978	1985	1990	1995		1979—2000	1986—2000	1991—2000	1996—2000
5904.4	2197.3	701.6	217.4	130.0	20.37	22.87	21.51	16.80
24886.1	3718.6	860.6	212.4	112.0	28.50	27.26	24.02	16.26
378.4	299.0	179.4	96.9		6.24	7.57	6.02	—0.63
514.0	405.3	243.2	114.9		7.73	9.78	9.29	2.82
1638.5	624.9	281.9	118.9	110.3	13.55	12.99	10.92	3.52
1144.7	464.9	199.9	83.3	110.9	11.72	10.79	7.17	—3.58
1338.8	700.1	357.0	151.6	114.4	12.52	13.85	13.57	8.67
1189.9	661.5	337.1	146.2	118.1	11.91	13.42	12.92	7.89
92.3	91.9	94.1	96.1	97.7	—0.36	—0.56	—0.61	—0.80
150.0	133.3	100.0	92.3	100.0	1.86	1.94	0	—1.59
126.5	143.7	146.6	125.2	106.0	1.06	2.45	3.90	4.60
710.5	269.5	223.9	163.4	139.3	9.32	6.83	8.39	10.32
1325.5	469.2	283.4	191.8	103.6	12.46	10.86	10.98	13.92
74.8	114.5	137.2	132.1	106.9	—1.31	0.90	3.21	5.73
113.9	122.3	126.8	109.7	99.5	0.59	1.35	2.38	1.86
176.8	156.5	146.2	150.1	142.5	2.63	3.03	3.87	8.46
188.0	135.4	108.2	103.1	91.2	2.91	2.04	0.79	0.60
231.1	155.7	136.4	125.8	99.0	3.88	3.00	3.15	4.70
351.6	160.3	100.9	94.8	100.9	5.88	3.20	0.09	—1.07
183.6	99.8	97.1	93.5	97.4	2.80	—0.01	—0.29	—1.34

1—06 社会经济主要指标人均水平

指　　标	单 位	1978	1985	1990	1995	2000	2001
一、国内生产总值	**元**	**937**	**1884**	**3549**	**7679**	**11386**	**12319**
二、主要产品产量							
原煤	吨	5.52	9.92	11.03	11.20	8.36	7.87
发电量	千瓦小时	1701.46	1075.96	1428.63	3122.47	3731.02	3762.47
钢	公斤	516.81	659.31	738.01	854.64	821.45	982.79
成品钢材	〃	306.07	361.98	384.54	575.72	841.16	949.72
水泥	〃	210.74	327.50	287.43	532.81	558.59	600.71
布	米	36.53	30.71	30.04	10.25	14.84	14.99
粮食	公斤	162.83	131.23	150.63	119.50	96.79	66.54
蔬菜	〃	135.49	198.43	229.97	244.44	411.00	405.68
猪牛羊肉	〃	5.50	5.17	6.65	12.02	15.64	15.66
奶	〃	3.11	8.67	13.61	13.19	15.12	16.59
三、社会消费品零售总额	**元**	**302**	**771**	**1381**	**3111**	**4855**	**5164**
四、人民生活							
城镇居民可支配收入	元		637	1573	3939	6019	6500
城镇居民消费性支出	〃		585	1357	3409	5341	5164
#食品	〃		308	653	1588	1750	1749
衣着	〃		112	241	514	564	548
居住	〃			36	194	388	504
农民纯收入	〃	116	526	763	1444	2643	2738
城乡居民储蓄存款年末余额	〃	85	486	1894	7064	13788	15069

1—07　国民经济主要比例关系

单位：%

指　　标	1978	1985	1990	1995	2000	2001
一、国内生产总值三次产业比例						
第一产业	6.0	6.6	6.4	5.5	4.5	3.7
第二产业	75.0	67.7	57.0	50.9	48.8	49.5
第三产业	19.0	25.7	36.6	43.6	46.7	46.8
二、工业总产值轻重比例（1990 年不变价格）						
轻工业	23.3	25.8	25.0	20.7	18.7	17.1
重工业	76.7	74.2	75.0	79.3	81.3	82.9
三、农林牧渔业总产值内部比例（1990 年不变价格）						
农业产值	82.1	74.3	69.1	56.9	57.9	56.4
林业产值	5.9	6.2	2.7	3.6	2.2	2.1
牧业产值	12.0	19.3	27.5	38.7	39.2	40.8
渔业产值	…	0.2	0.7	0.8	0.7	0.7
四、基建投资三次产业比例						
第一产业	2.2	0.3	0.7	0.1	0.7	0.8
第二产业	49.3	61.9	74.2	52.9	48.9	53.2
第三产业	48.5	37.8	25.1	47.0	50.4	46.0
五、固定资产投资额占国内生产总值的比例	**20.8**	**44.5**	**28.8**	**32.7**	**30.2**	**31.9**
六、地方财政收入占国内生产总值比例	**19.2**	**11.6**	**10.1**	**6.3**	**6.2**	**6.3**

1—08　人民物质文化生活提高情况

指　　　　标	单 位	1985	1990	1995	2000	2001
一、城乡居民收入						
农民人均纯收入	元	526	763	1444	2643	2738
城镇居民人均可支配收入	〃	637	1573	3939	6019	6500
在岗职工平均工资	〃	1199	2351	5538	8394	9601
二、平均每人居住面积						
城市居民	平方米	5.63	7.07	8.15	10.97	11.43
三、每百户居民拥有耐用消费品(抽样)						
自行车						
城镇居民	辆	248	223	209	179	185
农民	〃	135	152	174	162	144
彩色电视机						
城镇居民	台	17	84	98	115	117
农民	〃	3	9	36	65	68
洗衣机						
城镇居民	台	64	95	88	94	95
农民	〃	12	33	50	59	59
每千人拥有卫生技术人员	〃	10.4	10.6	10.6	9.6	12.02
每千人拥有医疗卫生床位数	张	7.8	8.8	8.5	8.0	7.3
四、储蓄						
城乡居民储蓄存款年末余额	万元	112847	487581	1975385	4196300	4701900
城镇居民	〃	90753	402109	1714073	3758800	4220700
农村居民	〃	22094	85472	261312	437500	481200
平均每人储蓄存款余额	元	481	1894	7064	13788	15069

1—09　主要年份国内生产总值

（按当年价格计算）

单位：万元

年　　份	国　　内 生产总值	第一产业	第二产业		第三产业	人均国内 生产总值 （元/人）
				#工业		
1952	23254	5462	8478	6693	9314	281
1957	56180	6503	31848	22952	17829	418
1962	57561	5693	32500	30383	19368	389
1965	90129	9243	63524	59517	17362	573
1970	112489	10879	83496	80874	18114	654
1975	143898	15360	102906	99870	25632	752
1978	186758	11036	140152	123482	35570	937
1980	222998	13961	156965	138361	52072	1075
1985	437220	28885	295782	239985	112553	1884
1990	913794	58755	520827	453958	334212	3549
1995	2147429	118405	1092795	916245	936229	7679
1996	2564493	155484	1287293	1036916	1121716	8995
1997	2936066	155584	1449583	1123811	1330899	10112
1998	3102141	162090	1522573	1185511	1417478	10534
1999	3180000	145302	1539870	1218172	1494828	10678
2000	3465305	154936	1692582	1356658	1617787	11386
2001	3844025	143440	1900891	1496853	1799694	12319

1—10 主要年份国内生产总值构成

单位：%

年 份	国内生产总值	第一产业	第二产业	#工业	第三产业
1952	100.0	23.5	36.5	28.8	40.0
1957	100.0	11.6	56.7	40.9	31.7
1962	100.0	9.9	56.5	52.8	33.6
1965	100.0	10.2	70.5	66.0	19.3
1970	100.0	9.7	74.2	71.9	16.1
1975	100.0	10.7	71.5	69.4	17.8
1978	100.0	6.0	75.0	66.1	19.0
1980	100.0	6.4	70.4	62.0	23.2
1985	100.0	6.6	67.7	54.9	25.7
1990	100.0	6.4	57.0	49.7	36.6
1995	100.0	5.5	50.9	42.7	43.6
1996	100.0	6.1	50.2	40.4	43.7
1997	100.0	5.3	49.4	38.3	45.3
1998	100.0	5.2	49.1	38.2	45.7
1999	100.0	4.6	48.4	38.2	47.0
2000	100.0	4.5	48.8	39.1	46.7
2001	100.0	3.7	49.5	38.9	46.8

1—11 主要年份国内生产总值指数

（以上年为100）

年份	国内生产总值	第一产业	第二产业	#工业	第三产业
1957	106.7	98.1	111.3	119.1	102.7
1962	92.5	86.6	90.1	93.9	98.8
1965	120.4	97.9	132.9	135.1	98.8
1970	164.3	110.0	198.7	202.8	109.9
1975	116.5	105.5	121.4	117.2	106.6
1978	128.9	89.7	134.2	124.3	126.7
1980	106.5	112.1	102.5	100.6	118.9
1985	105.0	91.7	105.4	107.3	106.8
1990	108.9	126.8	108.0	102.2	108.5
1995	112.4	102.6	113.5	115.4	111.8
1996	111.6	115.9	112.3	111.7	110.1
1997	109.5	103.3	109.7	110.1	110.0
1998	107.7	105.0	106.6	107.1	109.8
1999	106.5	96.9	105.7	106.9	108.7
2000	107.8	106.8	107.5	108.0	108.2
2001	110.3	90.9	111.0	109.1	111.6

1—12 主要核算指标一览表

指　　标	绝　对　额　(万元)		比2000年增长(%)
	2001	2000	
一、总产出	**11044778**	**10083293**	**9.4**
第一产业	233361	246156	—7.0
第二产业	6260664	5893967	7.9
#工业	5168437	5057930	4.5
第三产业	4550753	3943170	12.7
#交通运输、仓储及邮电通信业	840215	719520	16.6
批发和零售贸易、餐饮业	1012626	989876	1.3
二、国内生产总值	**3844025**	**3465305**	**10.3**
第一产业	143440	154936	—9.1
第二产业	1900891	1692582	11.0
#工业	1496853	1356658	9.1
第三产业	1799694	1617787	11.6
#交通运输、仓储及邮电通信业	313249	270372	15.9
批发和零售贸易、餐饮业	496527	477622	5.6
三、人均国内生产总值(元/人)	**12319**	**11386**	**7.6**
四、总消费	**1839534**	**1747899**	**5.8**
五、总投资	**1826571**	**1535943**	**17.7**
六、居民总消费水平(元/人)	**4578**	**4633**	**—0.6**
农业居民	1987	1943	2.3
非农业居民	5894	6029	—1.6

注:增长速度按可比价格计算。

1—13 国内生产总值及构成

指标	绝对额(万元)		构成(%)	
	2001	2000	2001	2000
国内生产总值	**3844025**	**3465305**	**100**	**100**
第一产业	**143440**	**154936**	**3.7**	**4.5**
农业	143440	154936	3.7	4.5
第二产业	**1900891**	**1692582**	**49.5**	**48.8**
工业	1496853	1356658	39.0	39.1
建筑业	404038	335924	10.5	9.7
第三产业	**1799694**	**1617787**	**46.8**	**46.7**
农林牧渔服务业	6917	5919	0.2	0.2
地质勘查业、水利管理业	39755	37063	1.0	1.1
交通运输、仓储及邮电通信业	313249	270372	8.2	7.8
批发零售贸易、餐饮业	496527	477622	12.9	13.8
金融保险业	251519	223633	6.5	6.4
房地产业	89158	67767	2.3	2.0
社会服务业	126078	114231	3.3	3.3
卫生、体育和社会福利业	91365	80736	2.3	2.3
教育、文艺及广播电影电视业	169076	142221	4.4	4.1
科学研究和综合技术服务业	71509	65438	1.9	1.9
国家机关、政党机关和社会团体	118485	108466	3.1	3.1
其他行业	26056	24319	0.7	0.7

1—14　国内总支出数量及构成

指　　　　标	2001 年	2000 年
一、数量(万元)		
国内总支出	3844025	3465305
最终消费	1839534	1747899
居民消费	1428543	1410030
农村居民	208933	202004
城镇居民	1219610	1208026
政府消费	410991	337869
资本形成总额	1826571	1535943
国家资本形成总额	1335647	1090872
存货增加	490924	445071
货物和服务净出口	177920	181463
二、构成(%)		
以最终消费为 100	100.0	100.0
居民消费	77.7	80.7
政府消费	22.3	19.3
以居民消费为 100	100.0	100.0
农村居民	14.6	14.3
城镇居民	85.4	85.7
以资本形成总额为 100	100.0	100.0
固定资本形成总额	73.1	71.0
存货增加	26.9	29.0
三、最终消费率(%)	**47.9**	**50.4**

1—15 最 终 消 费

指 标	数 量（万元）	构 成（%）
最终消费	**1839534**	**100**
一、居民消费	**1428543**	**77.7**
1.农村居民	208933	11.4
自给性消费	10198	0.6
商品性消费	117504	6.4
文化生活服务性消费	42722	2.3
住房及水电消费	38509	2.1
# 住房消费	24790	1.3
2.城镇居民	1219610	66.3
商品性消费	827536	45.0
文化生活服务性消费	284036	15.4
住房及水电消费	108038	5.9
# 住房消费	45793	2.5
二、政府消费	**410991**	**22.3**

1—16 资本形成总额

指　　标	数　量 (万元)	构　成 (%)
资本形成总额	**1826571**	**100**
一、固定资本形成总额	**1335647**	**73.1**
第一产业	15585	0.9
第二产业	572504	31.3
第三产业	747558	40.9
二、存货增加	**490924**	**26.9**
第一产业	5778	0.3
第二产业	328264	18.0
第三产业	156882	8.6

1—17 太原市主要年份国民经济主要指标

指　　标	1978年	1985年	1990年	1995年	2000年	2001年
年末总人口(人)	2011691	2344452	2612087	2827710	3087491	3153096
按性别分						
男　性	1083011	1258322	1384876	1490281	1607655	1638153
女　性	928680	1086130	1227211	1337429	1479836	1514943
按农业、非农业分						
农业人口	908821	919217	975743	995113	1048251	1054171
非农业人口	1102870	1425235	1636344	1832597	2039240	2098925
社会从业人员(人)	940300	1348000	1557000	1685000	1604926	1599949
按三次产业分						
第一产业	253000	231000	243000	258000	276129	285250
第二产业	501000	753000	835000	872000	601241	590563
第三产业	186300	364000	479000	555000	727556	724136
按职工、非职工分						
职　工	672000	989000	1111000	1124000	884117	855513
# 国　有	553000	756000	892000	919000	533148	500018
集　体	119000	233000	219000	205000	119411	112687
城镇私营企业和个体从业人员	300	8000	61000	127000	217056	257453
农村从业人员	268000	351000	385000	434000	503753	486983
其他从业人员						
全部职工工资总额(万元)	44210	115920	257007	609421	724376	798790
# 国有单位职工	38539	94900	220674	529353	441159	489146
城镇集体单位职工	5671	21020	35909	67586	60029	63115
全部在岗职工平均工资(元)	627	1199	2351	5538	8394	9601
国有单位在岗职工平均工资(元)	711	1279	2510	5788	8460	9989
城镇集体单位在岗职工平均工资(元)	509	938	1696	3371	5285	6055
城镇居民人均可支配收入(元)		637	1573	3939	6019	6500
城镇居民人均消费性支出(元)		585	1357	3409	5341	5165
# 食　品		308	653	1588	1750	1749
衣　着		112	241	514	564	548

注:1.本表指数类指标保留一位小数。

2.工业企业单位数、工业企业总产值1999年、2000年为全部国有、大中型企业和年产品销售收入500万元及以上非国有工业企业口径,以前年份为乡及乡以上口径。

1—17 续表 1

指标	1978 年	1985 年	1990 年	1995 年	2000 年	2001 年
居住			36	194	388	504
农民人均纯收入(元)	116	526	763	1444	2643	2738
农民人均生活消费支出(元)					1490	1595
# 食品					560	625
衣着					197	223
居住					225	204
总产出(万元)	470433	1064401	2277418	6665765	10083293	11044778
第一产业	14588	38744	73925	193432	246156	233361
第二产业	365879	772936	1580911	4139375	5893967	6260664
工业	326710	656525	1423933	3667156	5057930	5168437
建筑业	39169	116411	156978	472219	836037	1092227
第三产业	89996	252721	622582	2332958	3943170	4550753
# 交通运输仓储邮电业	13673	38529	105328	383147	719520	840215
批发零售贸易餐饮业	26501	78733	174834	582331	989826	1012626
国内生产总值(万元)	186758	437220	913794	2147429	3465305	3844025
第一产业	11036	28885	58755	118405	154936	143440
第二产业	140152	295782	520827	1092795	1692582	1900891
工业	123482	239985	453958	916245	1356658	1496853
建筑业	16670	55797	66859	176550	335924	404038
第三产业	35570	112553	334212	936229	1617787	1799694
# 交通运输仓储邮电业	6061	14385	38641	132075	270372	313249
批发零售贸易餐饮业	14142	42587	96870	283106	477622	496527
人均国内生产总值(元/人)	937	1884	3549	7679	11386	12319
居民消费总水平(元/人)	394	851	1589	3656	4633	4578
农村居民	222	504	873	1550	1943	1987
城镇居民	536	1077	2017	4816	6029	5894
总产出指数(以上年为 100)	131.5	111.5	104.6	115.1	108.1	109.4
第一产业	89.3	99.6	108.0	112.2	106.9	93.0
第二产业	135.2	112.6	105.5	115.6	107.8	107.9
工业	127.4	111.6	106.1	117.4	108.2	104.5
建筑业	291.8	118.7	99.6	101.3	104.4	128.5
第三产业	126.9	109.6	102.2	115.1	108.7	112.7

1—17　续表 2

指　　　标	1978 年	1985 年	1990 年	1995 年	2000 年	2001 年
# 交通运输仓储邮电业	109.4	106.1	114.7	103.7	113.8	116.6
批发零售贸易餐饮业	126.2	123.2	94.6	118.7	107.3	101.3
国内生总值指数(以上年为 100)	128.9	105.0	108.9	112.4	107.8	110.3
第一产业	89.7	91.7	126.8	102.6	106.8	90.9
第二产业	134.2	105.4	108.0	113.5	107.5	110.0
工　业	124.3	107.3	102.2	115.4	108.0	109.1
建筑业	356.1	104.9	109.8	99.3	104.3	118.3
第三产业	126.7	106.8	108.5	111.8	108.2	111.6
# 交通运输仓储邮电业	111.3	106.7	116.6	100.2	113.4	115.9
批发零售贸易餐饮业	121.8	121.7	95.8	117.2	107.9	105.6
全社会固定资产投资额(万元)	38930	194510	262924	701894	1047702	1227084
# 国有单位	38656	170776	232285	589344	775038	881797
# 基本建设	29979	115576	138515	293114	395478	436861
更新改造	8677	50628	77105	247012	288208	361461
集体单位	274	16430	17796	32212	43074	23853
# 城　镇	274	7167	8992	13242	122359	2323
城乡个人		7304	12843	29436	40680	43408
全社会竣工房屋面积(平方米)	839256	3585900	2870100	2848000	4420700	4628713
# 国有单位	823079					
# 基本建设	628747					1916100
更新改造	194332					177911
集体单位	16177					160809
城乡个人						703518
全社会新增固定资产(万元)	30061	126292	212335	517719	876782	1110108
# 国有单位	29890	111282	187948	453290	636628	823543
# 基本建设	24455	69639	101627	273915	344324	424072
更新改造	5435	38565	64787	150341	213466	307325
集体单位	171	7706	11544	18238	37975	63369
基本建设投资额(万元)	30253	120423	141781	298810	435923	495734
按构成分						
建筑安装工程	21402	82390	93329	204661	357791	330793
建设工器具购置	6687	23234	33592	48597	47170	81445

1—17 续表 3

指　　标	1978 年	1985 年	1990 年	1995 年	2000 年	2001 年
其他费用	2164	14799	14860	45552	30962	83496
按建设性质分						
#新　建	18470	50841	62842	89070	124220	175204
扩　建	9726	40549	62169	159976	153309	196749
改　建	2057	15222	6765	9121	33170	12653
按三次产业分						
第一产业	664	345	908	362	2812	3913
第二产业	14919	74523	105235	157957	213198	263610
#工　业	13116	70153	101312	143663	190202	243477
轻工业	533	8684	635	3885	42623	38152
重工业	12583	61469	100677	139778	147586	205087
第三产业	14670	45555	35638	140491	219916	228211
基本建设新增固定资产(万元)	24626	72912	105453	278733	393291	477677
第一产业	49	106	1119	480	2306	2214
第二产业	17753	45178	61236	186515	202897	234482
第三产业	6824	27628	43098	91738	188089	240981
更新改造投资额(万元)	8677	52948	82831	262714	328381	386387
按构成分						
建筑安装工程	3873	23118	36805	112219	167309	142688
设备工器具购置	4692	26346	38588	108404	125501	192636
其他费用	112	3484	7438	42091	35571	51063
按建设性质分						
#新　建		252	143	1010	17911	20164
扩　建		1735	14683	45804	65527	30084
改　建		49429	66079	209029	226368	332564
按三次产业分						
第一产业	43	92		100	173	
第二产业	7684	41493	71134	219333	215995	263104
#工　业	7571	40260	68573	210341	205911	258751
轻工业	648	7435	10475	12357	13195	6832
重工业	6923	32825	58098	197984	192716	251919
第三产业	950	11363	11697	43281	112213	123283

1—17 续表 4

指标	1978 年	1985 年	1990 年	1995 年	2000 年	2001 年
商品零售价格总指数(以上年价格为 100)	100.0	112.0	100.7	114.5	96.0	98.4
食品类				124.2	93.8	100.2
服装鞋帽类				119.1	100.6	99.2
纺织品类				120.1	94.9	90.6
中西药品类				114.3	101.3	102.8
文化和体育用品类				104.0	99.3	99.9
日用品类				109.0	98.0	99.8
家用电器类				102.2	95.6	95.1
燃料类				105.9	107.6	97.6
建筑装璜材料类				102.8	99.4	101.7
居民消费品价格总指数(以上年价格为 100)	100.0	112.0	102.4	116.8	103.6	99.0
食品类				123.4	93.2	100.6
衣着类				116.8	99.6	91.2
家庭设备及用品类				106.5	98.6	100.1
医疗保健类				113.5	101.1	99.0
交通和通讯类				94.9	97.8	98.4
娱乐教育文化类				112.3	96.4	96.1
居住类				111.9	107.0	103.5
服务项目类				107.3	162.1	101.3
农林牧渔业总产值(万元,按 1990 年不变价格计算)	44085	59829	75218	93527	122531	119988
农业产值	36185	44441	51964	53218	70950	67625
林业产值	2592	3696	1990	3041	2694	2523
牧业产值	5288	11581	20720	36109	48083	48999
渔业产值	20	111	544	799	804	841
农林牧渔业总产值(万元,按当年价格计算)	18845	38744	73925	193432	246156	233361
农业产值	15394	28489	49305	120504	163107	148877
林业产值	1223	2266	1877	4382	4020	3808
牧业产值	2222	7942	22081	66859	77344	78914
渔业产值	6	47	662	1687	1685	1762
农林牧渔业总产值指数(以上年为 100)	113.1	100.6	108.3	102.2	106.9	97.9
农业产值	122.7	100.3	107.9	95.9	110.1	95.3
林业产值	87.2	99.1	93.0	106.8	102.4	93.7

1—17 续表5

指　　标	1978年	1985年	1990年	1995年	2000年	2001年
牧业产值	81.5	102.0	110.8	112.8	102.8	101.9
渔业产值	74.1	127.6	116.5	103.6	103.7	104.6
年末实有耕地面积(千公顷,保留两位小数)	144.52	134.97	131.47	126.82	157.55	157.78
水　田	5.76	5.88	5.67	4.34	2.64	2.36
旱　地	138.76	129.09	125.80	122.48	154.91	155.42
# 水浇地	52.12	49.19	48.09	51.78	51.38	51.28
主要农作物播种面积(千公顷,保留两位小数)	159.80	145.34	145.72	139.23	136.82	119.47
粮　食	137.04	107.61	116.25	107.93	100.35	84.65
棉　花	0.92	0.23	0.12	0.86	0.83	0.90
油　料	3.55	22.70	13.52	13.90	11.05	8.00
主要农产品产量						
粮　食(吨)	324515	304534	387806	334171	294557	207611
棉　花(吨)	204	133	96	849	998	771
油　料(吨)	2035	16756	13882	6636	10557	4303
肉　类(吨)	10970	12001	17109	33603	47606	48856
禽　蛋(吨)	2675	7428	20003	35272	44361	44893
乡镇企业单位数(个)	3991	3490	31536	50429	3863	4034
集　体	3991	3490	3035	3194	1681	1524
私　营			28501	47235	2182	2510
乡镇企业总产值(万元)	14356	57301	263420	1702710	2002888	2096416
集　体	14356	57301	170940	854338	778613	781073
私　营			92480	1531770	1224275	1315343
乡镇企业营业收入(万元)	13172	46730	248820	1523708	1474420	1601067
集　体	13172	46730	156547	739172	603568	649828
私　营			92273	784536	870852	951239
工业企业单位数(个)	1147	1560	1981	2033	38.3	390
按经济类型分						
国有经济	305	289	331	335	218	215
集体经济	842	1270	1638	1601	89	79
其　　他		1	12	97	76	96
轻工业	651	713	877	727	128	127

1—17 续表 6

指　　标	1978年	1985年	1990年	1995年	2000年	2001年
重工业	496	847	1104	1306	255	263
工业企业总产值(万元,按1990年不变价格计算)	556075	987104	1432174	1972592	2667101	2958632
按经济类型分						
国有经济	495236	847947	1204713	1426480	2137999	2377301
集体经济	60794	135472	216042	423522	191852	165703
其　他	45	3685	11419	122590	337250	415628
按轻重工业分						
轻工业	129454	255206	358054	408076	499317	506395
重工业	426621	731898	1074120	1564516	2167784	2452237
主要工业产品产量						
原　煤(万吨)	1100	2140	2840	3133	2544	2457
发电量(万千瓦时)	339100	347600	367800	873200	1135500	1174000
钢　(吨)	1030900	1527300	1902400	2388200	2500000	3066600
生　铁(吨)	816700	1109700	1599300	2406300	2920000	3160100
焦　炭(吨)	1257200	1525600	3863300	8932400	8360000	4413400
水　泥(吨)	418800	762400	739400	1486600	1700000	1874400
化　肥(折纯,吨)	123831	99621	120150	103767	89662	61600
棉　布(万米)	7281	7126	7735	2867	4517	4677
饮料酒(吨)			23788	46501	37000	40700
社会消费品零售总额(万元)	60270	178923	355651	870120	1477516	1611322
市的零售额	54205	155371		801453	1372973	1499476
县的零售额	2975	14611		32212	31270	33428
县以下的零售额	3090	8941		36455	73273	78418
实际利用外资额(万美元)	15	43	141	4500	7280	6920
# 外商直接投资	15	43	141	4500	7280	6920
接待海外旅游人数(人次)		9875	16133	23594	47886	43665
接待国内旅游人数(万人次)			277	462	860	880.3

1—17　续表 7

指　　　　标	1978 年	1985 年	1990 年	1995 年	2000 年	2001 年
地方财政收入(万元)	35883	50872	92130	134263	214828	241578
地方财政支出(万元)	13737	32519	61055	146653	245873	297391
# 基本建设支出	2972	4657	4674	11529	5392	7218
文教科卫支出	2619	7645	15259	35510	53994	66490
# 教育事业费支出					35688	44881
学校数(所)	2048	2057	2009	1967	1890	1846
# 中等专业学校	14	41	46	48	47	43
普通中学	549	278	223	235	237	243
小　学	1449	1664	1646	1575	1503	1457
在校学生数(人)	513244	451732	442897	518546	649236	688065
# 中等专业学校	6270	17711	29323	43323	83107	86082
普通中学	232214	151704	126591	131401	173635	185537
小　学	259109	241219	232653	269039	295062	293615
专任教师数(人)	26909	31419	36427	39028	43109	44286
# 中等专业学校	925	2369	3221	3543	3373	3092
普通中学	11765	10159	11203	11663	13775	14287
小　学	10876	12526	13415	14747	16637	16935
毕业生数(人)	130753	96239	102370	111805	131606	137068
# 中等专业学校	2093	4956	10037	11635	15027	17237
普通中学	73860	36732	40519	32638	44537	47209
小　学	50371	45648	37058	45576	48260	50456
卫生机构数(个)	825	932	998	972	1459	2079
# 医　院	76	104	122	128	131	131
卫生机构床位数(张)	13198	18332	22944	24082	24817	22644
# 医　院	12773	16721	21248	22174	19327	19785
卫生技术人员(人)	16388	24328	27780	30101	37880	37491
# 医　院		15732	19429	21594	21855	30069

第二篇

人口、计划生育和社会治安

资料整理

崔　晰　高　宏

2—01 总 人 口

指标	年末人口（人）	为上年（%）	比重（%）
总计	**3363943**	**100.6**	
常住人口	3153096	102.1	100.0
按性别分			
男	1638153	101.9	51.9
女	1514943	102.4	48.1
按农业、非农业分			
农业人口	1054171	100.6	33.4
非农业人口	2098925	102.9	66.6
按地区分			
市辖区	2392034	102.6	75.9
县（市）	761062	100.7	24.1
临时流动及暂住其他人口	210847	82.1	100.0
临时流动及暂住人口	160847	77.7	76.3
其他人口	50000	100.0	23.7

2—02 常　　住

指　　标	合　计	按农业、非农业分		农非比
		农业人口	非农业人口	
总　　计	**3153096**	**1054171**	**2098925**	**0.50**
市辖区合计	**2392034**	**486631**	**1905403**	**0.26**
小 店 区	435892	145432	290460	0.51
迎 泽 区	464282	29433	434849	0.07
杏花岭区	519871	30485	489386	0.06
尖草坪区	310361	100984	209377	0.48
万柏林区	485354	68150	417204	0.16
晋 源 区	176274	112147	64127	1.75
县(市)合计	**761062**	**567540**	**193522**	**2.93**
古 交 市	206594	84751	121843	0.70
清 徐 县	298643	263092	35551	7.40
阳 曲 县	144068	125978	18090	6.96
娄 烦 县	111757	93719	18038	5.20

人　口

单位：人、户

按性别分		性比例（女＝100）	总户数
男性人口	女性人口		
1638153	**1514943**	**108.13**	**845159**
1241804	**1150230**	**107.96**	**616338**
220261	215631	102.15	105132
232674	231608	100.46	120832
267234	252637	105.78	144311
165360	145001	114.04	82689
266217	219137	121.48	115773
90058	86216	104.46	47541
396349	**364713**	**108.67**	**228821**
109936	96658	113.74	67488
150461	148182	101.54	84601
76030	68038	111.75	45333
59022	51835	115.60	31399

2—03 非 农 业

指 标	总 计	市辖区合计	小店区	迎泽区	杏花岭区
非农业人口合计	**2098925**	**1905403**	**290460**	**434849**	**489386**
年内增加的非农业人口	100341	92003	39595	11234	10516
1.出生	20081	16974	2394	3332	4488
2.非农业人口迁入	35525	32393	12486	3377	2338
3.农业人口转非农业人口	29570	27876	12081	3814	3059
(1)招生	19329	19329	8293	2820	1908
(2)招工	188	111	4	6	63
(3)征用土地	814	74			
(4)随军家属	114	81	40	17	10
(5)科技干部家属	195	96	1	9	9
(6)职工干部家属	4518	4065	776	858	988
(7)落实政策	184	181	25	16	14
(8)煤矿井下工人家属	847	614			40
(9)其他	3381	3325	2942	88	27
4.由港、澳、台和国外迁入	22	22	5	7	4
5.复员转业	1895	1849	273	513	561
6.刑满释放解除劳教	227	220	19	34	63
7.自理口粮常住户口					
8.其他	13021	12669	12337	157	3
年内减少的非农业人口	40707	38358	12328	7210	5276
1.死亡人口	4759	4529	403	1037	1346
2.迁出人口	34166	32264	11813	5818	3530
3.迁往港、澳、台和国外	212	211	24	84	55
4.服兵役	957	948	81	192	324
5.逮捕劳动教养	68	68	7	2	18
6.其他	545	338		77	3

人　口　状　况

单位：人

尖草坪区	万柏林区	晋源区	县(市)合计	古交市	清徐县	阳曲县	娄烦县
209377	**417204**	**64127**	**193522**	**121843**	**35551**	**18090**	**18038**
16466	12028	2164	8338	4711	1298	701	1628
2019	4110	631	3107	2050	350	176	531
8421	5131	640	3132	1221	655	448	828
5622	2439	861	1964	1419	147	66	62
4847	948	513					
15	23		77	71		6	
	74		740	740			
13	1		33	33			
4	72	1	99	6	67	19	7
613	651	179	453	333	80	39	1
1		125	3	3			
	566	8	233	233			
129	104	35	56			2	54
2	4						
185	286	31	46	17	21	8	
46	58		7	3	3	1	
171		1	352	1	122	2	227
5032	7123	1299	2169	1312	433	316	288
553	1032	158	230	107	71	36	16
4313	5913	877	1902	1197	311	272	122
6	38	4	1		1		
141	162	48	9	1	4	4	
14	26	1					
5	42	211	207	7	46	4	150

2—04 人口自然

指　　标	年平均人数	出生人口合计	男	女	出生婴儿性别比（女=100）
合　　计	**3120294**	**33739**	**17380**	**16359**	**106.24**
市辖区合计	**2362028**	**23105**	**11792**	**11313**	**104.23**
小店区	425226	4366	2183	2183	100.00
迎泽区	459462	3562	1843	1719	107.21
杏花岭区	516615	4791	2410	2381	101.21
尖草坪区	306660	3334	1756	1578	111.28
万柏林区	478702	4822	2460	2362	104.15
晋源区	175364	2230	1140	1090	104.58
县(市)合计	**758266**	**10634**	**5588**	**5046**	**110.74**
古交市	205283	3069	1717	1352	127.00
清徐县	298140	3348	1643	1705	96.36
阳曲县	143832	1439	730	709	102.96
娄烦县	111011	2778	1498	1280	117.03

变 动 情 况

单位：人、‰

出生率	死亡人口合计	男	女	死亡率	自然增加人数	自然增长率
10.81	**8394**	**5151**	**3243**	**2.69**	**25345**	**8.04**
9.78	**5892**	**3671**	**2221**	**2.49**	**17213**	**7.20**
10.27	738	442	296	1.74	3628	8.33
7.75	1068	673	395	2.32	2494	5.37
9.27	1424	889	535	2.75	3367	6.48
10.87	868	540	328	2.83	2466	7.94
10.07	1339	854	485	2.80	3483	7.18
12.72	455	273	182	2.59	1775	10.07
14.02	**2502**	**1480**	**1022**	**3.30**	**8132**	**10.68**
95	218	141	77	1.06	2851	4.36
11.23	1129	659	470	3.79	2219	7.43
10.00	762	443	319	5.30	677	4.70
25.02	393	237	156	3.54	2385	21.34

2—05 人口机械变动情况

单位:人

指　　标	迁入人口合　　计	省内迁入	省外迁入	迁出人口合　　计	迁往省内	迁往省外	净增(+)净减(-)
总　　计	**63000**	**49341**	**13659**	**43829**	**27812**	**16017**	**+19171**
市辖区合计	**56737**	**44002**	**12735**	**36728**	**21608**	**15120**	**+20009**
小店区	19775	14912	4863	12946	10066	2880	+6829
迎泽区	8095	6462	1633	6213	3059	3154	+1882
杏花岭区	6311	4935	1376	4186	2221	1965	+2125
尖草坪区	12895	10580	2315	5255	2160	3095	+7640
万柏林区	8006	5777	2229	6582	2878	3704	+1424
晋源区	1655	1336	319	1546	1224	322	+109
县(市)合计	**6263**	**5339**	**924**	**7101**	**6204**	**897**	**-838**
古交市	2892	2337	555	2177	1826	351	+715
清徐县	1253	1052	201	2419	2097	322	-1166
阳曲县	1174	1069	105	1891	1836	55	-717
娄烦县	944	881	63	614	445	169	+330

2—06 无户口人员分布情况

单位:人

指标	合计	按性别分		按未落常住户口人员分布分					
		男	女	超计划生育的婴儿	夫妻投靠	投靠其他亲属	投靠人员携带子女	流入谋生定居	其他
总计	**81044**	**42588**	**38456**	**4931**	**372**	**2084**	**82**	**174**	**73401**
市辖区合计	**76059**	**39998**	**36061**	**2347**	**262**	**2076**	**73**	**173**	**71128**
小店区	19385	8503	10882	496	49	51	6		18783
迎泽区	10672	4527	6145	118	2	14	8		10530
杏花岭区	7848	4027	3821	80	78	131	33	7	7519
尖草坪区	10351	5505	4846	227	7	34	1	165	9917
万柏林区	25085	16047	9038	598	42	65	22	1	24357
晋源区	2718	1389	1329	828	84	1781	3		22
县(市)合计	**4985**	**2590**	**2395**	**2584**	**110**	**8**	**9**	**1**	**2273**
古交市	742	374	368	374					368
清徐县	1518	754	764	877	29	1	4		607
阳曲县	484	267	217	42	39	5		1	397
娄烦县	2241	1195	1046	1291	42	2	5		901

2—07 计　划　生　育

指　标	育龄妇女人数(15—49)周岁	已婚育龄妇女人数合计	已婚未育	现有一孩	现有二孩
总　计	**791975**	**588672**	**23087**	**358529**	**157281**
市辖区合计	**616198**	**447924**	**18406**	**317653**	**95094**
小店区	118014	77312	2703	47782	22452
迎泽区	126113	79302	4103	64456	9528
杏花岭区	126030	98238	3943	82015	10964
尖草坪区	76066	60615	2701	40108	15159
万柏林区	123833	95736	3512	67864	20969
晋源区	46142	36721	1444	15428	16022
县(市)合计	**175777**	**140748**	**4681**	**40876**	**62187**
古交市	47362	36543	1521	14042	11914
清徐县	75144	61975	1607	16512	33140
阳曲县	31744	25207	825	6656	11750
娄烦县	21527	17023	728	3666	5383

综　合　情　况

单位：人、%

现有三孩以上	女性初婚人数合计	# 23岁以上	晚婚率	领取独生子女证	
				人数	领证率
49775	**9562**	**7909**	**82.71**	**238284**	**40.48**
16771	**7117**	**6294**	**88.44**	**227287**	**50.74**
4375	1216	912	75.00	34247	44.30
1215	1142	1104	96.67	52024	65.60
1316	1839	1670	90.81	54997	55.98
2647	1115	970	87.00	25964	42.83
3391	1100	1027	93.36	52497	54.84
3827	705	611	86.67	7558	20.58
33004	**2445**	**1615**	**66.05**	**10997**	**7.81**
9066	652	543	83.28	5548	15.18
10716	928	542	58.41	2660	4.29
5976	538	354	65.80	1932	7.66
7246	327	176	53.82	857	5.03

2—08 节 育

指 标	采取节育手术例数合计	男性绝育	女性绝育
总 计	**22772**	**96**	**4675**
市辖区合计	**14236**	**2**	**1388**
小店区	2604	1	412
迎泽区	1834		47
杏花岭区	2029		65
尖草坪区	2172		242
万柏林区	3098	1	266
晋源区	1449		456
县(市)合计	**8536**	**94**	**3287**
古交市	1829	78	590
清徐县	3695	1	889
阳曲县	857	1	734
娄烦县	2155	14	1074

情　　况

单位:例

				取　环
宫内节育器	皮下埋植	人　流	引　产	
15987	**4**	**1108**		**902**
10863	**4**	**470**		**458**
2096	3	46		46
1716		30		41
1899	1	46		18
1641		166		122
2582		117		132
929		65		99
5124		**638**		**444**
1062		51		48
2358		277		170
1011		123		39
693		187		187

2—08 续表

指　　标	已婚育龄妇女人数	采取节育措施人数合计	男性绝育	女性绝育	官内节育器
总　　计	**588672**	**549229**	**3461**	**156723**	**351015**
市辖区合计	**447924**	**421781**	**246**	**81756**	**316735**
小店区	77312	72672	53	21535	48332
迎泽区	79302	73954	13	5934	60611
杏花岭区	98238	93148	52	6814	80290
尖草坪区	60615	57040	23	14043	40569
万柏林区	95736	90561	97	16285	70487
晋源区	36721	34406	9	17145	16446
县(市)合计	**140748**	**127448**	**3214**	**74967**	**44280**
古交市	36543	31757	2018	16022	13088
清徐县	61975	57334	85	35377	19911
阳曲县	25207	23362	44	15763	6987
娄烦县	17023	14995	1067	7805	4294

单位：人、%

皮下埋植	口服及注射避孕药	避孕套	外用药	其他	综合节育率
163	**10717**	**10147**	**1533**	**5470**	**93.30**
143	**7808**	**8495**	**1206**	**5391**	**94.20**
50	845	1415	38	404	94.00
	2239	3803	595	759	93.26
59	2343	1545	264	1781	94.82
	955	529	46	875	94.10
31	1178	860	247	1376	94.59
3	248	343	16	196	93.70
20	**2909**	**1652**	**327**	**79**	**90.60**
	416	166	44	3	86.90
	894	829	235	3	92.51
1	370	177	20		92.68
19	1229	480	28	73	88.09

2—09 生　　育

指　　标	年内出生人数合计	计划内出生人数小计	一孩	二孩	三孩及以上
总　　计	**22726**	**20853**	**18135**	**2675**	**43**
市辖区合计	**14885**	**14323**	**13029**	**1277**	**17**
小店区	2756	2560	2269	286	5
迎泽区	2424	2409	2308	99	2
杏花岭区	3082	3058	2969	96	
尖草坪区	1900	1834	1569	261	4
万柏林区	3264	3146	2938	205	3
晋源区	1459	1316	983	330	3
县(市)合计	**7811**	**6530**	**5106**	**1398**	**26**
古交市	2064	1738	1517	218	3
清徐县	3684	3129	2412	706	11
阳曲县	1003	818	581	234	3
娄烦县	1090	845	596	240	9

情　　　况

单位:人、%

计划生育率	计划外出生人数小计	一　孩	二　孩	多　孩
91.76	**1873**	**32**	**1632**	**209**
96.22	**562**	**6**	**526**	**30**
92.89	196	1	188	7
99.38	15	1	11	3
99.22	24		20	4
96.53	66		65	1
96.38	118	4	105	9
90.20	143		137	6
83.28	**1311**	**26**	**1106**	**179**
84.21	326	26	262	38
84.93	555		495	60
81.56	185		167	18
77.52	245		182	63

2—10 社　会　治　安

指　标	单　位	2001 年	2000 年
刑事案件发生数	件	16078	15053
刑事案件侦破数	件	7171	7210
破案率	%	44.6	47.9
火灾次数	起	1450	1277
火灾死伤人数	人	16	10
火灾损失	万元	123.6	206
交通事故次数	起	6963	3323
交通事故死伤人数	人	2267	2109
# 死亡人数	人	320	256
交通事故经济损失	万元	1071.3	803

第三篇

农业

资料整理

朱凤琴　冀晓洁　纪知明　马亚晓　姜　颖

3—01 农村基本情况

指标	单位	1990年	1995年	2000年	2001年
农村基础组织					
乡镇政府	个	83	83	83	74
# 镇政府	个	22	22	24	20
村民委员会	个	1282	1285	1287	1285
乡村户数、人口、劳动力					
乡村户数	户	260340	267535	289188	293452
乡村人口	人	975511	1004788	1056552	1062632
乡村从业人员数(实有劳动力)	人	419808	454648	481186	486983
# 男劳动力	人	236767	250465	266935	270155
女劳动力	人	183041	204183	214251	216828
1.农林牧渔业	人	242586	251582	271173	272374
2.工　　业	人	77264	92130	78455	79964
3.建 筑 业	人	10760	12394	15903	16957
4.交通运输、仓储业及邮电通讯业	人	30178	39266	42795	43573
5.批发零售贸易餐饮业	人	12450	18125	29092	30829
6.其他行业	人	46570	41151	43768	43286
耕地面积					
年初实有耕地面积	千公顷	131.85	128.28	157.95	157.55
年内增加耕地面积	千公顷	0.25	0.10	0.65	0.76
年内减少耕地面积	千公顷	0.64	1.56	1.05	0.53
年末实有耕地面积	千公顷	131.46	126.82	157.55	157.78
1.水　　田	千公顷	5.66	4.34	2.64	2.35
2.旱　　地	千公顷	125.80	122.48	154.91	155.42
# 水浇地	千公顷	48.09	51.78	51.38	51.28
水田水浇地合计	**千公顷**	**53.76**	**56.12**	**54.02**	**53.63**

3—02 农　村　基　础

指　　标	单　位	全　　市	小　店　区	迎　泽　区	杏花岭区
一、农村基层组织情况					
(一)乡镇政府个数	个	74	9	1	3
1.乡政府	个	54	8	1	3
# 农业办事处	个	20	6		1
2.镇政府	个	20	1		
(二)村民委员会个数	个	1285	98	29	50
二、农村社会基础设施					
1.自来水受益村数	个	913	98	18	46
2.通汽车村数	个	1285	98	29	50
3.通电话村数	个	1137	98	29	40
4.通电村数	个	1285	98	29	50
5.通公路村数	个	1279	98	29	48
6.通公路乡镇数	个	74	9	1	3
三、乡村户数	**户**	**293452**	**39348**	**5747**	**10424**
四、乡村人口数	**人**	**1062632**	**144296**	**17751**	**31528**
农村居民新建房屋					
新建房屋造价					

设　施　及　人　口

尖草坪区	万柏林区	晋　源　区	清　徐　县	阳　曲　县	娄　烦　县	古　交　市
9	5	6	9	10	8	14
7	5	3	5	6	5	11
4	2	3				4
2	0	3	4	4	3	3
90	67	96	193	245	217	200
85	54	96	191	110	83	132
90	67	96	193	245	217	200
90	63	96	190	198	141	192
90	67	96	193	245	217	200
90	67	96	193	245	213	200
9	5	6	9	10	8	14
29098	**20256**	**30010**	**69688**	**36249**	**23108**	**29524**
100461	**73010**	**113773**	**263301**	**123893**	**95329**	**99290**

指　　标	全　市	小店区	迎泽区	杏花岭区
一、乡村劳动力资源数	**532644**	**77524**	**11651**	**16682**
# 劳动年龄内	496702	73615	11054	16128
二、乡村从业人员数	**486983**	**73720**	**10960**	**15772**
# 劳动年龄内	465254	701771	10450	15362
(一)按性别分组:				
1.男	270155	38442	6082	8571
2.女	216828	35278	4878	7201
(二)按国民经济行业分:				
1.农林牧渔业	272374	44026	2990	5289
①农　业	246435	38751	2415	4305
②林　业	9342	1582	42	172
③牧　业	16318	3683	533	812
④渔　业	279	10		
2.农村工业	79964	8512	3219	3503
3.建筑业	16957	2504	707	605
4.交通运输仓储业和邮电通讯业	43573	6218	1014	2804
5.批发、零售贸易业、餐饮业	30829	4964	1560	1828
6.其他行业	43286	7496	1470	1743
附:在乡村从业人员中:				
1.到省内县外从业人员	11094	1500	613	128
2.到省外从业人员	3742	400	231	172

劳 动 力

单位：人

尖草坪区	万柏林区	晋源区	清徐县	阳曲县	娄烦县	古交市
54977	**42891**	**62670**	**119407**	**54493**	**49661**	**42688**
51956	40633	55241	110712	49907	47658	39798
51928	**37984**	**52546**	**106485**	**50397**	**46408**	**40783**
49833	36493	49525	101733	48170	44495	38422
27220	22371	28856	57982	29025	26933	24673
24708	15613	23690	48503	21372	19475	16110
23483	10696	25703	70883	35129	32530	21645
21108	9622	22254	64594	32406	31433	19547
1384	621	1323	2400	794	392	632
977	420	1955	3856	1926	690	1466
14	33	171	33	3	15	
9777	9451	9821	15784	3197	6311	10389
2474	664	2363	4039	1665	1641	295
6419	5122	6972	7564	2861	1724	2875
3847	5453	2835	4081	2451	1171	2639
5928	6598	4852	4134	5094	3031	2940
570	1323	141	3021	2613	988	197
395	780	157	914	238	235	220

3—04 农 村 耕

指 标	全 市	小店区	迎泽区	杏花岭区
一、年初实有耕地面积	**157554**	**15818**	**1550**	**2564**
二、年内增加耕地面积	**757**	**21**	**9**	**8**
# 新开荒地面积	674	10	9	
三、当年减少耕地面积	**532**	**21**	**8**	**9**
# 国家基建占地	197	21		
乡村集体基建占地	37		7	
农村居民个人建房占地	15		1	
四、年末实有耕地面积	**157779**	**15818**	**1551**	**2563**
(一)水 田	2355	400		
(二)旱 地	155424	15418	1551	2563
# 水浇地	51278	12365	277	323
水田水浇地合计	53633	12765	277	323
附:年末耕地中全民所有制的耕地	**324**			
坡度 25 度以上的耕地	**3624**		**177**	

地　面　积

单位：公顷

尖草坪区	万柏林区	晋源区	清徐县	阳曲县	娄烦县	古交市
7974	**4148**	**8376**	**29921**	**33583**	**28866**	**24754**
12	**47**	**135**		**337**		**188**
12	43	120		326		154
12	**194**	**199**	**41**	**31**		**17**
	19	121	5	31		
12	7	6	5			
	1	12	1			
7974	**4001**	**8312**	**29880**	**33889**	**28866**	**24925**
252	60	1569	74			
7722	3941	6743	29806	33889	28866	24925
4885	1380	3220	24456	2302	1030	1040
5137	1440	4789	24530	2302	1030	1040
47	**131**			**114**		**32**
8	**29**		**254**	**935**	**403**	**1818**

3—05 农业现

指标	单位	全市	市辖区	小店区	迎泽区
一、农村电气化情况					
(一)乡、村办水电站数					
装机容量					
发电量					
(二)农村用电量(注)	万千瓦小时	**41702**	**25**	**3478**	**1363**
二、农用化肥施用量					
(一)按实物量计算	吨	**79942**	**96**	**11634**	**30**
氮肥	吨	39643	80	4732	12
磷肥	吨	26052	16	4143	6
钾肥	吨	2489		109	5
复合肥	吨	11758		2650	7
(二)按折纯法计算	吨	**23146**	**27**	**3471**	**11**
氮肥	吨	10954	24	1265	4
磷肥	吨	4542	3	743	1
钾肥	吨	1242		54	2
复合肥	吨	6408		1409	4
三、农用塑料薄膜使用量	吨	**2492**	**2**	**226**	**1**
# 地膜使用量	吨	1392	1	139	1
地膜覆盖面积	公顷	16166	10	1496	5
四、农业用柴油	吨	**10775**	**20**	**1421**	**18**
五、农药使用量	吨	**578**		**92**	**3**

注:农村用电量不包括县办工业、城镇生活用电。

代 化 情 况

杏花岭区	尖草坪区	万柏林区	晋源区	清徐县	阳曲县	娄烦县	古交市
1591	**2984**	**5857**	**3601**	**17478**	**1757**	**828**	**2740**
71	**4050**	**352**	**3786**	**40571**	**13479**	**2938**	**2935**
37	2797	204	1763	17888	7777	2067	2286
29	608	39	932	15128	4217	435	499
	102		215	1664	294	39	61
5	543	109	876	5891	1191	397	89
19	**1249**	**121**	**1242**	**11694**	**3713**	**839**	**760**
10	783	56	529	5046	2159	519	559
6	109	7	168	2570	728	78	129
	52		107	835	148	19	25
3	305	58	438	3243	678	223	47
3	**236**	**96**	**139**	**1323**	**200**	**94**	**172**
3	73	41	71	666	192	91	114
27	1097	292	874	5570	3696	966	2133
82	**400**	**132**	**544**	**5348**	**1424**	**152**	**1234**
13	**59**	**13**	**38**	**284**	**56**	**6**	**14**

3—06 主要农业

指标	单位	全市	小店区	迎泽区	杏花岭区
一、农业机械总动力	**千瓦**	**1212776**	**138620**	**34139**	**25037**
1.柴油发动机	千瓦	904485	99327	14895	10576
2.汽油发动机	千瓦	147852	19115	11020	7638
3.电动机	千瓦	160439	20178	8224	6823
二、耕作机械					
1.大中型拖拉机	台	1066	119	9	8
动力	千瓦	43704	4896	335	412
2.小型拖拉机	台	7234	1303	399	127
动力	千瓦	69425	12940	3970	1804
3.水田耕作机械	台				
动力	千瓦				
三、机引农具					
1.大中型配套农具	台	2280	273	43	30
2.小型配套农具	台	5069	709	107	101
四、收获机械					
1.联合收割机	台	179	29		
2.机动割晒机	台	97	78		
3.脱粒机	台	1293	438	8	2
五、运输机械					
1.农用汽车	辆	7645	637	269	110
2.农用运输车	辆	18464	4269	140	764
3.其中:三轮运输车	辆	15256	3682	85	726
六、农田基本建设机械	**台**	**332**	**30**	**1**	**4**

机　械　拥　有　量

尖草坪区	万柏林区	晋源区	清徐县	阳曲县	娄烦县	古交市	其他
110818	**111080**	**192202**	**338645**	**110461**	**43404**	**108370**	
81850	67785	143342	292936	83643	29163	80968	
13742	33206	20738	2970	10541	7317	21565	
15226	10089	28122	42739	16277	6924	5837	
65	24	41	433	260	52	55	
2911	1031	1719	17983	9357	2438	2622	
825	476	1226	830	1455	418	175	
6000	4478	11959	7667	14934	3945	1728	
207	58	116	968	411	83	91	
560	47	432	1412	1337	270	94	
		3	145	2			
		19					
	3	337	448	57			
858	995	1409	2214	328	165	660	
936	745	1380	4591	3754	661	1224	
753	644	941	3821	3563	433	608	
20	**9**	**68**	**34**	**31**	**97**	**38**	

3—07 农　作　物

指　　标	全　市	小店区	迎泽区	杏花岭区
农作物总播种面积	**119.47**	**16.16**	**0.38**	**0.95**
一、粮食作物播种面积	**84.65**	**11.18**	**0.36**	**0.85**
(一)夏收粮食	**10.16**	**3.66**		
1.小　麦	10.16	3.66	0.36	0.85
(二)秋收粮食	**74.49**	**7.52**		
1.稻　谷	1.62	0.25		
2.玉　米	25.38	4.42	0.05	0.14
# 杂交玉米	16.40	4.40		0.14
3.谷　子	11.36	0.03	0.11	0.32
4.高　粱	5.60	0.86		0.01
5.其他谷物	8.57		0.07	0.14
# 莜麦	0.89			0.01
荞麦	3.48		0.02	0.01
糜黍	3.71		0.05	0.12
6.豆　类	10.53	1.91	0.07	0.16
(1)大　豆	6.58	0.10	0.03	0.15
(2)杂　豆	3.95	1.81	0.04	0.01
# 绿　豆	0.42		0.03	
红小豆	0.14		0.01	
7.薯　类	11.43	0.05	0.06	0.08
(1)马铃薯	10.82	0.01	0.06	0.07
(2)红　薯	0.61	0.04		0.01

播种面积

单位：千公顷

尖草坪区	万柏林区	晋源区	清徐县	阳曲县	娄烦县	古交市	其他
5.55	**2.29**	**7.85**	**32.67**	**29.88**	**9.36**	**13.86**	**0.52**
3.74	**1.23**	**4.83**	**20.47**	**23.86**	**7.05**	**10.67**	**0.41**
		0.98	**5.52**				
		0.98	5.52	23.86	7.05	10.67	
3.74	**1.23**	**3.85**	**14.95**				**0.41**
0.07	0.05	1.18	0.07				
1.53	0.48	1.13	9.28	5.92	0.78	1.34	0.31
1.52	0.48	1.02	1.08	5.78	0.59	1.08	0.31
0.44	0.25	0.06	0.17	6.14	1.52	2.32	
0.09	0.05	0.49	2.66	1.20	0.14	0.02	0.08
0.45	0.06	0.02	0.56	5.08	1.26	0.93	
				0.18	0.36	0.34	
0.22	0.01			3.03	0.05	0.14	
0.19	0.05	0.02	0.21	1.87	0.85	0.35	
0.73	0.13	0.86	1.71	3.02	0.72	1.20	0.02
0.60	0.02	0.81	1.11	2.26	0.67	0.81	0.02
0.13	0.11	0.05	0.60	0.76	0.05	0.39	
	0.06	0.02	0.01	0.25	0.05		
	0.01			0.12			
0.43	0.21	0.11	0.50	2.50	2.63	4.86	
0.33	0.20	0.07	0.20	2.39	2.63	4.86	
0.10	0.01	0.04	0.30	0.11			

3—07 续表

指　　标	全　市	小店区	迎泽区	杏花岭区
二、油料合计	**8.00**	**0.17**		**0.02**
1.花　　生	0.18			
2.油菜籽				
3.芝　　麻	0.04			
4.胡麻籽	1.18			
5.向日葵籽	5.92	0.17		0.02
6.蓖麻籽	0.02			
7.其他油料	0.66			
三、棉　　花	**0.90**			
四、甜　　菜	**0.11**			
五、药　　材	**0.31**			
六、蔬菜、瓜类	**24.76**	**4.76**		**0.08**
1.蔬菜(含菜用瓜)	23.97	4.65		0.08
# 大棚蔬菜	1.54	0.25		0.02
2.瓜类(果用瓜)	0.79	0.11		
# 西瓜	0.59	0.09		
甜瓜	0.15	0.02		
七、其他农作物	**0.74**	**0.05**	**0.02**	
# 青饲料	0.36	0.04	0.02	
附:粮食占用耕地面积	**77.37**	**9.12**	**0.36**	**0.85**
农作物回茬面积	**13.72**	**4.10**		
# 粮食作物回茬	3.61	1.82		

单位：千公顷

尖草坪区	万柏林区	晋源区	清徐县	阳曲县	娄烦县	古交市	其他
0.14	**0.01**	**0.02**	**1.46**	**2.85**	**1.30**	**1.95**	**0.08**
0.01			0.09	0.08			
			0.04				
				0.45	0.18	0.55	
0.12		0.02	1.32	2.19	0.91	1.09	0.08
			0.01	0.01			
0.01	0.01			0.12	0.21	0.31	
			0.90				
			0.11				
			0.02	**0.15**		**0.14**	
1.64	**1.05**	**2.98**	**9.60**	**2.54**	**1.01**	**1.09**	**0.01**
1.57	1.05	2.98	9.37	2.43	0.74	1.09	0.01
0.26	0.05	0.32	0.52	0.03	0.02	0.07	
0.07			0.23	0.11	0.27		
			0.22	0.04	0.24		
0.06				0.04	0.03		
0.03		**0.02**	**0.11**	**0.48**		**0.01**	0.02
		0.02	0.01	0.24		0.01	0.02
3.21	**1.10**	**3.97**	**17.00**	**23.79**	**6.95**	**10.61**	**0.41**
0.47	**0.44**	**2.94**	**5.21**	**0.10**		**0.46**	
		0.47	1.25	0.07			

3—08 农 作 物

指 标	全 市	小 店 区	迎 泽 区	杏 花 岭 区
一、粮食总产量	**207611**	**55114**	**25**	**128**
(一)夏收粮食	**44612**	**17870**		
1.小 麦	44612	17870		
(二)秋收粮食	**162999**	**37244**	**25**	**128**
1.稻 谷	10591	1023		
2.玉 米	97651	27490		37
# 杂交玉米	53469	27367		37
3.谷 子	5950	51	7	44
4.高 粱	25253	5675		
5.其他谷物	3550		7	37
# 莜麦	197			
荞麦	978		3	4
糜黍	2222		4	33
6.豆 类	9002	2644	4	
(1)大 豆	5012	133	1	
(2)杂 豆	3990	2511	3	
# 绿 豆	144		3	
红小豆	21			
7.薯 类	11002	361	7	10
(1)马铃薯	8692	27	7	10
(2)红 薯	2310	334		

总　　产　　量

单位：吨

尖草坪区	万柏林区	晋源区	清徐县	阳曲县	娄烦县	古交市	其他
6251	**1278**	**27069**	**93030**	**11786**	**4019**	**7462**	**1449**
		4512	**22230**				
		4512	22230				
6251	**1278**	**22557**	**70800**	**11786**	**4019**	**7462**	**1449**
444	268	8411	445				
3787	588	8502	49586	4561	772	1333	995
3787	588	7651	6675	4550	687	1132	995
357	90	109	338	2935	768	1250	1
168	96	3271	14833	636	132	10	432
270	30	36	793	1499	478	400	
				24	67	106	
91	10			825	13	32	
179	20	36	727	650	398	175	
775	42	1371	2792	722	297	334	21
712	3	1315	1742	569	279	237	21
63	39	56	1050	153	18	97	
	4	43	29	49	16		
	4	3		12	2		
450	164	857	2013	1433	1572	4135	
231	154	608	598	1350	1572	4135	
219	10	249	1415	83			

3—08 续表

指 标	全 市	小 店 区	迎 泽 区	杏 花 岭 区
二、油料合计	**4303**	**343**		
1. 花 生	231			
2. 油 菜 籽				
3. 芝 麻	38			
4. 胡 麻 籽	314			
5. 向日葵籽	3508	342		
6. 蓖 麻 籽	19	1		
7. 其他油料	193			
三、棉 花	**771**			
四、甜 菜	**4979**	**12**		
五、药 材	**318**			
六、蔬菜、瓜类				
1. 蔬菜(含菜用瓜)	1265835	246205	288	3246
# 大棚蔬菜	94887	14458	220	525
2. 瓜类(果用瓜)	15151	3828		
# 西瓜	11772	2998		
甜瓜	2681	830		
附:蔬菜上市量	**1035019**	**213830**	**272**	**2740**

单位:吨

尖草坪区	万柏林区	晋源区	清徐县	阳曲县	娄烦县	古交市	其他
68	**9**	**52**	**2058**	**747**	**496**	**466**	**64**
10		1	182	38			
			38				
				85	92	137	
55	2	51	1818	597	318	261	64
1	2		15				
2	5		5	27	86	68	
			770				**1**
			4967				
2			**88**	**10**		**218**	
75086	69800	165331	605003	36496	12260	51490	630
8896	2321	28335	34068	1289	305	4430	40
911	60		5102	1710	3540		
20			5030	644	3080		
885			72	434	460		
65000	**57600**	**116795**	**492382**	**26840**	**12690**	**46340**	**530**

3—09 农　作　物

指　　标	全　市	小店区	迎泽区	杏花岭区
一、粮食作物	**2453**	**4930**	**69**	**151**
(一)夏收粮食	**4391**	**4883**		
1.小　麦	4391	4883		
(二)秋收粮食	**2188**	**4953**	**69**	**151**
1.稻　谷	6538	4092		
2.玉　米	3848	6219		264
#杂交玉米	3260	6220		264
3.谷　子	524	1700	64	138
4.高　粱	4509	6599		
5.其他谷物	414		100	264
#莜麦	221			
荞麦	281		150	400
糜黍	599		80	275
6.豆　类	855	1384	57	
(1)大　豆	762	1330	33	
(2)杂　豆	1010	1387	75	
#绿　豆	343		100	
红小豆	150			
7.薯　类	963	7220	117	125
(1)马铃薯	803	2700	117	143
(2)红　薯	3787	8350		

单　　产　　量

单位:公斤/公顷

尖草坪区	万柏林区	晋源区	清徐县	阳曲县	娄烦县	古交市	其他
1671	**1039**	**5604**	**4545**	**494**	**570**	**699**	**3534**
		4604	**4027**				
		4604	4027				
1671	**1039**	**5859**	**4736**	**494**	**570**	**699**	**3534**
6343	5360	7128	6357				
2475	1225	7524	5343	770	990	995	3210
2491	1225	7501	6181	787	1164	1048	3210
811	360	1817	1988	478	505	539	
1867	1920	6676	5576	530	943	500	5400
600	500	1800	1416	295	379	430	
				133	186	312	
414	1000			272	260	229	
942	400	1800	3462	348	468	500	
1062	323	1594	1633	239	413	278	1050
1187	150	1623	1569	252	416	293	1050
485	355	1120	1750	201	360	249	
	67	2150	2900	196	320		
	400			100			
1047	781	7791	4026	573	598	851	
700	770	8686	2990	565	598	851	
2190	1000	6225	4717	755			

3—09 续表

指　　标	全　市	小 店 区	迎 泽 区	杏 花 岭 区
二、油料	**538**	**2018**		
1.花　　生	1283			
2.油 菜 籽				
3.芝　　麻	950			
4.胡 麻 籽	266			
5.向日葵籽	593	2012		
6.蓖 麻 籽	950			
7.其他油料	292			
三、棉　　花	**857**			
四、甜　　菜	**45264**			
五、药　　材	**1026**			
六、蔬菜、瓜类				
1.蔬菜(含菜用瓜)	52809	52947		40575
# 大棚蔬菜	61316	56921	62857	30882
2.瓜类(果用瓜)	19178	34800		
# 西瓜	19953	33311		
甜瓜	17873	41500		

单位:公斤/公顷

尖草坪区	万柏林区	晋源区	清徐县	阳曲县	娄烦县	古交市	其他
486	**900**	**2600**	**1410**	**262**	**382**	**239**	**800**
1000			2022	475			
			950				
				189	511	249	
458		2550	1377	273	349	239	800
			1500				
200	500			225	410	219	
			856				
			45155				
			4400	**67**		**1557**	
47825	66476	55480	64568	15019	16568	47239	63000
34886	50457	87724	65015	44448	13261	62394	20000
13014			22183	15545	13111		
			22864	16100	12833		
14750				10850	15333		

3—10 水 果 生

指 标	单 位	太原市	市辖区	小店区	迎泽区
一、水果产量合计	**吨**	**35359**	**77**	**1516**	**64**
1.苹 果	吨	7778	42	559	25
2.梨	吨	3840	20	698	22
3.葡 萄	吨	18292	5	173	10
4.红 枣(鲜枣)	吨	1797		15	3
5.柿 子(鲜柿)	吨	5			
6.沙 果	吨	209			
7.桃	吨	2439	5	49	4
8.杏	吨	542		9	
9.其 他	吨	457	5	13	
二、年末果园面积合计	**公顷**	**15581**	**48**	**869**	**396**
1.苹果园	公顷	9327	21	249	251
2.梨 园	公顷	1729	10	334	98
3.葡萄园	公顷	2431	8	55	8
4.其他园	公顷	2094	9	231	39
三、零星苹果树	**万株**	**66.52**		**0.23**	**1.36**
零星梨树	万株	31.72		0.4	1.04
四、桑园面积	**公顷**				
柞坡面积	公顷				

产　　情　　况

杏花岭区	尖草坪区	万柏林区	晋　源　区	清　徐　县	阳　曲　县	娄　烦　县	古　交　市
541	**12957**	**659**	**2084**	**13906**	**2688**	**298**	**569**
308	2915	79	650	1490	1305	137	268
45	205	40	201	2070	364	73	102
20	9144	388	611	7641	236	36	28
96	266	97	98	740	402	16	64
				5			
43	40				111		15
28	292	3	456	1368	158	22	54
	15	1	8	384	79	10	36
1	80	51	60	208	33	4	2
816	**2506**	**640**	**650**	**1756**	**4760**	**899**	**2241**
566	1109	475	317	220	3587	610	1922
67	98	56	61	243	482	164	116
23	1186	85	82	732	221	17	14
160	113	24	190	561	470	108	189
2. 25	**3. 89**	**1. 23**	**5. 46**	**2. 66**	**22. 61**	**6. 43**	**20. 4**
0. 49	2. 5	0. 12	0. 72	1. 25	9. 9	5. 2	10. 1

3—11 畜 禽 饲

指　　标	单　位	全　市	市辖区	小店区	迎泽区
一、大牲畜年末总头数	**头**	**94869**	**2117**	**5211**	**179**
# 年末从事农事劳役的	头	50421		915	156
1. 牛年末数	头	61932	2117	3845	89
能繁殖的母畜	头	29092	1153	2569	3
当年生仔畜	头	10079	170	387	
(1)黄牛年末数	头	47915	579	776	89
能繁殖的母畜	头	19017	230	292	3
当年生仔畜	头	7882	50	54	
# 年末肉用改良牛	头	14719	579	4	
能繁殖的母畜	头	4519	230		
当年生仔畜	头	2296	50		
(2)年末良种及改良种乳牛	头	14017	1538	3069	
能繁殖的母畜	头	10075	923	2277	
当年生仔畜	头	2197	120	333	
2. 马年末数	匹	1158		147	
能繁殖的母畜	匹	466		69	
当年生仔畜	匹	95		30	
3. 驴年末数	头	18043		320	3
能繁殖的母畜	头	6354		156	
当年生仔畜	头	1317		48	
4. 骡年末数	头	13731		899	87
当年生仔畜	头	391		14	
5. 骆驼年末数	峰	5			
能繁殖的母畜	峰				
当年生仔畜	峰				
二、猪年末数	**头**	**338934**	**19099**	**37481**	**3771**
能繁殖的母畜	头	24734	2867	1304	150
三、羊年末数	**只**	**494602**		**21852**	**3017**
能繁殖的母畜	只	257441		9313	1564
1. 山羊年末数	只	187372		240	
能繁殖的母畜	只	90913		77	
# 奶山羊年末数	只	851		22	
能繁殖的母畜	只	511		22	
2. 绵羊年末数	只	307230		21612	3017
能繁殖的母畜	只	166528		9236	1564
# 细毛羊及改良羊年末数	只	389			
能繁殖的母畜	只	236			
# 半细毛羊及改良羊年末数	只	20607			
能繁殖的母畜	只	13150			
四、家禽年末数	**只**	**4700861**	**183700**	**1125720**	**11690**
五、养兔年末数	**只**	**126864**		**7358**	
六、年末养蜂箱数	**箱**	**3195**		**20**	

养　情　况

杏花岭区	尖草坪区	万柏林区	晋源区	清徐县	阳曲县	娄烦县	古交市
504	**1953**	**777**	**2244**	**25101**	**27159**	**14227**	**15397**
411	977	347	237	7955	18851	9750	10822
155	1140	544	2069	23234	13634	7327	7778
82	829	379	1329	10498	5551	3135	3564
9	102	21	501	5174	1597	962	1156
96	253	169	102	19267	11516	7312	7756
39	55	15	15	7413	4286	3120	3549
5	7	10	5	4308	1325	962	1156
	75		75	13198	70	718	
	24			3857	40	368	
	5			2156	14	71	
59	887	375	1967	3967	2118	15	22
43	774	364	1314	3085	1265	15	15
4	95	11	496	866	272	0	
2	44	5	8	97	708	97	50
	19			14	320	34	10
	3			6	44	12	
47	287	46	43	876	7985	4752	3684
17	81		6	240	2925	1853	1076
	13			115	687	283	171
300	482	182	121	894	4832	2051	3883
				42	210	80	45
			3				2
6269	**17778**	**5452**	**19741**	**116648**	**70302**	**11231**	**31162**
468	1451	285	1506	10155	4040	899	1609
5790	**20983**	**5609**	**11787**	**79174**	**126814**	**108500**	**111076**
3390	12381	1356	6604	38045	76407	58296	50085
	990	1014	905	7421	41033	69368	66401
	495	354	450	2565	22837	35940	28195
		152	65	612			
		14	35	440			
5790	19993	4595	10882	71753	85781	39132	44675
3390	11886	1002	6154	35480	53570	22356	21890
					389		
					236		
	4026				16581		
	2316				10834		
30100	**178707**	**63623**	**819026**	**1030509**	**827302**	**91851**	**338633**
420	**6295**	**360**	**570**	**82532**	**17676**	**277**	**11376**
	201	**108**		**782**	**1685**	**315**	**84**

3—12 畜 牧 业

指标	单位	全市	市辖区	小店区	迎泽区
一、当年出栏的肉牛	**头**	**19306**	**953**	**478**	
牛肉产量	吨	2809	151	66	
当年出栏的马	匹	47			
马肉产量	吨	5			
当年出栏的驴	头	783			
驴肉产量	吨	78			
当年出栏的骡	头	383			
骡肉产量	吨	40			
当年出栏的骆驼	峰				
骆驼肉产量	吨				
当年出栏的肉猪	头	486450	21816	46457	4823
猪肉产量	吨	36318	1652	3734	319
当年出栏的肉用羊	只	247105		13370	1070
羊肉产量	吨	3634		201	16
当年出栏的山羊	只	79173			
山羊肉产量	吨	1089			
当年出栏的绵羊	只	167932		13370	1070
绵羊肉产量	吨	2545		201	16
当年出栏的家禽	只	3606997	206026	1371880	8353
禽肉产量	吨	5446	303	2266	12
当年出栏的家兔	只	343385		21314	6
兔肉产量	吨	526		33	
二、当年肉类总产量	**吨**	**48856**	**2106**	**6300**	**347**
奶类产量	**吨**	**51766**	**5715**	**14532**	
# 牛奶产量	吨	51662	5715	14532	
山羊毛产量	**吨**	**62**			
绵羊毛产量	**吨**	**313**		**22**	**2**
# 细羊毛	吨	2			
半细羊毛	吨	57			
羊绒产量	**吨**	**20**			
蜂蜜产量	**吨**	**70**			
禽蛋产量	**吨**	**44893**	**1601**	**10705**	**99**
蚕茧产量	**吨**				
# 桑蚕茧					
柞蚕茧					

生　产　情　况

杏花岭区	尖草坪区	万柏林区	晋源区	清徐县	阳曲县	娄烦县	古交市
22	**80**	**86**	**126**	**13970**	**1602**	**1218**	**771**
3	12	13	15	2094	203	156	96
	2				28	17	
					3	2	
21	25	10			275	415	37
2	3	1			28	41	3
47	46				145	124	21
2	6				17	13	2
7769	22363	8978	30686	205363	89575	12935	35685
546	1739	651	2281	15103	6639	937	2717
2564	9973	2508	7201	67049	47895	45493	49982
38	161	39	108	1069	678	606	718
	235	110	454	6829	10995	28182	32368
	3	2	7	101	148	372	456
2564	9738	2398	6747	60220	36900	17311	17614
38	158	37	101	968	530	234	262
16761	104821	23535	440715	813656	443989	44804	132457
21	167	32	663	1197	567	56	162
2100	6600	360	930	250317	42838		18920
3	13	1	1	382	68		25
615	**2101**	**737**	**3068**	**19845**	**8203**	**1811**	**3723**
124	**3152**	**1485**	**6596**	**16543**	**3539**	**24**	**56**
124	3152	1485	6596	16439	3539	24	56
	1			**3**	**13**	**27**	**18**
6	**20**	**3**	**8**	**90**	**103**	**32**	**27**
					2		
	6	3	8		36		4
				1	**4**	**9**	**6**
	4	**3**		**18**	**38**	**5**	**2**
271	**1391**	**432**	**8052**	**12551**	**7222**	**344**	**2225**

3—13 农 林 牧 渔

指 标	全 市		市 辖 区	
	按 1990 年不变价格计算	按现行价格计算	按 1990 年不变价格计算	按现行价格计算
农林牧渔业总产值	**119988**	**233361**	**2520**	**4335**
一、农业产值	**67625**	**148877**	**122**	**207**
(一)种植业产值	60344	140529	122	207
1. 主产品产值	58465	135102	106	177
(1)粮食作物总计	10560	23703	62	97
①谷物	8925	19932	60	93
②豆类	1043	1814	2	4
③薯类	592	1957		
(2)油料	520	1229	7	14
(3)棉花	597	1499	1	1
(4)麻类				
(5)糖类	76	199		
(6)烟叶				
(7)药材类	166	287		
(8)蔬菜	39575	98835	20	43
(9)水果	6276	8470	10	15
(10)其他农作物	52	63	1	1
# 饲料作物	24	29	1	1
2. 副产品产值	1879	5427	16	30
(1)粮食作物副产品	1848	5361	16	30
# 谷物副产品	1735	5033	16	30
(2)其他副产品	31	66		
(二)其他农业	7281	8348		

业　　总　　产　　值(一)

单位:万元

小店区		迎泽区		杏花岭区		尖草坪区	
按1990年不变价格计算	按现行价格计算	按1990年不变价格计算	按现行价格计算	按1990年不变价格计算	按现行价格计算	按1990年不变价格计算	按现行价格计算
21585	**43775**	**352**	**521**	**743**	**1223**	**7880**	**14835**
12514	**30564**	**96**	**101**	**254**	**382**	**5659**	**10821**
11514	29344	26	41	182	322	5480	10596
11014	27981	26	41	180	320	5440	10433
2846	5700	1	3	9	14	336	879
2507	5206	1	1	8	12	228	629
323	451		1			86	158
16	43		1	1	2	22	92
40	103					7	21
						4	4
7740	21597	10	20	101	234	2329	6194
328	504	9	10	62	60	2317	2817
3	4	6	8			1	1
2	2	6	8				
500	1363			2	2	40	163
498	1359			2	2	40	162
478	1297			2	2	32	138
2	4						1
1000	1220	70	60	72	60	179	225

3—13 续表 1

指　　标	全市		市辖区	
	按1990年不变价格计算	按现行价格计算	按1990年不变价格计算	按现行价格计算
(1)采集野生植物	1503	1649		
(2)农民家庭兼营商品性工业	5778	6699		
二、林业产值	**2523**	**3808**	**83**	**107**
(一)营　林	2379	3494	83	107
(二)林产品	90	204		
(三)村及村以下竹木采伐	54	110		
三、牧业产值	**48999**	**78914**	**2121**	**3625**
(一)牲　畜	21414	44836	861	1539
1.大牲畜的繁殖、增长、增重	1105	2284	32	53
# (1)牛	1009	2107	32	53
(2)马	6	11		
(3)驴	60	116		
(4)骡	30	50		
(5)骆驼				
2.猪	18490	34875	829	1486
3.羊	1754	7597		
4.其　他	65	80		
(二)家禽的饲养	2391	4905	131	257
(三)活的畜禽产品	24774	28286	1129	1829
(四)捕　猎	151	157		
(五)其他动物饲养	269	730		
四、渔业产值	**841**	**1762**	**194**	**396**
1.养　殖	841	1762	194	396
2.捕　捞				

单位:万元

小店区		迎泽区		杏花岭区		尖草坪区	
按1990年不变价格计算	按现行价格计算	按1990年不变价格计算	按现行价格计算	按1990年不变价格计算	按现行价格计算	按1990年不变价格计算	按现行价格计算
200	200					35	35
800	1020	70	60	72	60	144	190
200	**431**	**7**	**9**	**21**	**28**	**177**	**301**
164	349	6	7	21	28	172	293
		1	2			5	8
36	82						
8820	**12673**	**249**	**411**	**468**	**813**	**2008**	**3634**
1963	4127	197	357	317	643	1020	2147
88	162			1	3	24	40
83	152			1	3	23	39
2	4						
2	4					1	1
1	2						
1765	3484	188	325	295	551	850	1684
110	481	9	32	21	89	81	343
						65	80
964	1964	5	10	11	24	67	136
5881	6550	47	44	138	142	876	1246
				1	1		
12	32			1	3	45	105
51	**107**					**36**	**79**
51	107					36	79

3—13 农 林 牧 渔

指 标	万柏林区		晋源区	
	按1990年不变价格计算	按现行价格计算	按1990年不变价格计算	按现行价格计算
农林牧渔业总产值	**3425**	**7273**	**13768**	**27986**
一、农业产值	**2613**	**5810**	**7582**	**19245**
(一)种植业产值	2452	5409	7132	18795
1.主产品产值	2444	5388	6912	17932
(1)粮食作物总计	65	190	1438	3949
①谷物	50	113	1241	3474
②豆类	6	11	152	277
③薯类	9	66	45	198
(2)油料	2	3	6	15
(3)棉花				
(4)麻类				
(5)糖类				
(6)烟叶				
(7)药材类				
(8)蔬菜	2164	4958	5134	13443
(9)水果	113	137	313	423
(10)其他农作物			1	2
# 饲料作物			1	2
2.副产品产值	8	21	220	863
(1)粮食作物副产品	8	21	220	862
# 谷物副产品	7	18	208	825
(2)其他副产品				1
(二)其他农业	161	401	450	450

业　总　产　值(二)

单位:万元

清徐县		阳曲县		娄烦县		古交市	
按1990年不变价格计算	按现行价格计算	按1990年不变价格计算	按现行价格计算	按1990年不变价格计算	按现行价格计算	按1990年不变价格计算	按现行价格计算
46614	**92778**	**11881**	**20955**	**2935**	**5228**	**8285**	**14452**
29475	**64521**	**3205**	**6848**	**1227**	**1844**	**4878**	**8534**
27555	62601	2423	5728	877	1494	2581	5992
26649	60327	2319	5314	843	1390	2532	5799
4483	9834	623	1441	243	545	454	1051
4069	8845	461	988	120	201	180	370
321	646	82	152	33	53	38	61
93	343	80	301	90	291	236	620
256	627	89	223	58	84	55	139
596	1498						
76	199						
4	4	15	15			143	264
18754	44717	1132	2877	381	514	1810	4238
2460	3428	434	723	161	247	69	106
20	20	19	26			1	1
1	1	12	14			1	1
906	2274	104	414	34	104	49	193
887	2237	100	404	31	97	46	187
857	2146	88	370	22	78	25	129
19	37	4	10	3	7	3	6
1920	1920	782	1120	350	350	2297	2542

3—13 续表 2

指　　标	万柏林区		晋源区	
	按1990年不变价格计算	按现行价格计算	按1990年不变价格计算	按现行价格计算
(1)采集野生植物			20	20
(2)农民家庭兼营商品性工业	161	401	430	430
二、林业产值	**105**	**195**	**300**	**393**
(一)营　林	105	195	271	327
(二)林产品			29	66
(三)村及村以下竹木采伐				
三、牧业产值	**699**	**1258**	**5730**	**8020**
(一)牲　畜	366	767	1344	2733
1.大牲畜的繁殖、增长、增重	4	8	121	198
(1)牛	4	8	121	198
(2)马				
(3)驴				
(4)骡				
(5)骆驼				
2.猪	341	672	1166	2283
3.羊	21	87	57	252
4.其　他				
(二)家禽的饲养	16	31	281	547
(三)活的畜禽产品	315	455	4104	4738
(四)捕　猎				
(五)其他动物饲养	2	5	1	2
四、渔业产值	**8**	**10**	**156**	**328**
1.养　殖	8	10	156	328
2.捕　捞				

单位:万元

清徐县		阳曲县		娄烦县		古交市	
按1990年不变价格计算	按现行价格计算	按1990年不变价格计算	按现行价格计算	按1990年不变价格计算	按现行价格计算	按1990年不变价格计算	按现行价格计算
290	290	378	524	110	110	470	470
1630	1630	404	596	240	240	1827	2072
313	**490**	**635**	**871**	**408**	**675**	**274**	**308**
296	458	600	784	407	672	254	274
17	32	35	87	1	3	2	6
						18	28
16496	**27063**	**8020**	**13193**	**1296**	**2702**	**3092**	**5522**
8809	17699	3955	8649	846	2173	1736	4002
478	1022	196	425	79	180	82	193
470	1006	146	332	59	144	70	172
	1	3	5	1	1		
5	10	31	61	13	25	8	15
3	5	16	27	6	10	4	6
7804	14252	3404	6676	492	916	1356	2546
527	2425	355	1548	275	1077	298	1263
519	1126	283	575	29	56	85	179
6958	7746	3721	3831	419	467	1186	1238
65	65	12	18			73	73
145	427	49	120	2	6	12	30
330	**704**	**21**	**43**	**4**	**7**	**41**	**88**
330	704	21	43	4	7	41	88

3—14 农 林 牧 渔

指 标	全 市	市辖区	小店区	迎泽区
农林牧渔业中间消耗合计	**89921**	**1418**	**11989**	**290**
一、农业中间消耗合计	**45304**	**18**	**4694**	**55**
(一)种植业中间消耗	43571	18	4651	25
1.物质消耗	38472	18	4051	25
(1)用种量	3658	5	547	5
(2)饲料、饲草	3999		248	10
(3)肥料	14980	6	1326	3
(4)燃料	4475	4	606	
(5)农药	1121		160	2
(6)农用塑料薄膜	2879		203	1
(7)用电量	5725		811	4
(8)小农机具购置费	90		10	
(9)办公用品购置费	283		20	
(10)其他物质消耗	1262	3	120	
2.生产服务支出	5099		600	
(二)其它农业中间消耗	1733		43	30
1.物质消耗	1491		33	30
(1)原材料	1065			30
(2)燃料	119			
(3)用电量	119		31	
(4)其他物质消耗	1188		2	
2.生产服务支出	242		10	
二、林业中间消耗合计	**1916**	**55**	**235**	**7**
(一)物质消耗	1754	52	205	7
1.用种量	1222	41	57	5
2.肥料	72		30	

业　中　间　消　耗(一)

单位:万元

杏花岭区	尖草坪区	万柏林区	晋源区	清徐县	阳曲县	娄烦县	古交市
486	**5333**	**2287**	**8748**	**37459**	**12160**	**3616**	**6135**
107	**3710**	**1552**	**3502**	**22014**	**5230**	**1653**	**2769**
95	3484	1244	3200	21672	5044	1590	2548
95	1984	954	2435	20022	4920	1590	2378
15	161	116	455	1404	412	238	300
30	96	25	29	553	1524	626	858
14	933	230	659	8874	2116	321	498
25	235	127	438	2131	479	36	394
6	115	24	70	610	106	8	20
4	262	96	167	1691	240	85	130
1	147	200	162	3981	19	240	160
	2	1	12	30	4	30	1
	5	5	18	225	5	4	1
	28	130	425	523	15	2	16
	1500	290	765	1650	124		170
12	226	308	302	342	186	63	221
12	196	280	268	295	138	63	176
12	100	198	235	260	120	60	50
	50	11	6	20	12	2	18
	6	53	8		2	1	18
	40	18	19	15	4		90
	30	28	34	47	48		45
18	**106**	**66**	**233**	**287**	**287**	**393**	**229**
18	106	63	213	284	260	368	178
16	82	55	148	170	242	270	136
2	12	1		10	5	8	4

3—14 续表

指　　标	全　市	市辖区	小店区	迎泽区
3.燃料	105	3	55	
4.农药	46		24	
5.用电量	215		27	2
6.林业小农机具购置费	6	3	1	
7.办公用品购置费	9	2	1	
8.其他物质消耗	79	3	10	
(二)生产服务支出	162	3	30	
三、牧业中间消耗合计	**41934**	**1273**	**7011**	**228**
(一)物质消耗	40140	1271	6611	226
1.用种量	208	10	84	
2.饲料、饲草	37899	1243	6088	142
3.燃料	204	9	77	7
4.用电量	1231	1	312	54
5.畜牧用药品	284		30	17
6.其他物质消耗	314	8	20	6
(二)生产服务支出	1794	2	400	2
四、渔业中间消耗合计	**767**	**72**	**49**	
(一)物质消耗	689	56	47	
1.饲　料	411	33	10	
2.燃　料	62	3	10	
3.用电量	159		24	
4.办公用品购置	12	2	1	
5.其他物质消耗	45	18	2	
(二)生产服务支出	78	16	2	

单位:万元

杏花岭区	尖草坪区	万柏林区	晋源区	清徐县	阳曲县	娄烦县	古交市
		6	5	3	3		30
	8		2	7	1		4
	4	1	3	81	3	90	4
			2				
			2	3	1		
			51	10	5		
		3	20	3	27	25	51
361	**1486**	**663**	**4833**	**14768**	**6634**	**1569**	**3108**
344	1286	649	4370	14305	6542	1569	2967
1	10	4	42	48		1	8
340	1197	613	3956	13528	6467	1558	2767
	5	3	40	31	6	10	16
	63	13	148	630	3		7
3	5	1	132	20	35		41
	6	15	52	48	31		128
17	200	14	463	463	92		141
	31	**6**	**180**	**390**	**9**	**1**	**29**
	29	5	145	372	7	1	27
	24	3	116	200	7	1	17
	5		5	35			4
		2	9	122			2
			1	7			1
			14	8			3
	2	1	35	18	2		2

3—15 农村非农

指标	全市	小店区	迎泽区	杏花岭区
农村非农行业总产值合计	**2041753**	**249278**	**93727**	**79610**
一、农村工业总产值	**1415002**	**143767**	**40337**	**57097**
1.乡(镇)办工业产值	349639	9900	7370	8614
2.村办工业产值	330246	30690	9528	25949
3.村以下办工业产值	735117	103177	23439	22534
二、农村建筑业总产值	**79927**	**15795**	**9398**	**11211**
1.建筑安装工程产值	79266	15765	9398	11211
(1)兴建房屋产值	62893	14786	5156	9771
农村集体新建房屋产值	31916	8502	4200	8288
农村居民新建房屋产值	30977	6284	956	1483
(2)农田水利工程产值	3609	335		421
(3)其它建筑安装工程产值	12764	644	4242	1019
2.其他基本建设产值	661	30		
# 开垦荒地产值	111	10		
三、农村运输业总产值	**257176**	**30810**	**1670**	**5731**
1.乡(镇)办运输企业货运产值	10130	1820	25	
2.村办运输企业货运产值	19541	3480		1949
3.村以下办运输企业货运产值	227505	25510	1645	3782
四、农村批发零售贸易业、饮食业总产值	**289648**	**58906**	**42322**	**5571**
1.批发零售贸易业总产值	214374	41449	42163	4615
(1)农村供销社产值	9081	3009		24
(2)乡(镇)办产值	29435	10860	12905	
(3)村办产值	68274	19129	7433	1814
(4)村以下办产值	107584	8451	21825	2777
2.饮食业产值	75274	17457	159	956
(1)农村供销社产值	210	151		
(2)乡(镇)办产值	2818	890		
(3)村办产值	7464	2200		49
(4)村以下办产值	64782	14216	159	907
附记:农民在城里(含县城)办非农行业全部产值	**13235**	**91**	**3340**	
(1)农民在城里办工业产值	813	4		
(2)农民在城里办建筑业产值	1896	6	40	
(3)农民在城里办运输业产值	2244	46		
(4)农民在城里办批发零售贸易业产值	6448	15	3300	
(5)农民在城里办饮食业产值	1834	20		

行　业　总　产　值

单位:万元

尖草坪区	万柏林区	晋源区	清徐县	阳曲县	娄烦县	古交市
221147	**257150**	**222377**	**467624**	**83361**	**22504**	**344975**
157260	**128735**	**140571**	**370452**	**68538**	**19447**	**288798**
100255	2651	23116	126540	16463	3441	51289
19362	83168	69350	39590	6830	2021	43758
37643	42916	48105	204322	45245	13985	193751
9632	**14079**	**5694**	**10000**	**1643**	**637**	**1838**
9632	14079	5694	9470	1542	637	1838
9087	9920	3769	8403	1143	410	448
5287	4736		513	340	50	
3800	5184	3769	7890	803	360	448
433		925	916	379	20	180
112	4159	1000	151	20	207	1210
			530	101		
				101		
23784	**33148**	**42142**	**70446**	**7638**	**1725**	**40082**
4500	3129		554	102		
5000	2500	1154	5458			
14284	27519	40988	64434	7536	1725	40082
30471	**81188**	**33970**	**16726**	**5542**	**695**	**14257**
21090	52651	22100	13970	5002	530	10804
350	253	148	3756	52	283	1206
5500	150	20				
9000	30820	63		15		
6240	21428	21869	10214	4935	247	9598
9381	28537	11870	2756	540	165	3453
10		49				
1800	10	10				108
1900	3280	35				
5671	25247	11776	2756	540	165	3345
900	**1272**	**480**	**2451**	**1340**	**860**	**2501**
160	135	5	83	75		351
180	130	45	750	570	100	75
290	169	40	810	89	390	410
120	668	210	603	460	320	752
150	170	180	205	146	50	913

3—16 林业渔业

指标	单位	全市	小店区	迎泽区	杏花岭区
林业生产情况					
一、当年造林面积	**公顷**	**16559**	**194**	**33**	**100**
# 国营造林	〃	2538			
集体造林	〃	9894	27	33	100
工程造林	〃	10100	27		
退耕造林	〃				
(一)按造林方式分					
1. 人工造林	〃	11992	194	33	100
2. 飞播造林	〃	4567			
(二)按林种用途分					
1. 用材林	〃				
2. 经济林	〃	3519	167	33	67
3. 防护林	〃	12582	27		33
4. 特种用途林	〃	458			
二、零星植树	**万株**	**666.53**	**51.20**	**3.00**	**9.00**
三、育苗面积	**公顷**	**1581.2**	**334.0**	**3.1**	**13.6**
# 本年新育	公顷	1008.1	163.4	1.2	8.3
四、村及村以下木材采伐量	**立方米**	**1200**	**800**		
渔业生产情况					
1. 养殖面积	**公顷**	**3122**	**24**		
2. 水产品产量	**吨**	**2040**	**123**		

注:水产品产量及养殖面积按在地原则统计。

生　产　情　况

尖草坪区	万柏林区	晋　源　区	清　徐　县	阳　曲　县	娄　烦　县	古　交　市	其　　他
1367	**700**	**1200**	**1822**	**3380**	**3661**	**3311**	**791**
				200	748	799	791
1367	600	600	1475	3180		2512	
333	433	800	1475	481	3507	2711	333
700	600	1200	1822	3047	2646	992	658
667	100			333	1015	2319	133
367	267	400	347	1058	533	280	
1000	433	800	1475	2322	3128	3031	333
							458
35. 10	**25. 00**	**40. 10**	**74. 53**	**196. 60**	**100. 00**	**132. 0**	
137. 3	**80. 4**	**260. 8**	**144. 2**	**307. 8**	**129. 0**	**139. 0**	**32. 0**
104. 0	40. 0	140. 0	96. 7	254. 7	100. 0	92. 0	7. 8
						400	
18	**13**	**590**	**356**	**37**	**2022**	**15**	**47**
88	**20**	**379**	**800**	**50**	**10**	**100**	**470**

3—17 农 民 主 要

指 标	单 位	全 市	小 店 区	迎 泽 区	杏 花 岭 区
家庭轿车	辆	5504	866	132	336
摩托车	辆	55162	9178	1066	2132
自行车	辆	423280	68870	5797	13129
电 脑	台	2235	388	78	125
组合音响	套	39718	7150	990	1888
VCD 类	台	41310	8258	1349	2037
电视机	台	274310	39482	5427	9915
# 彩 电	台	198583	32166	4748	8214
摄像机	部	814	148	32	44
照像机	架	27925	5027	1205	2174
空 调	台	3532	938	170	231
电风扇	台	142380	25935	2124	5370
电冰箱	台	80163	14219	2250	4518
家庭电话	部	89896	15780	2922	4638
# 手 机	部	28892	5422	1358	1273
洗衣机	台	173993	30068	3496	6928
缝纫机	台	181193	25298	2401	4901
太阳能、电热淋浴器	台	8620	1823	426	597

生　活　用　品

尖草坪区	万柏林区	晋源区	清徐县	阳曲县	娄烦县	古交市
739	508	894	1228	260	166	375
5397	4825	7428	1948	3669	906	813
47444	28791	51089	130569	48025	12073	17493
501	601	170	220	86	28	38
4952	4559	5616	9367	2567	1221	1408
3554	5561	5308	9728	2352	1374	1789
29991	22317	31125	71200	31002	13996	19855
22719	19787	25196	53204	14414	5974	12161
81	249	93	95	24	30	18
3684	3265	4478	4712	1277	404	1699
407	670	341	638	61	15	61
15743	14933	19827	43024	7793	1959	5672
10126	12203	14002	15515	2659	1377	3294
10625	12405	11093	20420	6479	1633	3901
4291	4065	3306	5401	2049	478	1249
19607	17691	23055	47143	14050	2620	9335
18215	10636	21991	50971	22746	7879	16155
749	2155	384	2369	75	21	21

3—18 农村经济收益分

指　　标	太原市	小店区	迎泽区	杏花岭区
一、农村经济总收入	**2142192**	**356158**	**71491**	**72780**
其中:出售产品收入	935468	142767	2913	38523
1.农业收入	126637	27959	45	324
2.林业收入	3269	534	1	24
3.牧业收入	66902	14121	453	759
4.渔业收入	910	1		
5.工业收入	1110510	171394	27438	41736
其中:农副产品加工业	40476	11600		
6.建筑业收入	93368	15801	3099	11031
7.运输业收入	290844	34806	1856	6332
8.商饮业收入	263639	55781	20622	5547
9.服务业收入	71029	10343	15869	2971
10.其它收入	115084	25418	2108	4056
二、总费用	**1768844**	**294800**	**64041**	**61428**
三、净收入	**373348**	**61358**	**7450**	**11352**
四、投资收益	**1947**	**21**	**60**	
五、农民外出劳务收入	**16069**	**1503**	**704**	**182**
六、可分配净收入总额	**391364**	**62882**	**8214**	**11534**
1.国家税金	41764	3715	1145	768
2.上交有关部门	2877	435	264	1
3.外来投资分利	2376	312	5	
4.外来人员带走劳务收入	21775	3427	454	195
5.企业各项留利	20342	3036	553	75
6.乡村集体所得	24056	3316	344	190
7.农民经营所得	278174	48641	5449	10305
七、农民从集体再分配得到收入	**8953**	**2079**	**215**	**860**
八、农民所得总额	**287127**	**50720**	**5664**	**11165**
九、农民人均所得(元)	**2718**	**3517**	**3191**	**3544.1**
附:汇入本表人口数(万人)	**105.64**	**14.41**	**1.77**	**3.15**

配　及　农　民　纯　收　入

单位:万元

尖草坪区	万柏林区	晋源区	清徐县	阳曲县	娄烦县	古交市
189542	**273210**	**308852**	**500904**	**60046**	**18997**	**290212**
54267	96565	46553	321098	25171	7910	199701
9299	4971	24608	49218	4013	1581	4619
184	57	896	723	126	138	586
3829	1288	10622	24291	6040	1529	3970
21	50	686	122	20	10	
96879	94815	119386	302015	28302	9536	219009
15591		941	10642	323	1291	88
9812	12482	16973	15116	3003	1190	4861
26749	33148	57814	79107	7857	2473	40702
30381	81773	34163	13778	6096	782	14716
6150	20141	5599	5869	2724	360	1003
6238	24485	38105	10665	1865	1398	746
158271	**232741**	**261604**	**392565**	**46732**	**12407**	**244255**
31271	**40469**	**47248**	**108339**	**13314**	**6590**	**45957**
112	**1616**	**10**	**124**	**4**		
1793	**1177**	**1122**	**4489**	**3046**	**988**	**1065**
33176	**43262**	**48380**	**112952**	**16364**	**7578**	**47022**
3954	7347	3831	11339	2019	338	7308
43	376	515	479	30	18	716
37	1094	24	300	8		596
1365	2440	2915	8060	125	214	2580
3118	755	2580	1746	2570	212	5697
3728	6770	4922	3190	504	95	997
20931	24480	33593	87838	11108	6701	29128
1456	**567**	**1488**	**1382**	**234**	**5**	**667**
22387	**25047**	**35081**	**89220**	**11342**	**6706**	**29795**
2264	**3451**	**3083**	**3424**	**920**	**708**	**3000.8**
9.89	**7.26**	**11.38**	**26.06**	**12.33**	**9.47**	**9.92**

3—19 乡镇企业基本情况

单位:万元

指 标	合 计	农业	工业	建筑业	交通运输业	批发零售贸易业	旅游饮食服务业	其他
一、企业个数(个)	**24710**	**48**	**4959**	**359**	**9430**	**6228**	**3283**	**403**
1.集体	1524	12	1200	44	35	136	60	37
2.私营	2510	12	1539	103	339	280	191	46
3.个体	20676	24	2220	212	9056	5812	3032	320
二、年末职工(人)	**208404**	**517**	**141914**	**7600**	**23004**	**19256**	**13780**	**2333**
1.集体	77498	257	67344	2768	876	3170	2428	655
2.私营	84414	132	68000	3390	5398	4547	2602	339
3.个体	46492	128	6570	1436	16730	11539	8750	1339
三、现价增加值	**484809**	**736**	**343387**	**24695**	**46986**	**44297**	**21271**	**3437**
1.集体	173961	492	134918	7643	5721	17927	5856	1404
2.私营	257557	229	186915	16336	23562	19147	9726	1642
3.个体	53291	15	21554	716	17703	7223	5689	391
四、现价总产值	**2096416**	**3201**	**1415815**	**109324**	**193123**	**272790**	**88330**	**13833**
1.集体	781073	1669	561840	39372	27679	121813	23387	5313
2.私营	1114918	1160	788972	66406	91726	120276	39352	7026
3.个体	200425	372	65003	3546	3718	30701	25591	1494
五、劳动者报酬	**202790**	**365**	**143928**	**13368**	**21354**	**14039**	**8146**	**1590**
1.集体	73692	209	57695	3605	3809	6056	1983	335
2.私营	107830	144	79366	9501	8774	5274	3808	963
3.个体	21268	12	6867	262	8771	2709	2355	292
六、固定资产折旧	**129510**	**215**	**89753**	**5004**	**10505**	**16121**	**6965**	**947**
1.集体	49983	188	36735	1829	813	6813	2822	783
2.私营	68233	24	47543	3043	6073	8389	3015	146
3.个体	11294	3	5475	132	3619	919	1128	18
七、生产税净额	**49758**	**27**	**38736**	**2129**	**3117**	**3761**	**1612**	**376**
1.集体	18494	17	14844	697	320	2059	417	140
2.私营	26727	10	21368	1360	1667	1262	837	223
3.个体	4537		2524	72	1130	440	358	13
八、营业盈余	**102751**	**129**	**70980**	**4196**	**11981**	**10393**	**4548**	**524**
1.集体	31792	78	25644	1512	779	2999	634	146
2.私营	54767	51	38638	2432	7048	4222	2066	310
3.个体	16192		6698	252	4154	3172	1848	68

第四篇

工业、能源
交通、运输、邮电

资料整理

周凤英　郭晓红　高　宏

4—01 全市工业企业单位数

单位：个

指　　标	2001 年	2000 年	比 2000 年增减数
全部工业企业单位数总计	**6856**	**6919**	**－63**
# 规模以上工业企业数	**390**	**383**	**7**
按隶属关系分			
中央企业	33	34	－1
省属企业	54	58	－4
市属企业	99	101	－2
县及县以下	204	190	14
按生产性质分			
轻工业	127	128	－1
重工业	263	255	8
按企业规模分			
大型企业	43	43	
中型企业	51	53	－2
小型企业	296	287	9
按经济类型分			
国有控股企业	215	218	－3
集体企业	79	89	－10
# 乡属企业			
其他企业	96	76	20
# 三资企业	28	27	1
私营企业	39	26	13

4—02 全市国有及500万元以上工业总产值及构成

单位:千元

指　　标	企业数（个）	2001年	
		现　　价	90年不变价
工业总产值	**390**	**33213193**	**29586317**
(一)按轻、重工业分			
轻工业	127	5167869	5063953
重工业	263	28045324	24522364
(二)按登记注册类型分			
国有企业	163	6119736	4486044
集体企业	79	1676289	1657029
私营企业	39	1745771	1678701
联营企业	6	326487	330425
股份合作制企业	12	482130	482464
股份有限公司	12	329294	276824
有限责任公司	51	20029625	17683890
外商投资企业	8	453457	415030
港澳台商投资企业	20	2046466	2579848
在总计中:国有及国有控股企业	215	27234509	23773005
(三)按企业规模分			
大型企业	43	23433670	20433948
中型企业	51	2246250	2044714
小型企业	296	7533273	7107655

4—03　全社会主要工业产品产量

指　　标	计量单位	2001年
原煤	万吨	2876
炼焦用洗精煤	万吨	1375
钢	万吨	307
生铁	万吨	316
焦炭	万吨	667
机焦	万吨	480
水泥	万吨	201
硫酸	吨	78074
烧碱	吨	101891
化学肥料	吨	70041
# 磷肥	吨	25718
化学原料药	吨	179
机制纸及纸板	万吨	34474
罐头	吨	2240
白酒	万吨	14405
食用植物油	万吨	15474

4—04 规模以上工业企业主要工业产品生产量

指　　标	计量单位	2001 年	为 2000 年(%)
原煤	万吨	2456.83	96.6
洗煤	万吨	1135.72	79.1
卷烟	万箱	24.50	
纱	吨	9234	100.7
布	万米	4677	103.5
印染布	万米	664.88	116.5
呢绒	万米	108	102.8
饮料酒(商品量)	万吨	4.07	110.0
小麦粉	万吨	3.15	120.2
食用植物油	吨	12658	108.1
肥皂	吨	4509	76.8
合成洗涤剂	吨	910	
家具	万件	13.57	−4.9
机制纸	吨	32114	160.7
焦炭	万吨	441.34	52.8
合成氨(折纯量)	万吨	7.98	60.0
农用化肥(折纯量)	万吨	6.16	81.1

4—04 续表

指　　标	计 量 单 位	2001 年	为 2000 年(%)
油漆	吨	5403	124.8
轮胎补胎	万条	143.20	92.9
水泥	万吨	187.44	110.3
平板玻璃	万重量箱	455.91	127.7
生铁	万吨	316.01	108.2
钢	万吨	306.66	122.7
成品钢材	万吨	296.34	115.8
铜	吨	951	73.4
铝	吨	31541	99.0
金属切削机床	台	704	122.9
工业锅炉	蒸发量吨	2156	131.9
汽车	辆	800	159.0
起重设备	吨	9766	117.9
矿山设备	吨	6017	117.3
铁合金	吨	15681	−19.7
发电量	亿千瓦小时	117.40	102.9
自来水	万吨	16875	94.5

4—05 全市规模以上工业

指标	企业单位数（个）	# 亏损企业	工业总产值（不变价）
总计	**390**	**118**	**29586317**
一、按登记注册类型分组			
内资企业	362	108	26591439
国有企业	163	71	4486044
中央企业	27	13	2907750
地方企业	136	58	1578294
集体企业	79	13	1657029
股份合作企业	12	1	482464
联营企业	6	2	326487
集体联营企业	3	1	285788
国有与集体联营企业	1		6000
其他联营企业	2	1	34699
有限责任公司	51	12	17683890
国有独资公司	8	1	14338043
其他有限责任公司	43	11	3345847
股份有限公司	12	3	276824
私营企业	39	6	1678701
私营独资企业	11		154715
私营合伙企业	1		66800
私营有限责任公司	22	2	1228992
私营股份有限公司	5	4	228194
港、澳、台商投资企业	20	6	2579848
合资经营企业(港或澳、台资)	17	4	2243666
港澳台商独资企业	2	1	285386
港澳台商投资股份有限公司	1	1	50796
外商投资企业	8	4	415030
中外合资经营企业	5	2	305965
外资企业	3	2	109065
二、按经济组织类型分组			
独资企业	258	87	6692239
国有企业	163	71	4486044
集体企业	79	13	1657029
私营独资企业	11		154715
港澳台商独资经营企业	2	1	285386
外资企业	3	2	109065

企 业 主 要 经 济 指 标（一）

单位：千元

工业总产值（当年价）	# 新产品产值	工业销售产值（当年价）	# 出口交货值	工业中间投入合计
33213193	**1369562**	**32637956**	**977088**	**25233473**
30713270	1207361	30112124	790647	23269514
6119736	613227	5988616	84587	4541782
4192146	439444	4148561	50967	3178093
1927590	173783	1840055	33620	1363689
1676289	57338	1576794	78	1334122
482130		447795		359415
330425		370050		251967
289380		332822		219360
7606		7500		7166
33439		29728		25441
20029625	529368	19898782	657158	15178616
15976422	308462	15786787	529266	12078478
4053203	220906	4111995	127892	3100138
329294	6058	324739		271895
1745771	1370	1505348	48824	1331717
167335		169665		129943
56520		52190		42634
1230564	1370	1081311	48824	905685
291352		202182		253455
2046466	162201	2077981	185218	1591054
1764901	162201	1789303	185218	1426723
248991		255004		137945
32574		33674		26386
453457		447851	1223	372905
379132		373427		316439
74325		74424	1223	56466
8286676	670565	8064503	85888	6200258
6119736	613227	5988616	84587	4541782
1676289	57338	1576794	78	1334122
167335		169665		129943
248991		255004		137945
74325		74424	1223	56466

4—05 续表1—1

指 标	企业单位数（个）	# 亏损企业	工业总产值（不变价）
合作、合伙企业	19	3	875751
股份合作企业	12	1	482464
集体联营企业	3	1	285788
国有与集体联营企业	1		6000
其他联营企业	2	1	34699
私营合伙企业	1		66800
股份有限公司	18	8	555814
股份有限公司(内资)	12	3	276824
私营股份有限公司	5	4	228194
港澳台商投资股份有限公司	1	1	50796
有限责任公司	95	20	21462513
国有独资公司	8	1	14338043
私营有限责任公司	22	2	1228992
港澳台合资经营企业	17	4	2243666
中外合资经营企业	5	2	305965
其他有限责任公司	43	11	3345847
三、在总计中:亏损企业	**118**	**118**	**4462610**
在总计中:国有控股企业	215	84	23773005
在总计中:农村工业	58	13	2610723
在总计中:轻工业	127	42	5063953
以农产品为原料	70	22	1955115
以非农产品为原料	57	20	3108838
重工业	263	76	24522364
采掘工业	24	6	2122688
原料工业	83	19	14943127
加工工业	156	51	7456549
在总计中:特大型企业	5	1	13758539
大一型企业	17	8	3747305
大二型企业	21	5	2928104
中一型企业	18	6	1266351
中二型企业	33	14	778363
小型企业	296	84	7107655

单位:千元

工业总产值（当年价）	# 新产品产值	工业销售产值（当年价）	# 出口交货值	工业中间投入合计
869075		870035		654016
482130		447795		359415
289380		332822		219360
7606		7500		7166
33439		29728		25441
56520		52190		42634
653220	6058	560595		551736
329294	6058	324739		271895
291352		202182		253455
32574		33674		26386
23404222	692939	23142823	891200	17827463
15976422	308462	15786787	529266	12078478
1230564	1370	1081311	48824	905685
1764901	162201	1789303	185218	1426723
379132		373427		316439
4053203	220906	4111995	127892	3100138
5291102	**217074**	**5039031**	**51352**	**4315613**
27234509	1291715	27009217	926963	20583335
2500328	365	2370929	13422	1961227
5167869	258505	4995444	91120	3831322
2253877	132993	2179308	90200	1666995
2913992	125512	2816136	920	2164327
28045324	1111057	27642512	885968	21402151
3792847	38847	3628976	290081	2245494
16919905	24735	16906770	160611	13281033
7332572	1047475	7106766	435276	5875624
15441980	243510	15263880	473214	11916757
5221056	287759	5225659	210143	3777574
2770634	501318	2790546	205631	2133191
1447866	91040	1388058	894	990454
798384	62974	811120	37081	522485
7533273	182961	7158693	50125	5893012

4—05 续表 1—2

指　　标	企　业 单位数 （个）	# 亏损企业	工　业 总产值 （不变价）
按行业分			
采掘业			
煤炭采选业	28	5	2229333
黑色金属矿采选业	1		10760
有色金属矿采选业	2	1	41320
非金属矿采选业	2	1	8560
制造业			
食品加工业	16	6	323528
食品制造业	19	5	204767
饮料制造业	4	2	212130
烟草加工业	1		553083
纺织业	10	4	462878
服装及其他纤维制造业	3	1	34427
皮革、毛皮、羽绒及其制品业	1	1	4948
家具制造业	6	3	96673
造纸及纸制品业	5	2	74041
印刷业	10	4	88224
文教体育用品制造业	1	1	2700
石油加工及炼焦业	20	3	1053153

单位:千元

工业总产值（当年价）	# 新产品产值	工业销售产值（当年价）	# 出口交货值	工业中间投入合计
3930830	38847	3775687	290081	2359469
15466		13369		11128
39970		37192		30555
13536		14487		7283
457045		453597		405547
229430	12373	211579		181770
282559	365	251190		255195
625048		616264		388689
436987	50690	418764	90200	328206
41942	4565	39913		31163
6120		5420		5740
100144		86713		68635
78966		78678		65728
100669		99289		61529
3205	402	2990		2634
1462423		1483776		1424925

4—05 续表1-3

指　　标	企业单位数（个）	# 亏损企业	工业总产值（不变价）
化学原料及化学制品制造业	23	2	1721361
医药制造业	12	4	694534
化学纤维制造业	3	2	402225
橡胶制造业	2		1066829
塑料制品业	7	2	108268
非金属矿物制品业	31	6	1150140
黑色金属冶炼及压延加工业	23	3	10483131
有色金属冶炼及压延加工业	16	9	995336
金属制品业	24	6	1441525
普通机械制造业	34	11	542997
专用设备制造业	17	8	1202409
交通运输设备制造业	16	2	849170
武器弹药制造业	7	4	1307310
电气机械及器材制造业	9	3	161710
电子及通信设备制造业	15	6	676599
仪器仪表及文化、办公用机械制造业	7	3	69605
其他制造业	4	2	74369
电力、煤气及水的生产和供应业			
电力、蒸汽、热水的生产和供应业	9	5	1191074
自来水的生产和供应业	2		36067

单位:千元

工业 总产值 (当年价)	# 新产品产值	工业 销售产值 (当年价)	# 出口交货值	工业 中间投入 合计
1734159	66430	1713065		1424925
643483	88029	651517	920	404114
225186		206403		194755
593780		629362	183381	455040
98828	17023	94674		93436
1315054	93300	1262904	51783	1038949
10625346		10552912	160533	8368912
1005984	24675	1023726		845936
1298571	42200	1219596		976358
571792	113872	505390	15461	453227
1206237	219031	1216600	38803	1079556
1012678	112493	962808	6184	727062
1433829	154078	1443009	73726	1167913
154995	19150	140856	5275	133100
642253	278720	603392	35480	517877
59827	33319	59246	25261	43594
72037		60538		62768
2498893		2507557		1893244
195910		195493		102312

4—05 全 市 规 模 以 上 工 业

指　　标	工　业 增加值 (当年价)	资产合计	# 流动资产 小　计
总　　计	**9952342**	**101761595**	**38918562**
一、按登记注册类型分组			
内资企业	9275566	98375026	37268431
国有企业	2058260	31182848	11682613
中央企业	1397545	20331867	7204094
地方企业	660715	10850981	4478519
集体企业	404618	1542773	824786
股份合作企业	140243	526743	330234
联营企业	87689	744425	342822
集体联营企业	77513	715936	317427
国有与集体联营企业	705	9109	6887
其他联营企业	9471	19380	18508
有限责任公司	6039849	61876476	22650511
国有独资公司	4837914	48178185	18194577
其他有限责任公司	1201935	13698291	4455934
股份有限公司	77230	659748	341503
私营企业	467677	1842013	1095962
私营独资企业	42933	117281	30604
私营合伙企业	15540	26195	18375
私营有限责任公司	354303	899862	552550
私营股份有限公司	54901	798675	494433
港、澳、台商投资企业	580632	2945066	1334829
合资经营企业(港或澳、台资)	436617	2681023	1167013
港澳台商独资企业	137827	244639	160532
港澳台商投资股份有限公司	6188	19404	7284
外商投资企业	96144	441503	315302
中外合资经营企业	76966	334184	248536
外资企业	19178	107319	66766
二、按经济组织类型分组			
独资企业	2662816	33194860	12765301
国有企业	2058260	31182848	11682613
集体企业	404618	1542773	824786
私营独资企业	42933	117281	30604
港澳台商独资经营企业	137827	244639	160532
外资企业	19178	107319	66766

企业主要经济指标（二）

单位：千元

# 应收帐款	存　货	# 产成品	流动资产年平均余额	固定资产原　价
8406611	**9841053**	**2075**	**20050**	**10250**
7855847	9200606	88689	776650	625230
1548076	2343392	54535	300981	311870
948353	793904	31830	468385	301234
599723	1549488	2324	7284	12126
215975	339867	1514463	24842491	47959842
169754	88255	618577	18111373	36278946
116264	45853	71598	1028169	270447
108574	34557	338268	1068533	1286821
3665	2330	17666	252659	140277
4025	8966	468354	4381757	9983351
5527747	5869780	764703	7314073	16803975
4425853	4878375	2252941	36363735	63996567
1101894	991405	177838	1542728	1000134
85780	129729	666428	4552990	5473780
192251	383730	280757	2160709	2893454
8095	7363	385671	2392281	2580326
1080	3575	2119033	35661820	61473589
118549	131302	258691	6227656	11046476
64527	241490	484163	20274348	38353913
474846	535128	1376179	9159816	12073200
411196	479580	451339	21266174	35811209
62444	51274	469218	6882038	15369036
1206	4274	632289	3202231	4153537
75918	105319	255618	1601199	1706125
66191	66087	224821	1107480	1267989
9727	39232	752176	6155688	8639473
1844317	2781128			
1548076	2343392	271353	6268942	11066479
215975	339867	249632	6145121	10943397
8095	7363	21721	123821	123082
62444	51274	2210	16578	7362
9727	39232	2210	16578	7362

指　　　　标	工　业 增加值 （当年价）	资产合计	# 流动资产 小　计
合作、合伙企业	243472	1297363	691431
股份合作企业	140243	526743	330234
集体联营企业	77513	715936	317427
国有与集体联营企业	705	9109	6887
其他联营企业	9471	19380	18508
私营合伙企业	15540	26195	18375
股份有限公司	138319	1477827	843220
股份有限公司(内资)	77230	659748	341503
私营股份有限公司	54901	798675	494433
港澳台商投资股份有限公司	6188	19404	7284
有限责任公司	6907735	65791545	24618610
国有独资公司	4837914	48178185	18194577
私营有限责任公司	354303	899862	552550
港澳台合资经营企业	436617	2681023	1167013
中外合资经营企业	76966	334184	248536
其他有限责任公司	1201935	13698291	4455934
三、在总计中:亏损企业	**1229181**	**21088970**	**7252759**
在总计中:国有控股企业	8387683	95061570	35246565
在总计中:农村工业	607744	1964191	1093717
在总计中:轻工业	1576717	10555681	4570678
以农产品为原料	695430	5528974	2045492
以非农产品为原料	881287	5026707	2525186
重工业	8375625	91205914	34347884
采掘工业	1853398	14419331	6466474
原料工业	4810463	55644776	18539274
加工工业	1711764	21141807	9342136
在总计中:特大型企业	4612554	54018058	20435222
大一型企业	1726206	19635118	6460516
大二型企业	728175	7878370	3141041
中一型企业	562403	3448226	1719316
中二型企业	340156	2336789	1147410
小型企业	1982848	14445034	6015057

单位:千元

#应收帐款	存　货	#产成品	流动资产年平均余额	固定资产原　价
287098	137683	3029	7660	20166
169754	88255	2693	5420	16262
108574	34557	2693	5420	16262
3665	2330	336	2240	3904
4025	8966	336	2240	3904
1080	3575	2785461	40214810	66947369
151513	375493	2375434	38696211	65431457
85780	129729	895124	12975532	16839217
64527	241490	231865	8332286	10686353
1206	4274	663259	4643246	6152864
6123683	6546749	165593	775483	863410
4425853	4878375	50408	324048	209699
118549	131302	14954	281698	302416
411196	479580	7096	256561	297131
66191	66087	956	6905	4413
1101894	991405	6902	18232	872
1679985	**2210803**	**1086931**	**22493130**	**46262297**
7517324	8607890	618577	18111373	36278946
370321	348434	468354	4381757	9983351
972711	1384482	54535	300981	311870
417346	677210	107889	1545339	642548
555365	707272	2386	28735	60617
7433900	8456571	2075	20050	10250
1870313	1120030	71598	1028169	270447
3383905	4023829	31830	468385	301234
2179682	3312712	391305	1227181	1319404
4248286	4498151	338268	1068533	1286821
1561082	1474566	50713	151364	20457
659691	1117360	2324	7284	12126
303564	588679	18722	291418	196508
221964	427679	17666	252659	140277
1412024	1734618	1056	38759	56231

4—05 续表 2—2

指　　标	工　业 增加值 （当年价）	资产合计	# 流动资产 小　计
按行业分			
采掘业			
煤炭采选业	1896097	14498574	6530550
黑色金属矿采选业	4508	16489	8450
有色金属矿采选业	9936	20901	6379
非金属矿采选业	6791	92915	44930
制造业			
食品加工业	51793	856668	342460
食品制造业	55239	531454	199747
饮料制造业	42376	515080	136601
烟草加工业	294445	875369	519310
纺织业	123335	1973552	485969
服装及其他纤维制造业	12899	128605	45945
皮革、毛皮、羽绒及其制品业	450	50554	32984
家具制造业	34513	91093	48424
造纸及纸制品业	17299	187938	60276
印刷业	47654	253728	100234
文教体育用品制造业	824	7035	2594
石油加工及炼焦业	390006	6906242	2989506

单位：千元

#应收帐款	存货	#产成品	流动资产年平均余额	固定资产原价
1861268	1138773	271353	6268942	11066479
6072	2210	2210	16578	7362
1158	4300	3029	7660	20166
31734	4632	2714	40789	57362
62788	117006	33072	567013	376717
24721	61796	41933	198871	352786
15551	54486	23654	134617	386401
130871	135828	14564	443590	364994
96734	163546	71813	454424	1022122
17373	14140	12705	55314	68396
	8284	6708	32137	18427
4155	27885	12457	45200	59404
13630	12063	7478	62699	109128
10344	46762	18049	106168	213321
549	883	763	2524	4720
904605	691142	110790	2312099	2996505

4—05 续表 2—3

指　　　　标	工　业 增加值 （当年价）	资产合计	# 流动资产 小　计
化学原料及化学制品制造业	390006	6906242	2989506
医药制造业	302443	1328992	573293
化学纤维制造业	34221	158541	54521
橡胶制造业	167688	871399	462582
塑料制品业	6312	211013	68479
非金属矿物制品业	349416	5671130	2551895
黑色金属冶炼及压延加工业	2819127	22397660	6461884
有色金属冶炼及压延加工业	199598	2727195	1295424
金属制品业	349321	1573277	938048
普通机械制造业	144341	1420584	813140
专用设备制造业	181767	4596507	2235218
交通运输设备制造业	326145	2381517	1021952
武器弹药制造业	282522	4659922	1432234
电气机械及器材制造业	26537	573280	254402
电子及通信设备制造业	130909	1408242	933755
仪器仪表及文化、办公用机械制造业	22086	313445	163445
其他制造业	10464	100507	53006
电力、煤气及水的生产和供应业			
电力、蒸汽、热水的生产和供应业	970129	18375921	5410663
自来水的生产和供应业	106484	757476	301541

单位：千元

# 应收帐款	存　货	# 产成品	流动资产年平均余额	固定资产原　价
904605	691142	274993	3032184	4747048
151649	182447	119150	527393	506257
4511	19657	10705	53932	75800
146682	273207	235742	424905	190202
8244	30764	11849	68834	113467
379156	586316	287685	2282243	3199769
1170199	2611825	41483	6789525	18555767
160774	545007	112896	1690581	1352675
208421	406976	171157	883489	838119
166883	357747	168947	709515	712387
738636	725942	194427	2198717	2552228
220831	393949	157528	941257	1010781
334998	533788	197421	1553000	4010023
66389	90068	62021	289488	322208
142062	160571	69243	924124	407681
11944	20313	24656	158995	109980
		12266	45947	36149
521262	28523		6598995	10523089
8582	2202		293061	559359

4—05 全市规模以上工业

指　　　　标	累计折旧	# 本年折旧	固定资产净　值
总　　计	**22431181**	**2668266**	**44516188**
一、按登记注册类型分组			
内资企业	22107082	2598556	43324375
国有企业	5944882	882401	10894335
中央企业	3996434	600431	6689919
地方企业	1948448	281970	4204416
集体企业	309431	40175	553979
股份合作企业	42660	5735	167039
联营企业	60793	27124	241623
集体联营企业	58397	27060	238734
国有与集体联营企业	2366	44	2047
其他联营企业	30	20	842
有限责任公司	15529910	1588082	30732387
国有独资公司	12734135	1228475	23544811
其他有限责任公司	2795775	359607	7187576
股份有限公司	103758	18123	208112
私营企业	115648	36916	526900
私营独资企业	10181	1328	50436
私营合伙企业	2470		7780
私营有限责任公司	63800	16981	206647
私营股份有限公司	39197	18607	262037
港、澳、台商投资企业	239725	56013	1079679
合资经营企业(港或澳、台资)	231272	55403	1055549
港澳台商独资企业	7728	153	12729
港澳台商投资股份有限公司	725	457	11401
外商投资企业	84374	13697	112134
中外合资经营企业	62245	9980	78032
外资企业	22129	3717	34102
二、按经济组织类型分组			
独资企业	6294351	927774	11545581
国有企业	5944882	882401	10894335
集体企业	309431	40175	553979
私营独资企业	10181	1328	50436
港澳台商独资经营企业	7728	153	12729
外资企业	22129	3717	34102

企业主要经济指标（三）

单位：千元

固定资产净值年平均余额	负债合计			所有者权益合计
		流动负债合计	长期负债合计	
41582822	**53237087**	**40804769**	**13936369**	**41717742**
40427617	51233986	39199022	13540337	40334274
10353343	15430508	16188325	834076	15752340
6135691	7222007	9983663	－1156474	13109860
4217652	8208501	6204662	1993550	2642480
617256	997067	794454	186241	545706
169809	234393	224740	9653	292350
241604	435131	359668	75463	309294
238711	414926	339463	75463	301010
2051	6323	6323		2786
842	13882	13882		5498
27707833	32520374	20480576	12009794	22549336
21341325	23391420	15660653	7730766	18434157
6366508	9128954	4819923	4279028	4115179
192715	381349	302353	78996	278399
1145057	1235164	848906	346114	606849
55042	40180	28565	11615	77101
7780	12685	12685		13510
283270	455069	384485	30440	444793
798965	727230	423171	304059	71445
1042237	1781404	1384806	395276	1163662
1020230	1628890	1234962	392606	1052133
12264	144935	142265	2670	99704
9743	7579	7579		11825
112968	221697	220941	756	219806
78641	163896	163896		170288
34327	57801	57045	756	49518
11072232	16670491	17210654	1035358	16524369
10353343	15130508	16188325	834076	15752340
617256	997067	794454	186241	545706
55042	40180	28565	11615	77101
12264	144935	142265	2670	99704
34327	57801	57045	756	49518

4—05 续表 3—1

指　　标	累计折旧	# 本年折旧	固定资产净值
合作、合伙企业	105923	32859	416442
股份合作企业	42660	5735	167039
集体联营企业	58397	27060	238734
国有与集体联营企业	2366	44	2047
其他联营企业	30	20	842
私营合伙企业	2470		7780
股份有限公司	143680	37187	481550
股份有限公司(内资)	103758	18123	208112
私营股份有限公司	39197	18607	262037
港澳台商投资股份有限公司	725	457	11401
有限责任公司	15887227	1670446	32072615
国有独资公司	12734135	1228475	23544811
私营有限责任公司	63800	16981	206647
港澳台合资经营企业	231272	55403	1055549
中外合资经营企业	62245	9980	78032
其他有限责任公司	2795775	359607	7187576
三、在总计中:亏损企业	**5563145**	**729932**	**11240830**
在总计中:国有控股企业	21618422	2509835	42378145
在总计中:农村工业	327797	42857	672337
在总计中:轻工业	1612999	251201	3860781
以农产品为原料	776084	70571	2117370
以非农产品为原料	836915	180630	1743411
重工业	20818182	2417065	40655407
采掘工业	4013961	314033	7032515
原料工业	13381187	1783301	24972726
加工工业	3423034	319731	8650166
在总计中:特大型企业	12512895	1370886	23298314
大一型企业	5566222	635503	9802814
大二型企业	1280726	111081	2872811
中一型企业	550595	65363	1155530
中二型企业	432991	50728	834998
小型企业	2087752	434705	6551721

单位:千元

固定资产净值年平均余额	负债合计	流动负债合计	长期负债合计	所有者权益合计
419193	682209	597093	85116	615154
169809	234393	224740	9653	292350
238711	414926	339463	75463	301010
2051	6323	6323		2786
842	13882	13882		5498
7780	12685	12685		13510
1001423	1116158	733103	383055	361669
192715	381349	302353	78996	278399
798965	727230	423171	304059	71445
9743	7579	7579		11825
29089974	34768229	22263919	12432840	24216550
21341325	23391420	15660653	7730766	18434157
283270	455069	384485	30440	444793
1020230	1628890	1234962	392606	1052133
78641	163896	163896		170288
6366508	9128954	4819923	4279028	4115179
11251142	**16972635**	**8992079**	**7975907**	**3670115**
38792544	48964593	37546023	12980459	39290211
740631	1234168	995798	228414	730023
3801106	6859734	5574621	1275440	3695947
2146910	3875201	3115245	754944	1653773
1654196	2984533	2459376	520496	2042174
37781716	46377353	35230148	12660929	38021795
5754719	6492714	4694512	1798202	6845537
24202364	27015182	20101852	8501600	23885561
7824633	12869457	10433784	2361127	7290697
21029792	19897908	21245189	254902	28693058
8567019	13300348	5801248	7465458	4955096
2889078	4900716	3926144	974571	2977654
1113695	2469591	1952541	517049	978635
882230	1653154	1153153	500000	683635
7101008	11015370	6726494	4224389	3429664

4—05 续表 3－2

指　　　　标	累计折旧	# 本年折旧	固定资产净　值
按行业分			
采掘业			
煤炭采选业	4017632	312941	7048847
黑色金属矿采选业	950	950	6412
有色金属矿采选业	6862	1459	13304
非金属矿采选业	16188	1492	41174
制造业			
食品加工业	97286	7928	279431
食品制造业	118506	11074	234280
饮料制造业	115670	28518	270731
烟草加工业	85018	13829	279976
纺织业	273562	9995	748560
服装及其他纤维制造业	13348	887	55048
皮革、毛皮、羽绒及其制品业	4465	312	13962
家具制造业	16800	2284	42604
造纸及纸制品业	22540	1341	86588
印刷业	85002	5580	128319
文教体育用品制造业	1280	80	3440
石油加工及炼焦业	986138	122531	2010372

单位：千元

固定资产净值年平均余额	负债合计	流动负债合计	长期负债合计	所有者权益合计
5764995	6610348	4794251	1806507	6807146
6517	7391	2071	5320	9098
14473	17954	17275	679	2947
41832	45779	37991	7788	47136
354421	601255	381206	220047	255413
272873	297174	183047	114126	234280
272385	372926	242970	129955	142154
258511	669363	494880	174483	206006
718000	1491646	1315761	175885	481906
55113	65570	61142	4428	63035
11755	43206	38562		7348
41809	54009	50612	3397	37084
86473	165877	159767	5745	22061
118820	182432	148085	35347	71296
3534	2975	2850	125	4060
2002108	3376308	2365337	1010969	1398324

4—05 续表 3—3

指　　标	累计折旧	# 本年折旧	固定资产净　值
化学原料及化学制品制造业	1519961	84296	3227087
医药制造业	146179	112981	360078
化学纤维制造业	9929	1104	65961
橡胶制造业	76578	14089	113624
塑料制品业	31988	3502	81479
非金属矿物制品业	646058	94119	2553711
黑色金属冶炼及压延加工业	6575907	788822	11979860
有色金属冶炼及压延加工业	361471	28809	991204
金属制品业	253949	17719	584170
普通机械制造业	267090	23773	445292
专用设备制造业	898015	62209	1654213
交通运输设备制造业	317235	26784	693546
武器弹药制造业	1179527	43175	2830496
电气机械及器材制造业	106905	8181	215303
电子及通信设备制造业	116215	31300	291466
仪器仪表及文化、办公用机械制造业	20007	4854	89973
其他制造业	11356	4849	24793
电力、煤气及水的生产和供应业			
电力、蒸汽、热水的生产和供应业	3759049	777322	6764040
自来水的生产和供应业	272520	19177	286839

单位：千元

固定资产净值年平均余额	负债合计	流动负债合计	长期负债合计	所有者权益合计
2786515	4684418	3515559	1167859	1775604
358239	678571	518662	159907	650421
60731	114998	80515	34483	43543
119275	551189	516564	34624	320210
87153	180679	124421	56257	30334
2580492	3049673	2182607	864047	1695941
12230309	10529117	5815671	4712126	8461093
1025571	2063960	1430731	633229	663235
582335	1065637	895120	166877	507640
440528	1045926	860814	180709	374658
1383786	2644455	2325946	318509	1459710
707180	1182612	1069976	112636	1198905
2104938	2709758	2260348	419409	1950164
232597	469223	384849	84374	104057
376935	1171473	871664	259669	236769
86276	160885	113675	47210	152560
22375	66485	64394	2091	34022
6144000	6715982	7335708	982457	11659939
229968	147833	141738	6095	609643

4—05 全市规模以上工业

指　　标	产品销售收入	产品销售成本	产品销售费用
总　　计	**3629308**	**30156657**	**1528804**
一、按登记注册类型分组			
内资企业	33968963	28493746	1210878
国有企业	10530735	9333174	129293
中央企业	8963987	8191717	47258
地方企业	1566748	1141457	82035
集体企业	1284738	1080822	49246
股份合作企业	487061	419733	14511
联营企业	388441	303636	61520
集体联营企业	355404	274653	60441
国有与集体联营企业	6410	5446	
其他联营企业	26627	23537	1079
有限责任公司	19523608	15869457	814821
国有独资公司	15660537	12594922	664570
其他有限责任公司	3863071	3274535	150251
股份有限公司	404619	321407	41873
私营企业	1349761	1165517	99614
私营独资企业	138939	116426	10981
私营合伙企业	51400	38205	3850
私营有限责任公司	918693	846447	24072
私营股份有限公司	240729	164439	60711
港、澳、台商投资企业	1868637	1295583	299971
合资经营企业(港或澳、台资)	1631744	1213927	217898
港澳台商独资企业	198558	43947	81818
港澳台商投资股份有限公司	38335	37709	255
外商投资企业	452708	367328	17955
中外合资经营企业	378252	300053	16482
外资企业	74456	67275	1473
二、按经济组织类型分组			
独资企业	12227426	10641644	272811
国有企业	10530735	9333174	129293
集体企业	1284738	1080822	49246
私营独资企业	138939	116426	10981
港澳台商独资经营企业	198558	43947	81818
外资企业	74456	67275	1473

企业主要经济指标（四）

单位：千元

产品销售税金及附加	产品销售利　润	管理费用	财务费用	利润总额
521345	**4083502**	**3237800**	**1524929**	**－365415**
482311	3782028	3092292	1474258	－472523
292813	775455	902089	660988	－743259
274442	450570	533662	612474	－692565
18371	324885	368427	48514	－50694
21272	133398	71470	27419	38225
12606	40211	11329	6043	22753
2236	21049	4271	11599	5185
1100	19210	3052	11216	4942
35	929	698	237	
1101	910	521	146	243
122192	2717138	2026426	718762	235246
92278	2308767	1638430	502325	349004
29914	408371	387996	216437	－113758
10096	31243	25736	14739	－7953
21096	63534	50971	34708	－22720
5615	5917	3312	804	1801
1150	8195	3050	343	4807
10533	37641	28247	11757	318
3798	11781	16362	21804	－29646
37955	235128	108148	49125	79733
37808	162111	101783	43904	18302
47	72746	5999	4993	61754
100	271	366	228	－323
1079	66346	37360	1546	27375
1079	60638	32110	－39	28573
	5708	5250	1585	－1198
319747	993224	988120	695789	－642677
292813	775455	902089	660988	－743259
21272	133398	71470	27419	38225
5615	5917	3312	804	1801
47	72746	5999	4993	61754
	5708	5250	1585	－1198

4--05 续表 4—1

指标	产品销售收入	产品销售成本	产品销售费用
合作、合伙企业	926902	761574	79881
股份合作企业	487061	419733	14511
集体联营企业	355404	274653	60441
国有与集体联营企业	6410	5446	
其他联营企业	26627	23537	1079
私营合伙企业	51400	38205	3850
股份有限公司	683683	523555	102839
股份有限公司(内资)	404619	321407	41873
私营股份有限公司	240729	164439	60711
港澳台商投资股份有限公司	38335	37709	255
有限责任公司	22452297	18229884	1073273
国有独资公司	15660537	12594922	664570
私营有限责任公司	918693	846447	24072
港澳台合资经营企业	1631744	1213927	217898
中外合资经营企业	378252	300053	16482
其他有限责任公司	3863071	3274535	150251
三、在总计中:亏损企业	**5112225**	**4271486**	**176877**
在总计中:国有控股企业	31083812	25983779	1040184
在总计中:农村工业	2028383	1815508	56078
在总计中:轻工业	4425244	3264489	345030
以农产品为原料	1887943	1434418	78897
以非农产品为原料	2537301	1830071	266133
重工业	31865064	26892168	1183774
采掘工业	3247918	1909594	564578
原料工业	21692706	19326926	285160
加工工业	6924440	5655648	334036
在总计中:特大型企业	19713919	17144715	613370
大一型企业	5300053	4202364	145193
大二型企业	2477152	1951269	107047
中一型企业	1374993	911911	55238
中二型企业	707298	393142	124688
小型企业	6716893	5553256	483268

单位：千元

产品销售税金及附加	产品销售利　润	管理费用	财务费用	利润总额
15992	69455	18650	17985	32745
12606	40211	11329	6043	22753
1100	19210	3052	11216	4942
35	929	698	237	
1101	910	521	146	243
1150	8195	3050	343	4807
13994	43295	42464	36771	−37922
10096	31243	25736	14739	−7953
3798	11781	16362	21804	−29646
100	271	366	228	−323
171612	2977528	2188566	774384	282439
92278	2308767	1638430	502325	349004
10533	37641	28247	11757	318
37808	162111	101783	43904	18302
1079	60638	32110	−39	28573
29914	408371	387996	216437	−113758
31434	**632428**	**767942**	**474751**	**−578028**
448826	3611023	2978316	1414106	−475763
33709	123088	55767	37393	30649
255100	560625	424489	68565	103167
233206	141422	155060	33884	−30015
21894	419203	269429	34681	133182
266245	3522877	2813311	1456364	−468582
35788	737958	623771	117862	93959
162943	1917677	1288228	1088825	−336859
67514	867242	901312	249677	−225682
126750	1829084	1533254	844216	−383940
30745	921751	658893	317849	38931
37273	381563	343771	54116	−11511
228811	179033	161757	23364	4317
6321	183147	123289	22256	53935
91445	588924	416836	263128	−67147

指　　　　标	产品销售收　入	产品销售成　本	产品销售费　用
按行业分			
采掘业			
煤炭采选业	3444797	2043347	607555
黑色金属矿采选业	13369	7544	1908
有色金属矿采选业	28549	26562	508
非金属矿采选业	15309	8714	3857
制造业			
食品加工业	365271	333913	14763
食品制造业	196910	162032	20671
饮料制造业	229891	175966	25336
烟草加工业	640635	387200	3213
纺织业	295507	265730	4594
服装及其他纤维制造业	51773	45337	1859
皮革、毛皮、羽绒及其制品业	1444	1442	100
家具制造业	49394	37228	4070
造纸及纸制品业	42138	36641	2597
印刷业	100434	80129	419
文教体育用品制造业	3052	2745	175
石油加工及炼焦业	1441119	1137975	187187

单位：千元

产品销售税金及附加	产品销售利　润	管理费用	财务费用	利润总额
41034	752861	623880	118117	93382
688	3229	1634	710	885
423	1056	898	955	－749
550	2188	5037	540	－680
482	16113	23101	7253	－5354
3294	10913	17200	6326	348
8020	20569	37201	6751	－14917
218697	31525	24515	9153	20045
1261	23922	29961	1442	－1175
250	4327	9032	1106	－932
8	－106	3573	116	－340
363	7733	5165	1242	1099
44	2856	2048	1095	3672
1303	18583	21647	1633	－1315
39	93	623	16	－348
22975	92982	106620	61657	5152

指　　　标	产品销售收入	产品销售成本	产品销售费用
化学原料及化学制品制造业	1794064	1449900	64022
医药制造业	602126	224345	210615
化学纤维制造业	144324	140195	978
橡胶制造业	472687	401609	26707
塑料制品业	106615	99701	2266
非金属矿物制品业	1438084	1142626	74547
黑色金属冶炼及压延加工业	10446947	9027624	86749
有色金属冶炼及压延加工业	1113927	1037746	18977
金属制品业	1028855	918680	19056
普通机械制造业	448447	359356	18276
专用设备制造业	1011397	845377	41060
交通运输设备制造业	953627	769520	19806
武器弹药制造业	1403088	1151206	35654
电气机械及器材制造业	127193	95926	7458
电子及通信设备制造业	586624	504281	9401
仪器仪表及文化、办公用机械制造业	143595	99949	3163
其他制造业	59005	48654	2545
电力、煤气及水的生产和供应业			
电力、蒸汽、热水的生产和供应业	7294705	7005798	2871
自来水的生产和供应业	195406	81659	5841

单位：千元

产品销售税金及附加	产品销售利润	管理费用	财务费用	利润总额
9197	270945	253884	63671	—19324
2294	164872	66987	7911	87560
508	2643	7735	812	—1540
32830	11538	1792	9770	126
102	4542	6524	2751	—1831
10829	210082	142670	60789	—23237
63516	1269058	704612	282656	314379
2550	54654	51167	12293	—7727
16958	74161	55935	23667	11131
3401	67414	75931	12041	—12605
6873	118087	146489	56811	—28829
7204	157097	153430	11254	—2684
1355	214873	296558	70866	—75417
745	23064	24454	6413	—6395
1458	71484	63944	5723	13759
1456	39027	20215	2336	27228
1038	6768	5275	2598	—310
58734	227302	158430	675591	—25996
859	107047	89633	—1138	35156

4—05 全市规模以上工业

指　　标	亏损企业亏损总额	利税总额	本年应付工资总额
总　　计	**625654**	**2876220**	**3653516**
一、按登记注册类型分组			
内资企业	527477	2635273	3538611
国有企业	276889	748159	863126
中央企业	166509	664042	563879
地方企业	110380	84117	299247
集体企业	8470	139033	129997
股份合作企业	486	63847	67741
联营企业	1276	18552	10437
集体联营企业	715	13539	9316
国有与集体联营企业		300	594
其他联营企业	561	4713	527
有限责任公司	202243	1556022	2342410
国有独资公司	80432	1373198	1864791
其他有限责任公司	121811	182824	477619
股份有限公司	5735	29934	24027
私营企业	32378	79726	100873
私营独资企业		21979	34564
私营合伙企业		7611	10500
私营有限责任公司	994	60107	40958
私营股份有限公司	31384	－9971	14851
港、澳、台商投资企业	92365	196720	100125
合资经营企业(港或澳、台资)	88290	111647	93453
港澳台商独资企业	3752	85296	5517
港澳台商投资股份有限公司	323	－223	1155
外商投资企业	5812	44227	14780
中外合资经营企业	5197	43441	10686
外资企业	615	786	4094
二、按经济组织类型分组			
独资企业	289726	995253	1037298
国有企业	276889	748159	863126
集体企业	8470	139033	129997
私营独资企业		21979	34564
港澳台商独资经营企业	3752	85296	5517
外资企业	615	786	4094

企 业 主 要 经 济 指 标（五）

单位：千元

本年应付福利费总额	本年应交增值税	进项税额	销项税额	全部从业人员年平均人数（人）
518964	**1972622**	**2789434**	**3804285**	**370495**
498247	1831810	2565557	3441312	360949
123211	480306	1145611	1223144	94946
77435	383492	1007758	1016025	46672
45776	96814	137853	207119	48274
13333	62451	108329	183448	20877
9795	17528	70990	86862	8282
1425	9231	51603	60831	2636
1310	7493	46331	53821	2458
58	265	836	1101	102
57	1473	4436	5909	76
334009	1188840	1045843	1674664	216294
277453	939970	667932	1054086	166454
56556	248870	377911	620578	49840
5083	19831	32269	52551	3563
11391	53623	110912	159812	14351
3071	5541	17873	23422	1265
1372	1654	373	2027	860
5879	29424	67747	94160	10020
1069	17004	24919	40203	2206
17553	125220	194402	321019	8166
16718	98439	183871	283138	6996
772	26781	8834	36184	870
63		1697	1697	300
3164	15592	29475	41954	1380
1798	14273	19130	31198	860
1366	1319	10345	10756	520
141753	576398	1290992	1476954	118478
123211	480306	1145611	1223144	94946
13333	62451	108329	183448	20877
3071	5541	17873	23422	1265
772	26781	8834	36184	870
1366	1319	10345	10756	520

指 标	亏损企业亏损总额	利税总额	本年应付工资总额
合作、合伙企业	1762	90010	88678
股份合作企业	486	63847	67741
集体联营企业	715	13539	9316
国有与集体联营企业		300	594
其他联营企业	561	4713	527
私营合伙企业		7611	10500
股份有限公司	37442	19740	40023
股份有限公司(内资)	5735	29934	24027
私营股份有限公司	31384	－9971	14851
港澳台商投资股份有限公司	323	－223	1155
有限责任公司	296724	1771217	2487507
国有独资公司	80432	1373198	1864791
私营有限责任公司	994	60107	40958
港澳台合资经营企业	88290	111647	93453
中外合资经营企业	5197	43441	10686
其他有限责任公司	121811	182824	477619
三、在总计中：亏损企业	**625654**	**－340528**	**570704**
在总计中：国有控股企业	552414	2401223	3274754
在总计中：农村工业	10114	151734	155481
在总计中：轻工业	62086	670501	377157
以农产品为原料	24733	365113	145705
以非农产品为原料	37353	305388	231452
重工业	563568	2205719	3276359
采掘工业	3858	422668	820524
原料工业	279059	1594519	1563239
加工工业	280651	188532	892596
在总计中：特大型企业	80432	1518366	1930315
大一型企业	233530	245107	632491
大二型企业	8020	194344	287715
中一型企业	31712	358199	160211
中二型企业	37633	124344	117467
小型企业	234327	435860	525317

单位：千元

本年应付福利费总额	本年应交增值税	进项税额	销项税额	全部从业人员年平均人数（人）
12592	28413	122966	149720	11778
9795	17528	70990	86862	8282
1310	7493	46331	53821	2458
58	265	836	1101	102
57	1473	4436	5909	76
1372	1654	373	2027	860
6215	36835	58885	94451	6069
5083	19831	32269	52551	3563
1069	17004	24919	40203	2206
63		1697	1697	300
358404	1330976	1316591	2083160	234170
277453	939970	667932	1054086	166454
5879	29424	67747	94160	10020
16718	98439	183871	283138	6996
1798	14273	19130	31198	860
56556	248870	377911	620578	49840
81520	**253692**	**444272**	**619133**	**82959**
468417	1736509	2276059	3047631	314375
20406	68643	157686	222198	27348
58626	240170	357255	626949	57856
21824	108548	174391	293692	24813
36802	131622	182864	333257	33043
460338	1732452	2432179	3177336	312639
113933	306045	309090	604703	82141
223422	1171591	1377691	1601367	121649
122983	254816	745398	971266	108849
281260	1087331	1307773	1573719	157286
92475	282724	435597	609199	69463
42726	90732	202801	274317	29650
15483	104991	149301	253560	18448
15101	64257	53088	116578	17770
71919	342587	640874	976912	77878

4—05 续表 5—2

指　　标	亏损企业亏损总额	利税总额	本年应付工资总额
按行业分			
采掘业			
煤炭采选业	2318	459151	820891
黑色金属矿采选业	1753	1753	172
有色金属矿采选业	809	195	2007
非金属矿采选业	680	408	4701
制造业			
食品加工业	8134	—4577	16942
食品制造业	3224	11221	16541
饮料制造业	15222	8115	11928
烟草加工业		296828	24206
纺织业	7050	16557	28257
服装及其他纤维制造业	1600	1438	9516
皮革、毛皮、羽绒及其制品业	340	—262	1434
家具制造业	1163	4466	7838
造纸及纸制品业	563	7757	3517
印刷业	1791	8502	27523
文教体育用品制造业	348	—56	943
石油加工及炼焦业	17457	147495	180148

单位:千元

本年应付福利费总额	本年应交增值税	进项税额	销项税额	全部从业人员年平均人数（人）
113830	324735	338658	652379	81908
40	180	1240	1420	90
286	521	1488	1910	301
728	538	1488	2026	690
2384	295	16237	15272	3305
2664	7579	12375	19599	3881
2285	15012	23942	38910	167
3389	58086	76893	134979	1493
5755	14554	34435	48013	7522
1211	2120	3982	6155	1769
540	70	174	245	774
1024	3004	4939	7943	1331
316	4041	1827	2868	858
3192	8514	7058	15741	3694
	253	265	519	174
22912	119368	136442	254208	17704

4—05 续表 5—3

指　　标	亏损企业亏损总额	利税总额	本年应付工资总额
化学原料及化学制品制造业	82817	70645	199687
医药制造业	17546	152928	23573
化学纤维制造业	1504	2794	6989
橡胶制造业		61907	41058
塑料制品业	2397	—805	4356
非金属矿物制品业	87046	60903	105995
黑色金属冶炼及压延加工业	15513	940588	867916
有色金属冶炼及压延加工业	18453	34373	61238
金属制品业	4262	55197	144557
普通机械制造业	22430	16572	97670
专用设备制造业	37273	33130	146119
交通运输设备制造业	16005	45049	156911
武器弹药制造业	81011	—57456	237475
电气机械及器材制造业	7277	—1008	28488
电子及通信设备制造业	11069	21750	44974
仪器仪表及文化、办公用机械制造业	4118	34537	11740
其他制造业	342	1923	3794
电力、煤气及水的生产和供应业			
电力、蒸汽、热水的生产和供应业	155892	397218	274407
自来水的生产和供应业		48901	30690

单位：千元

本年应付福利费总额	本年应交增值税	进项税额	销项税额	全部从业人员年平均人数（人）
25507	80772	216024	297175	24513
7489	63074	49154	128203	3606
979	3790	2330	26896	620
5610	28948	53327	82276	2550
557	920	16347	9150	1143
19135	73311	152192	217090	17779
124515	562693	70532	91786	61171
8633	39550	170158	186255	7031
22009	27108	54609	80165	24652
11986	25776	53329	78944	12773
22881	55086	149081	204412	17933
22577	40529	89536	120379	14375
30372	16606	112215	124235	31130
3289	4642	16465	20985	4347
7312	6523	38896	46070	5018
1725	5853	14607	20673	1416
708	1195	8953	10557	653
39191	364480	860236	843961	10729
3930	12886		12886	1892

4—06 全市国有控股工业

指标	企业单位数（个）	# 亏损企业	工业总产值（不变价）
总计	**215**	**84**	**23773005**
在总计中：			
亏损企业	84	84	3511633
在总计中：			
中央企业	32	15	4490359
地方企业	183	69	19282646
在总计中：			
轻工业	84	33	2539934
以农产品为原料	52	19	1329244
以非农产品为原料	32	14	1210690
重工业	131	51	21233071
采掘工业	17	5	2010659
原料工业	30	10	13401764
加工工业	84	36	5820648
在总计中：			
特大型企业	5	1	13758539
大一型企业	17	8	3747305
大二型企业	20	5	2791008
中一型企业	16	5	1159431
中二型企业	27	13	457572
小型企业	130	52	1859150

企业主要经济指标（一）

单位：千元

工业总产值（当年价）	# 新产品产值	工业销售产值（当年价）	# 出口交货值	工业中间投入合计
27234509	**1291715**	**27009217**	**926963**	**20583335**
4284398	209447	4189254	50129	3470425
6422435	483718	6485307	89568	4793779
20812074	807997	20523910	837395	15789556
2682408	248058	2588156	91120	1918988
1501587	123916	1452944	90200	1035751
1180821	124142	1135212	920	883237
24552101	1043657	24421061	835843	18664347
3666382	38847	3513556	290081	2149872
15242277	24735	15308731	160533	11935388
5643442	980075	5598774	385229	4579087
15441980	243510	15263880	473214	11916757
5221056	287759	5225659	210143	3777574
2580935	501318	2602800	205631	1962330
1357041	83778	1313985	894	910157
503866	53213	512377	37081	345867
2129631	122137	2090516		1670650

4—06 续表1—1

指　　　　标	企业单位数（个）	# 亏损企业	工业总产值（不变价）
按行业分			
采掘业			
煤炭采选业	16	4	2033098
黑色金属矿采选业			
非金属矿采选业	2	1	8560
制造业			
食品加工业	14	6	130053
食品制造业	11	5	21811
饮料制造业	2		49781
烟草加工业	1		553083
纺织业	9	4	376626
服装及其他纤维制造业	1		7290
皮革、毛皮、羽绒及其制品业	1	1	4948
家具制造业	2	1	8693
造纸及纸制品业	3	1	8000
印刷业	9	4	78204
文教体育用品制造业	1	1	2700
石油加工及炼焦业	5	1	559911

单位:千元

工业总产值（当年价）	# 新产品产值	工业销售产值（当年价）	# 出口交货值	工业中间投入合计
3692746	38847	3534720	290081	2172759
13536		14487		7283
189008		192122		170426
27215	3661	24904		21453
63529		44781		48962
625048		616264		388689
378603	50690	360376	90200	285181
7011	4565	7013		5037
6120		5420		5740
8693		8298		7724
8000		7900		5453
90649		89269		53520
3205	402	2990		2634
876978		941303		583523

4—06 续表1—2

指标	企业单位数（个）	#亏损企业	工业总产值（不变价）
化学原料及化学制品制造业	9	1	1261456
医药制造业	5	2	228611
化学纤维制造业	3	2	402225
橡胶制品业	1		1057431
塑料制品业	3	1	52434
非金属矿物制品业	21	5	984652
黑色金属冶炼及压延加工业	5	2	9938110
有色金属冶炼及压延加工业	3	1	428652
金属制品业	7	3	223420
普通机械制造业	13	8	244120
专用设备制造业	15	8	1164451
交通运输设备制造业	9	2	667395
武器弹药制造业	7	4	1307310
电气机械及器材制造业	8	2	160700
电子及通信设备制造业	12	5	543948
仪器仪表及文化、办公用机械制造业	6	3	59105
其他制造业	2	2	806
电力、煤气及水的生产和供应业			
电力、蒸汽、热水的生产和供应业	7	4	1169354
自来水的生产和供应业	2		36067

单位:千元

工业总产值（当年价）	# 新产品产值	工业销售产值（当年价）	# 出口交货值	工业中间投入合计
1292254	65060	1287704		1076405
188942	88029	167320	920	120384
225186		206403		194755
584332		621833	183381	447830
46476		47289		45355
1147558	93300	1102887	51705	910278
9946907		9928087	160533	7816222
522007	24675	546180		458982
230143	42200	208676		165733
266413	66295	241297	894	202096
1168549	219031	1192813	38803	1050904
830343	112493	808593	6184	620924
1433829	154078	1443009	73726	1167913
153382	19150	139773	5275	132176
510133	275920	512172		414528
49327	33319	48746	25261	32398
809		808		1195
2451616		2460282		1864561
195910		195493		102312

4—06 全市国有控股工业

指　　　　标	工　业 增加值 （当年价）	资产合计	# 流动资产 小　　计
总　　　计	**8387683**	**95061570**	**35246565**
在总计中：			
亏损企业	1019500	19041799	6169235
在总计中：			
中央企业	2187909	29514704	9941801
地方企业	6199774	65546866	25304764
在总计中：			
轻工业	906044	8140870	3289999
以农产品为原料	556061	4686072	1715242
以非农产品为原料	349983	3454798	1574757
重工业	7481639	36920700	31956566
采掘工业	1818946	14304067	6428197
原料工业	4408288	54161650	17694977
加工工业	1254405	18454983	7833392
在总计中：			
特大型企业	4612554	54018058	20435222
大一型企业	1726206	19635118	6460516
大二型企业	709337	7795983	3109227
中一型企业	550876	3337053	1681082
中二型企业	194043	1940206	920699
小型企业	594667	8335152	2639819

企业主要经济指标(二)

单位:千元

# 应收帐款	存 货	# 产成品	流动资产年平均余额	固定资产原 价
7517324	**8607890**	**2252941**	**36363735**	**63996567**
1496610	1748375	616823	6299035	15827051
1856507	1199607	414676	11212754	18020947
5660817	7408283	1838265	25150981	45975620
611002	962062	429391	3370057	4350815
354037	548862	226474	1861623	2375410
256965	413200	202917	1508434	1975405
6906322	7645828	1823550	32993678	5964572
1858531	1107205	251830	6180339	10964462
3181645	3710976	357284	18988626	37678484
1866146	2827647	1214436	7824713	11002806
4248236	4498151	451339	21266174	35811209
1561082	1474566	469218	6882038	15369036
657847	1099649	629772	3171205	4085103
300959	570006	245729	1567280	1659460
152477	345324	160094	890910	1157523
596673	620194	296789	2586128	5914236

4—06 续表 2—1

指 标	工 业 增加值 （当年价）	资产合计	# 流动资产 小 计
按行业分			
采掘业			
煤炭采选业	1825722	14315758	6426795
黑色金属矿采选业			
非金属矿采选业	6791	92915	44930
制造业			
食品加工业	18755	736577	298818
食品制造业	7592	135007	33924
饮料制造业	17192	118345	58241
烟草加工业	294445	875369	519310
纺织业	107160	1913937	445483
服装及其他纤维制造业	1994	72353	26335
皮革、毛皮、羽绒及其制品业	450	50554	32984
家具制造业	969	38158	15848
造纸及纸制品业	2800	152981	42708
印刷业	45024	242237	91826
文教体育用品制造业	824	7035	2594
石油加工及炼焦业	387635	4021796	1797557

单位:千元

# 应收帐款	存　货	# 产成品	流动资产年平均余额	固定资产原　价
1835898	1108892	250727	6183611	10980382
31734	4632	2714	40789	57362
54582	97050	28310	524159	298191
2285	9366	6346	36295	109877
1480	27807	15678	54672	57408
130871	135828	14564	443590	364994
91780	134354	70789	441811	991145
8263	8583	8512	33663	42587
	8284	6708	32137	18427
1623	3510	2403	15718	28599
3075	5582	1265	42621	90428
9112	46566	18049	99104	203742
549	883	763	2524	4720
598632	176430	84549	1853316	2423952

4—06 续表2—2

指　　标	工业增加值（当年价）	资产合计	#流动资产小计
化学原料及化学制品制造业	283937	6475773	2768665
医药制造业	85227	822778	215178
化学纤维制造业	34221	158541	54521
橡胶制品业	165433	858368	453945
塑料制品业	1167	55306	22655
非金属矿物制品业	303219	5368845	2365374
黑色金属冶炼及压延加工业	2673074	21847844	6188205
有色金属冶炼及压延加工业	81626	2322066	978143
金属制品业	69234	868929	438627
普通机械制造业	75460	1113933	604417
专用设备制造业	172527	4575277	2222504
交通运输设备制造业	241715	2030039	770701
武器弹药制造业	282522	4659922	1432234
电气机械及器材制造业	25727	546724	246946
电子及通信设备制造业	99719	1301024	842547
仪器仪表及文化、办公用机械制造业	22759	285854	153063
其他制造业	249	19164	4470
电力、煤气及水的生产和供应业			
电力、蒸汽、热水的生产和供应业	946528	18220685	5345476
自来水的生产和供应业	106484	757476	301541

单位:千元

# 应收帐款	存　货	# 产成品	流动资产年平均余额	固定资产原价
598632	176430	227791	2822128	4494397
69123	79248	31785	206682	432102
4511	19657	10705	53932	75890
145687	265672	231227	416441	181233
1495	13089	1646	20879	34002
330259	538554	274109	2113986	3065755
1154645	2493310	4215	6499029	18360625
65220	405612	64036	920536	1221430
28334	231311	75640	423763	580738
105486	283178	135877	524337	591423
732664	720000	193764	2187501	2542684
201083	348439	147559	719029	935219
334998	533788	197421	1553000	4010023
63674	88019	59972	281182	298871
119072	143864	60990	830885	397723
51052	40198	24656	148350	106951
588	380	141	3123	13920
510457	24278		6541881	10422408
8582	2202		293061	156743

4—06 全市国有控股工业

指　　标	累计折旧	# 本年折旧	固定资产净值
总　　计	**21618422**	**2509835**	**42378145**
在总计中：			
亏损企业	5322484	684754	10504567
在总计中：			
中央企业	6068615	901104	11952332
地方企业	15549807	1608731	30425813
在总计中：			
轻工业	1285841	198801	3064974
以农产品为原料	582537	48470	1792873
以非农产品为原料	703304	150331	1272101
重工业	20332581	2311034	39313171
采掘工业	4001571	311748	6962945
原料工业	13182762	1754324	24495722
加工工业	3148302	244962	7854504
在总计中：			
特大型企业	12512895	1370886	23298314
大一型企业	5566222	635503	9802814
大二型企业	1255665	106780	2829438
中一型企业	523521	59413	1135939
中二型企业	395571	48874	761946
小型企业	1364542	288379	4549694

企业主要经济指标(三)

单位:千元

固定资产净值年平均余额	负债合计	流动负债合计	长期负债合计	所有者权益合计
38792544	**48964593**	**37546023**	**12980459**	**39290211**
10003734	15329063	7866631	7457784	3266516
10569614	13398932	12692005	2279109	15661614
28222930	35565661	24854018	10701350	23628597
2979883	548487	4468748	1007752	2656088
1769510	3441764	2783635	653484	1244308
1210373	2043023	1685113	354268	1411775
35812661	43479806	33077275	11972707	86634128
5683399	6426057	4652960	1773097	6796930
23198261	26001208	19411737	8189651	23416409
6931001	11052541	9012578	2009959	6420789
21029792	19897908	21245189	254902	28693058
8567019	13300348	5801248	7465458	4955096
2845640	4873835	3899263	974571	2922148
1092868	2388968	1899097	489870	948085
806674	1400196	925145	475051	540010
4450551	7103338	3776081	3320607	1231814

4—06 续表 3—1

指　　标	累计折旧	# 本年折旧	固定资产净值
按行业分			
采掘业			
煤炭采选业	3997678	311132	6982704
黑色金属矿采选业			
非金属矿采选业	16188	1492	41174
制造业			
食品加工业	71770	3627	226421
食品制造业	30394	2297	79483
饮料制造业	17956	12354	39452
烟草加工业	85018	13829	279976
纺织业	260696	7846	730449
服装及其他纤维制造业	3900	143	38687
皮革、毛皮、羽绒及其制品业	4465	312	13962
家具制造业	6311	302	22288
造纸及纸制品业	20714	360	69714
印刷业	78269	5308	125473
文教体育用品制造业	1280	80	3440
石油加工及炼焦业	896387	80715	1527565

单位:千元

固定资产净值年平均余额	负债合计	流动负债合计	长期负债合计	所有者权益合计
5698891	6479270	4693565	1785705	6755408
41832	45779	37991	7783	47136
285748	548286	346186	202099	188291
80020	121014	85802	35212	13993
40582	87183	78263	8920	31162
258511	669363	494880	174483	206006
699284	1458906	1283021	175885	455031
39793	16754	16724	30	55599
11755	43206	38562		7348
22430	21445	21248	197	16713
69873	144346	138601	5745	8635
116215	178329	143982	34347	63908
3534	2975	2850	125	4060
1491341	2555033	1745860	809171	1012605

4—06 续表3—2

指　　标	累计折旧	# 本年折旧	固定资产净值
化学原料及化学制品制造业	1438988	69019	3055409
医药制造业	126508	111337	305594
化学纤维制造业	9929	1104	65961
橡胶制品业	69663	14089	111570
塑料制品业	6728	972	27274
非金属矿物制品业	618710	89200	2447045
黑色金属冶炼及压延加工业	6528855	781459	11831770
有色金属冶炼及压延加工业	315130	23709	906300
金属制品业	193294	8470	387444
普通机械制造业	213655	15196	377768
专用设备制造业	896986	61604	1645698
交通运输设备制造业	293310	23277	641909
武器弹药制造业	1179527	43175	2830496
电气机械及器材制造业	101043	8181	197828
电子及通信设备制造业	96596	23758	301127
仪器仪表及文化、办公用机械制造业	19912	4800	87039
其他制造业	1560	99	12360
电力、煤气及水的生产和供应业			
电力、蒸汽、热水的生产和供应业	374482	771412	6677926
自来水的生产和供应业	272520	19177	286839

单位：千元

固定资产净值年平均余额	负债合计	流动负债合计	长期负债合计	所有者权益合计
2616460	4392070	3305000	1087070	1637483
304211	365273	223038	142233	457505
60731	114998	80515	34483	43543
115907	545025	510400	34624	313343
26230	45814	34220	11594	9492
2478390	2798546	2014993	781551	1644783
11540542	10115882	5600501	4515381	8324512
958174	1778935	1178884	600051	543131
388883	708478	543703	161135	160451
368658	866211	694984	171226	247722
1374989	2634430	2320604	313826	1448505
649645	1026995	920739	106256	1003044
2104938	2709758	2260348	419409	1950164
215129	452781	368459	84322	93943
325581	1092552	832883	259669	208472
83342	155561	108351	47210	130293
12654	14089	13960	129	5075
6078303	6627473	7265168	964488	11593212
229968	147833	141738	6095	609643

4—06 全市国有控股工业

指　　标	产品销售收入	产品销售成本	产品销售费用
总　　计	**31083812**	**25983779**	**1040184**
在总计中：			
亏损企业	4195005	3496159	76977
在总计中：			
中央企业	11148402	10026915	115430
地方企业	19935410	15956864	924754
在总计中：			
轻工业	2272570	1612169	105992
以农产品为原料	1256206	886070	45367
以非农产品为原料	1016364	726099	60625
重工业	28811242	24371610	934192
采掘工业	3158801	1842780	559449
原料工业	20155051	18004303	189714
加工工业	5497390	4524527	185029
在总计中：			
特大型企业	19713919	17144715	613370
大一型企业	5300053	4202364	145193
大二型企业	2294744	1784643	102153
中一型企业	1306316	851638	52693
中二型企业	467648	315480	41668
小型企业	2001132	1684939	85107

企业主要经济指标(四)

单位:千元

产品销售税金及附加	产品销售利润	管理费用	财务费用	利润总额
448826	**3611023**	**2978316**	**1414106**	**215888**
21337	600532	692953	435287	552414
293161	712896	758481	807136	80525
155665	2898127	2219835	606970	296413
228170	326239	298544	31823	77079
225274	99495	113422	18779	15587
2896	226744	185122	13044	61492
220656	3284784	2679772	1382283	138809
31865	724707	617031	115120	78534
134365	1826669	1244916	1057205	218920
54426	733408	817825	209958	158645
126750	1829084	1533254	844216	304285
30745	921751	658893	317849	68362
37273	370675	333786	53643	66247
227753	174232	156788	21205	26244
6127	104373	110808	15103	—8083
20178	210908	184787	162090	104443

指　　　标	产品销售收入	产品销售成本	产品销售费用
按行业分			
采掘业			
煤炭采选业	3177425	1849334	567779
黑色金属矿采选业			
非金属矿采选业	15309	8714	3857
制造业			
食品加工业	110134	101112	8385
食品制造业	25437	18662	4042
饮料制造业	41100	31056	357
烟草加工业	640635	387200	3213
纺织业	238134	213547	3634
服装及其他纤维制造业	19018	16972	1541
皮革、毛皮、羽绒及其制品业	1444	1442	100
家具制造业	2940	2974	64
造纸及纸制品业	4538	3016	617
印刷业	88173	69496	419
文教体育用品制造业	3052	2745	175
石油加工及炼焦业	837058	706634	57680

单位:千元

产品销售税金及附加	产品销售利润	管理费用	财务费用	利润总额
32132	728180	616100	114629	79917
550	2188	5037	540	680
470	167	12144	4940	7692
153	2580	5343	336	−2897
3547	6135	6529	22	305
218697	31525	24515	9153	20045
1261	19692	26656	397	1257
7	498	4116	27	30
8	106	3573	116	−340
	98	242	185	827
8	897	1161	179	479
994	17264	20493	1701	1523
39	93	632	16	348
11598	61146	91875	41347	1426

4—06　续表 4－2

指　　标	产品销售收入	产品销售成本	产品销售费用
化学原料及化学制品制造业	1462111	1176028	52636
医药制造业	151282	78646	40716
化学纤维制造业	144324	140195	978
橡胶制品业	465095	394632	26512
塑料制品业	61499	58570	168
非金属矿物制品业	1300578	1036657	64917
黑色金属冶炼及压延加工业	9939748	8594665	57926
有色金属冶炼及压延加工业	527613	477851	7032
金属制品业	155568	112411	6806
普通机械制造业	261776	202327	14346
专用设备制造业	995555	831562	40774
交通运输设备制造业	805803	647680	14715
武器弹药制造业	1403088	1151206	35654
电气机械及器材制造业	126096	94975	7273
电子及通信设备制造业	493996	429647	6006
仪器仪表及文化、办公用机械制造业	142540	99228	3150
其他制造业	807	771	
电力、煤气及水的生产和供应业			
电力、蒸汽、热水的生产和供应业	7246530	6962165	2871
自来水的生产和供应业	195406	81659	5841

单位:千元

产品销售税金及附加	产品销售利润	管理费用	财务费用	利润总额
6581	226866	235131	54804	39223
735	31185	30272	2176	-386
508	2643	7735	812	1504
32830	11121	1489	9667	122
9	2752	1553	736	479
7951	191053	132564	56589	25747
52077	1235080	684126	265011	300824
563	42167	42589	5863	5742
598	35753	36984	13679	1371
1622	43481	57081	9029	20212
6846	116373	145318	56360	28920
6228	137180	138749	9950	6668
1355	214873	296558	70868	75417
745	23103	24149	6384	-5909
383	57955	59098	2195	5761
1331	38831	18788	2330	27228
17	19	1019	255	342
58114	223380	157073	675002	27921
859	107047	89633	-1138	35156

4—06 全市国有控股工业

指标	亏损企业亏损总额	利税总额	本年应付工资总额
总计	**552414**	**2401223**	**3274754**
在总计中：			
亏损企业	552414	325550	498585
在总计中：			
中央企业	262299	771889	862907
地方企业	290115	1629334	2411847
在总计中：			
轻工业	35758	447873	226498
以农产品为原料	20199	331086	115292
以非农产品为原料	15559	116787	111207
重工业	516656	1953350	3048256
采掘工业	2962	412835	810396
原料工业	259128	1454684	1460190
加工工业	254566	85831	777670
在总计中：			
特大型企业	80432	1518366	1990315
大一型企业	233530	245107	632491
大二型企业	8020	194255	286066
中一型企业	29855	357989	156159
中二型企业	37138	34088	107004
小型企业	163439	51421	162719

企业主要经济指标（五）

单位：千元

本年应付福利费总额	本年应交增值税	进项税额	销项税额	全部从业人员年平均人数（人）
468417	**1736509**	**2276059**	**3047631**	**314375**
72025	205527	356883	487872	71379
115437	559258	1166344	1347557	71380
352980	1177256	1109715	1700074	242995
36361	142624	215026	376145	32702
15581	90225	135620	224319	19099
20780	52399	79406	151826	13603
432056	1593885	2061033	2671486	281673
112545	302436	305512	597236	80970
212206	1101399	1177333	1333952	110790
107305	190050	578183	740298	89913
281260	1087331	1307773	1573719	157286
92475	282724	435597	609199	69463
42415	90732	202801	274317	29326
14786	103992	138301	242069	17897
14010	36044	39554	76489	15495
23471	135686	152033	271838	24908

4—06 续表 5—1

指　　标	亏损企业亏损总额	利税总额	本年应付工资总额
按行业分			
采掘业			
煤炭采选业	2282	417784	811301
黑色金属矿采选业			
非金属矿采选业	680	408	4701
制造业			
食品加工业	8134	7049	14473
食品制造业	3224	--914	4458
饮料制造业		6482	4087
烟草加工业		296828	24206
纺织业	7050	13742	34696
服装及其他纤维制造业		57	3693
皮革、毛皮、羽绒及其制品业	340	262	1434
家具制造业	827	827	1137
造纸及纸制品业	524	218	1047
印刷业	1791	7366	23011
文教体育用品制造业	348	56	943
石油加工及炼焦业	880	107204	155366

单位：千元

本年应付福利费总额	本年应交增值税	进项税额	销项税额	全部从业人员年平均人数（人）
112594	305735	304598	599621	80748
728	538	1488	2026	690
1958	173	6904	5817	2921
568	1830	2218	3935	1374
572	2625	4450	7035	683
3389	58086	76893	134979	1493
4566	13738	26295	40025	7142
410	20	685	665	706
540	70	174	245	774
99		133	133	404
63	253	402	655	128
3048	7895	7058	14905	2940
	253	265	519	174
20225	94180	65371	159386	13288

4—06 续表 5—2

指　　标	亏损企业亏损总额	利税总额	本年应付工资总额
化学原料及化学制品制造业	80432	35446	179064
医药制造业	9613	17018	11452
化学纤维制造业	1504	2794	6989
橡胶制品业		61833	40000
塑料制品业	45	534	866
非金属矿物制品业	84444	48143	96997
黑色金属冶炼及压延加工业	2464	895290	810100
有色金属冶炼及压延加工业	13640	13422	40117
金属制品业	1936	4051	41223
普通机械制造业	20875	7447	58812
专用设备制造业	37273	32808	144787
交通运输设备制造业	16005	31856	141895
武器弹药制造业	81011	57456	237475
电气机械及器材制造业	6791	−643	27287
电子及通信设备制造业	10053	10263	42658
仪器仪表及文化、办公用机械制造业	4118	34389	11438
其他制造业	342	188	614
电力、煤气及水的生产和供应业			
电力、蒸汽、热水的生产和供应业	155788	389664	267737
自来水的生产和供应业		48901	30690

单位:千元

本年应付福利费总额	本年应交增值税	进项税额	销项税额	全部从业人员年平均人数(人)
24017	680880	176967	245512	21923
5776	16669	19110	35358	2426
979	3790	2330	26896	620
5355	28881	52411	81292	2123
130	46	9505	3846	219
18222	65939	137862	195905	16267
118690	542389	4244	5079	57174
5917	18601	77211	72876	3754
8067	4824	9257	14069	6525
7197	11143	31988	43249	6716
22722	54882	148580	203761	17755
19102	32296	75442	96515	12134
30372	16606	112215	124235	31130
3119	4521	16326	20783	4044
5920	4114	34161	39012	4469
1725	5830	14451	20494	1386
94	137		136	220
38323	359471	857065	835781	10133
3930	12886		12886	1892

4—07 全市集体工业企

指　　标	企业单位数（个）	#亏损企业	工业总产值（不变价）
总　　计	**79**	**13**	**1657029**
在总计中：			
亏损企业	13	13	213286
在总计中：			
农村工业	34	6	1081149
在总计中：			
轻工业	16	1	434762
以农产品为原料	9	1	193726
以非农产品为原料	7		241036
重工业	63	12	1222267
采掘工业	4	1	77309
原料工业	19	4	462967
加工工业	40	7	681991
中二型企业	4	1	41670
小型企业	75	12	1615359

业主要经济指标（一）

单位：千元

工业总产值（当年价）	# 新产品产值	工业销售产值（当年价）	# 出口交货值	工业中间投入合计
1676289	**57338**	**1576794**	**78**	**1334122**
224429		201356		167948
1066394		1017447	78	846188
454016		437656		359490
236851		230068		191890
217165		207588		167600
1222273	57338	1139138	78	974632
87049		85499		66455
471728		460336	78	379802
663496	57338	593253		528375
49673	9761	47312		42022
1626616	47577	1529482	78	1292100

4—07 续表1—1

指　　标	企业单位数（个）	# 亏损企业	工业总产值（不变价）
按行业分			
采掘业			
煤炭采选业	6	1	74123
有色金属矿采选业	1	1	28400
制造业			
食品加工业	1		56379
食品制造业	3		27401
服装及其他纤维制品制造业	1		14008
家具制造业	4	2	87980
造纸及纸制品业	2	1	66041
印刷业	1		10020
石油加工及炼焦业	6	1	116044

单位:千元

工业总产值(当年价)	#新产品产值	工业销售产值(当年价)	#出口交货值	工业中间投入合计
93630		93063		76532
27050		25650		20288
78338		73729		64260
41029		39694		30863
14008		13786		9436
91451		78415		60911
70986		70778		60275
10020		10020		8009
117461		113125		92460

4—07 续表1—2

指　　　标	企业单位数（个）	# 亏损企业	工业总产值（不变价）
化学原料及化学制品制造业	7	1	317910
医药制造业	2		28073
橡胶制品业	1		9398
塑料制品业	2	1	16856
非金属矿物制品业	3		49429
黑色金属冶炼及压延加工业	6		141287
有色金属冶炼及压延加工业	2	2	40917
金属制品业	9	1	254277
普通机械制造业	15	2	228563
专用设备制造业	2		37958
交通运输设备制造业	3		37679
电气机械及器材制造业	1		4465
其他制造业	1		9821
电力、煤气及水的生产和供应业			
电力、蒸汽、热水的生产和供应业			

单位：千元

工业总产值（当年价）	# 新产品产值	工业销售产值（当年价）	# 出口交货值	工业中间投入合计
287119		281414		230097
30646		25925		24207
9398		7524		7210
17603	9761	17663		15543
46673		43822	78	37610
147937		141207		119353
39983		34826		30359
231767		226415		179351
232278	47577	201294		198400
37688		23787		28652
38239		38944		28645
4465		7113		4161
8600		8600		7500

4—07 全市集体工业企

指　　　　标	工　业 增加值 （当年价）	资产合计	# 流动资产 小　计
总　　计	**404618**	**1542773**	**824786**
在总计中：			
亏损企业	65840	232033	137220
在总计中：			
农村工业	250171	833641	405803
在总计中：			
轻工业	108201	401463	250299
以农产品为原料	50838	180533	95127
以非农产品为原料	57363	220930	155172
重工业	296417	1141310	574487
采掘工业	23458	72082	17050
原料工业	108007	404829	182483
加工工业	164952	664399	374954
中二型企业	9281	151045	77101
小型企业	395337	1391728	747685

业主要经济指标（二）

单位：千元

# 应收帐款	存货	# 产成品	流动资产年平均余额	固定资产原价
215975	**339867**	**165593**	**775483**	**863410**
33666	63831	32301	140414	120930
107968	166578	83450	386248	521866
65678	112146	58078	227891	186371
30436	47655	33142	92593	91307
35237	64491	24936	135298	95064
150302	227721	107515	547592	677039
2462	4565	516	18151	59482
62962	54124	32249	185568	274763
84878	169032	74750	343873	342794
7534	42435	25446	75687	77820
208441	297432	140147	699796	785590

4—07 续表 2—1

指　　标	工业增加值（当年价）	资产合计	#流动资产小计
按行业分			
采掘业			
煤炭采选业	22730	85476	40314
有色金属矿采选业	6762	15206	3968
制造业			
食品加工业	14200	37704	11828
食品制造业	10570	74300	44949
服装及其他纤维制品制造业	5647	17253	10948
家具制造业	33544	52935	32576
造纸及纸制品业	14499	34957	17568
印刷业	2630	11491	8408
石油加工及炼焦业	28753	105201	50056

单位:千元

# 应收帐款	存货	# 产成品	流动资产年平均余额	固定资产原价
15621	13877	11370	41729	44861
999	2969	2693	5420	16262
6362	2245	2245	11828	10092
10657	22671	20846	43325	44470
4757	3228	1997	11335	9339
2532	24375	10054	29482	30805
10555	6481	6213	20078	18700
1232	196		7064	9579
4340	21673	13264	48755	56628

4—07 续表 2—2

指　　　　标	工　业 增加值 （当年价）	资产合计	# 流动资产 小　计
化学原料及化学制品制造业	66160	324246	130172
医药制造业	7724	47406	23185
橡胶制品业	2255	13031	8637
塑料制品业	2548	83324	31286
非金属矿物制品业	10579	29245	15304
黑色金属冶炼及压延加工业	35325	86546	32346
有色金属冶炼及压延加工业	11051	30336	17541
金属制品业	58817	184558	124478
普通机械制造业	46332	213950	152850
专用设备制造业	9240	21230	12714
交通运输设备制造业	12832	49811	34116
电气机械及器材制造业	942	4825	2994
其他制造业	1478	19742	18548
电力、煤气及水的生产和供应业			
电力、蒸汽、热水的生产和供应业			

单位：千元

# 应收帐款	存　货	# 产成品	流动资产年平均余额	固定资产原　价
50275	48471	26581	126474	218940
7362	9511	6199	18319	27115
995	7535	4515	8464	8969
2029	11997	6140	31179	35252
4508	3045	1369	14231	24374
1566	9050	3236	31883	81052
3993	10703	2696	22239	19897
15504	62011	16349	104072	91224
42714	49968	17069	133780	74793
5972	5942	663	11216	9544
11707	18367	6542	32068	27453
2380	427	427	3594	2473
9915	5125	5125	18948	1588

4—07 全市集体工业企

指　　标	累计折旧	# 本年折旧	固定资产净值
总　　计	**309431**	**40175**	**553979**
在总计中：			
亏损企业	48213	4138	72717
在总计中：			
农村工业	188241	27729	333625
在总计中：			
轻工业	95149	11292	91222
以农产品为原料	61627	4943	29680
以非农产品为原料	33522	6349	61542
重工业	214282	28883	462757
采掘工业	6967	488	52515
原料工业	80888	9305	193875
加工工业	126427	19090	216367
中二型企业	28836	1362	48984
小型企业	280595	38813	504995

业 主 要 经 济 指 标（三）

单位:千元

固定资产 净值 年平均余额	负债合计	流动负债 合计	长期负债 合计	所有者权益 合计
617256	**997067**	**794454**	**186241**	**545706**
76457	173729	160467	13262	58304
393966	551017	414973	126088	282624
136471	209625	178913	29329	191838
80085	101129	79493	21270	79404
56386	108496	99420	8059	112434
480785	787442	615541	156912	353868
53167	39053	22575	16478	33029
194249	310178	205177	94411	94651
233369	438211	387789	40623	226188
49776	108718	88889	19829	42327
567480	888349	705565	166412	503379

4—07 续表 3－1

指标	累计折旧	# 本年折旧	固定资产净值
按行业分			
采掘业			
煤炭采选业	3550	488	41311
有色金属矿采选业	5165	789	11097
制造业			
食品加工业	455		9637
食品制造业	53427	2673	8957
服装及其他纤维制品制造业	3091	430	6248
家具制造业	10489	1982	20316
造纸及纸制品业	1826	981	16874
印刷业	6733	272	2846
石油加工及炼焦业	12442	2403	44186

单位：千元

固定资产 净值 年平均余额	负债合计	流动负债 合计	长期负债 合计	所有者权益 合计
40325	65339	38199	17550	20137
11272	12788	12109	679	2418
25235	26088	8139	17948	11616
27312	41133	38011	3122	33167
5166	7348	7348		9905
19379	32564	29364	3200	20371
16600	21531	21166		13426
2605	4103	4103		7388
55373	60341	60344	3	44860

4—07　续表 3—2

指　　　标	累计折旧	# 本年折旧	固定资产净值
化学原料及化学制品制造业	57576	12457	161364
医药制造业	4071		23044
橡胶制品业	6915		2054
塑料制品业	3742	808	31510
非金属矿物制品业	10866	1389	13508
黑色金属冶炼及压延加工业	28109	1193	52943
有色金属冶炼及压延加工业	7731	38	12166
金属制品业	35913	6410	55311
普通机械制造业	39403	5968	35390
专用设备制造业	1029	605	8515
交通运输设备制造业	15861	1130	11592
电气机械及器材制造业	642	129	1831
其他制造业	395	30	1193
电力、煤气及水的生产和供应业			
电力、蒸汽、热水的生产和供应业			

单位:千元

固定资产净值年平均余额	负债合计	流动负债合计	长期负债合计	所有者权益合计
159005	226651	164993	60658	97595
23095	14917	8517	6400	32489
3368	6164	6164		6867
32088	63773	50386	13387	19551
13088	25181	16439	7725	4064
58083	67744	30596	37148	18802
15233	34872	34405	467	4536
52410	93248	88693	4555	91310
39888	135310	127468	3443	78640
8797	10025	5342	4683	11205
10954	24904	20564	4340	24907
1771	1957	1957		2868
1209	21086	20147	939	1344

4—07 全市集体工业企

指标	产品销售收入	产品销售成本	产品销售费用
总计	**1284738**	**1080822**	**49246**
在总计中：			
亏损企业	128121	117735	3268
在总计中：			
农村工业	805118	692528	30244
在总计中：			
轻工业	368432	322917	10761
以农产品为原料	179723	156065	6458
以非农产品为原料	188709	166852	4303
重工业	916306	757905	38485
采掘工业	61189	46666	2483
原料工业	354501	299354	17818
加工工业	500616	411885	18184
中二型企业	44925	35806	2199
小型企业	1239813	1045016	47047

业主要经济指标（四）

单位：千元

产品销售税金及附加	产品销售利润	管理费用	财务费用	利润总额
21272	**133398**	**71470**	**27419**	**55310**
1416	5702	12364	3420	－8470
13448	68898	22864	18089	41041
6631	28123	14108	6386	12774
886	16314	6911	3905	10011
5745	11809	7197	2481	2763
14641	105275	57362	21033	42536
3127	8913	4471	1639	1354
7318	30011	10190	7227	16978
4196	66351	42701	12167	24204
194	6726	5777	2359	404
21078	126672	65693	25060	55714

4—07 续表 4—1

指　　标	产品销售收入	产品销售成本	产品销售费用
按行业分			
采掘业			
煤炭采选业	78743	56320	8872
有色金属矿采选业	19000	18330	120
制造业			
食品加工业	72729	66175	1484
食品制造业	31197	26228	886
服装及其他纤维制品制造业	13805	11953	200
家具制造业	46454	34254	4006
造纸及纸制品业	37600	33625	1980
印刷业	12261	10633	
石油加工及炼焦业	90174	73209	6241

单位:千元

产品销售税金及附加	产品销售利润	管理费用	财务费用	利润总额
3679	9872	2598	1800	4595
320	230	450	656	809
12	5058	972	1840	2246
660	3428	2028	682	1163
146	1506	1769	6	638
363	7831	4923	1057	1926
36	1959	887	916	4151
309	1319	1154	68	208
1670	9054	3445	2390	4235

指　　标	产品销售收入	产品销售成本	产品销售费用
化学原料及化学制品制造业	230285	190285	7864
医药制造业	20411	13160	3052
橡胶制品业	7592	6977	195
塑料制品业	19673	15739	1429
非金属矿物制品业	40380	36924	1014
黑色金属冶炼及压延加工业	117439	94320	6032
有色金属冶炼及压延加工业	27634	26314	351
金属制品业	187292	166818	1926
普通机械制造业	155920	136516	2365
专用设备制造业	15842	13815	286
交通运输设备制造业	45481	36311	880
电气机械及器材制造业	7113	6112	63
其他制造业	7713	6804	
电力、煤气及水的生产和供应业			
电力、蒸汽、热水的生产和供应业			

单位:千元

产品销售税金及附加	产品销售利润	管理费用	财务费用	利润总额
2235	29901	10704	6600	17005
175	4024	2319	768	932
3	417	303	103	4
60	2445	1782	1715	—486
182	2260	835	476	986
3274	13813	4411	1660	10921
318	651	1274	1583	1551
5837	12711	9343	2037	2049
1515	15524	13495	1863	5737
27	1714	1171	451	91
380	7910	6489	569	903
71	867	566	—3	344
	909	557	330	22

4—07 全市集体工业企

指　　标	亏损企业亏损总额	利税总额	本年应付工资总额
总　　计	**8470**	**139033**	**129997**
在总计中：			
亏损企业	8470	2305	26428
在总计中：			
农村工业	1976	84404	53331
在总计中：			
轻工业	39	33080	27320
以农产品为原料	39	16774	8412
以非农产品为原料		16306	18908
重工业	8431	105953	102677
采掘工业	896	7345	8187
原料工业	5061	40377	19136
加工工业	2474	58231	75354
中二型企业	495	1420	5238
小型企业	7975	137613	124759

业主要经济指标（五）

单位：千元

本年应付福利费总额	本年应交增值税	进项税额	销项税额	全部从业人员年平均人数（人）
13333	**62451**	**108329**	**183448**	**20877**
3353	9359	13456	22114	3986
4022	29915	58495	85996	8004
2019	13675	23026	49800	5305
1154	5877	16883	35948	1666
865	7798	6143	13852	3639
11314	48776	85303	133648	15572
1074	2864	816	3660	892
1798	16081	35108	52294	2908
8442	29831	49379	77694	11772
459	1630	5463	6748	1237
12874	60821	102866	176700	19640

4—07 续表 5—1

指　　　标	亏损企业亏损总额	利税总额	本年应付工资总额
按行业分			
采掘业			
煤炭采选业	36	13906	4721
有色金属矿采选业	809	489	507
制造业			
食品加工业		2380	820
食品制造业		2227	1690
服装及其他纤维制品制造业		1859	2641
家具制造业	336	5293	6701
造纸及纸制品业	39	7975	2470
印刷业		1136	4512
石油加工及炼焦业	880	9657	6253

单位:千元

本年应付福利费总额	本年应交增值税	进项税额	销项税额	全部从业人员年平均人数（人）
694	5632	8594	14226	617
71		685	286	185
115	122	9333	9455	60
306	404	1440	1635	435
370	1075	1194	2269	458
925	3004	4806	7810	927
253	3788	1425	2213	730
144	619		836	754
633	3752	7692	11067	899

指　　　标	亏损企业亏损总额	利税总额	本年应付工资总额
化学原料及化学制品制造业	2385	28378	14960
医药制造业		2392	654
橡胶制品业		74	1058
塑料制品业	495	62	1230
非金属矿物制品业		2684	2392
黑色金属冶炼及压延加工业		20936	10002
有色金属冶炼及压延加工业	1551	274	2372
金属制品业	896	14287	23832
普通机械制造业	1043	19706	35132
专用设备制造业		322	1332
交通运输设备制造业		4521	6015
电气机械及器材制造业		1053	393
其他制造业		400	290
电力、煤气及水的生产和供应业			
电力、蒸汽、热水的生产和供应业			

单位：千元

本年应付福利费总额	本年应交增值税	进项税额	销项税额	全部从业人员年平均人数（人）
740	9138	22585	31724	1823
104	1285	1954	19692	157
255	67	916	984	427
194	488	2626	2933	396
449	1516	3791	5307	266
777	6741	10854	19648	1401
384	1507	3558	5065	314
1797	6401	3635	8686	4464
4263	12454	17075	29190	5315
159	204	501	651	178
547	3238	4187	7261	936
129	638	555	1209	43
24	378	923	1301	92

4—08 全市外商投资和港澳台投

指　　　标	企业单位数（个）	# 亏损企业	工业总产值（不变价）
总　　计	**28**	**10**	**2994878**
在总计中：			
亏损企业	10	10	556557
在总计中：			
港、澳、台商投资企业	20	6	2579848
合资经营企业(港或澳、台资)	17	4	2243666
港澳台商独资企业	2	1	285386
港澳台商投资股份有限公司	1	1	50796
外商投资企业	8	4	415030
中外合资经营企业	5	2	305965
外资企业	3	2	109065
在总计中：			
国有控股企业	11	3	1953914
在总计中：			
农村工业	1	1	50796
在总计中：			
轻工业	12	3	1340768
以农产品为原料	4		392151
以非农产品为原料	8	3	948617
重工业	16	7	1654110
原料工业	6	2	215290
加工工业	10	5	1438820
大一型企业	1	1	269371
大二型企业	3		1309669
中一型企业	1		130298
中二型企业	1		272188
小型企业	22	9	1013352

资工业企业主要经济指标(一)

单位:千元

工业总产值(当年价)	# 新产品产值	工业销售产值(当年价)	# 出口交货值	工业中间投入合计
2499923	**162201**	**2525832**	**186441**	**1963955**
513307	47744	477717	3060	474652
2046466	162201	2077981	185218	1591054
1764901	162201	1789303	185218	1426723
248991		255004		137945
32574		33674		26386
453457		447851	1223	372905
379132		373427		316439
74325		74424	1223	56466
1455624	159401	1475412	185218	1179211
32574		33674		26386
1365035	111657	1380339		1035833
420995	65000	409875		329462
944040	46657	970464		706371
1134888	50544	1145493	186441	928126
196829		187202		154829
938059	50544	958291	186441	773297
266048	47744	248253	1837	255046
866468	46657	896291	183381	683400
150884		153860		115814
238293		244652		128282
978230	67800	982776	1223	781417

4—08 续表1—1

指 标	企业单位数（个）	#亏损企业	工业总产值（不变价）
按行业分			
采掘业			
煤炭采选业	2		62963
制造业			
食品加工业	1		137096
饮料加工业	1	1	122236
纺织业	2		168355
化学原料及化学制品制造业	2		216998
医药制造业	5	2	552992
橡胶制品业	1		1057431
非金属矿物制品业	1	1	269371
黑色金属冶炼及压延加工业	2		81732
有色金属冶炼及压延加工业	2	2	70595
普通机械制造业	1	1	3014
专用设备制造业	1		14160
交通运输设备制造业	2		24598
电子及通信设备制造业	5	3	213337

单位:千元

工业总产值(当年价)	# 新产品产值	工业销售产值(当年价)	# 出口交货值	工业中间投入合计
68883		68823		52597
189699		187746		170861
133783		122342		126909
144596		141009		121191
237584	65000	234980		153224
516282	46657	544979		324232
584382		621838	183381	447830
266048	47744	248253	1837	255046
82445		71344		64371
45501		47035		37861
3014		2675	1223	1966
14160		20445		12509
24598		24598		16732
188948	2800	189765		178630

4—08　全市外商投资和港澳台投

指　　　　　标	工　业 增加值 （当年价）	资产合计	# 流动资产 小　　计
总　　　计	**676776**	**3386569**	**1650131**
在总计中：			
亏损企业	63607	1334237	437228
在总计中：			
港、澳、台商投资企业	580632	2945066	1334829
合资经营企业(港或澳、台资)	436617	2681023	1167013
港澳台商独资企业	137827	244639	160532
港澳台商投资股份有限公司	6188	19404	7284
外商投资企业	96144	441503	315302
中外合资经营企业	76966	334184	248536
外资企业	19178	107319	66766
在总计中：			
国有控股企业	349559	2405177	1097140
在总计中：			
农村工业	6188	19404	7284
在总计中：			
轻工业	408403	1415256	811153
以农产品为原料	97163	246858	130668
以非农产品为原料	311240	1168398	680485
重工业	268373	1971313	838978
原料工业	54963	107294	66954
加工工业	213410	1864019	772024
大一型企业	26152	874383	221547
大二型企业	220811	1175010	590811
中一型企业	46900	143580	117113
中二型企业	136527	222727	143318
小型企业	246386	970869	577342

资工业企业主要经济指标(二)

单位:千元

#应收帐款	存货	#产成品	流动资产年平均余额	固定资产原价
550764	**640447**	**410027**	**1518599**	**1515912**
175761	151212	55226	442735	970790
474846	535128	391305	1227181	1319404
411196	479580	338268	1068533	1286821
62444	51274	50713	151364	20457
1206	4274	2324	7284	12126
75918	105319	18722	291418	196508
66191	66087	17666	252659	140277
9727	39232	1056	38759	56231
433761	436777	300637	1037972	1078679
1206	4274	2324	7284	12126
233624	255108	133673	739726	555660
24237	60878	11470	86609	133542
209387	194230	122203	653117	422118
317140	385339	276354	778873	060252
4307	21554	10492	42738	54538
312833	363785	265862	736135	905714
126463	65230	17337	214522	689997
185395	313376	249327	545520	337120
37729	23437	8336	115830	54163
58397	38107	38107	134150	14457
142780	200297	96920	508577	420175

4—08 续表 2—1

指　　　　标	工　业 增加值 (当年价)	资产合计	# 流动资产 小　计
按行业分			
采掘业			
煤炭采选业	24594	41715	33209
制造业			
食品加工业	18838	82387	31814
饮料制造业	14001	237514	45073
纺织业	24825	95840	61861
化学原料及化学制品制造业	100400	212211	154106
医药制造业	246032	645630	414276
橡胶制品业	165433	858368	453945
非金属矿物制品业	26152	874383	221547
黑色金属冶炼及压延加工业	22492	23679	13194
有色金属冶炼及压延加工业	7877	41900	20551
普通机械制造业	1314	25208	13013
专用设备制造业	2832	9138	8411
交通运输设备制造业	9399	13243	6389
电子及通信设备制造业	12587	225353	172742

单位:千元

# 应收帐款	存　货	# 产成品	流动资产年平均余额	固定资产原　　价
1866	2849	2294	10296	13806
1844	17711	2517	31026	68434
4128	24977	7313	46658	216576
15641	35039	2828	32255	44868
44481	31565	14461	139158	74403
113028	123394	96749	384173	133607
145687	265672	231227	416441	181233
126463	65230	17337	214522	689997
	5842	5842	12025	15395
2441	12863	2356	20417	25337
3538	1451		13013	12043
3945	3995	1619	10132	1017
881	1899	113	6390	9331
86821	47960	25371	182093	29865

4—08 全市外商投资和港澳台投

指　　标	累计折旧	# 本年折旧	固定资产净值
总　　计	**324099**	**69710**	**1191813**
在总计中：			
亏损企业	142703	35989	828087
在总计中：			
港、澳、台商投资企业	239725	56013	1079679
合资经营企业(港或澳、台资)	231272	55403	1055549
港澳台商独资企业	7728	153	12729
港澳台商投资股份有限公司	725	457	11401
外商投资企业	84374	13697	112134
中外合资经营企业	62245	9980	78032
外资企业	22129	3717	34102
在总计中：			
国有控股企业	199285	45511	879394
在总计中：			
农村工业	725	457	11401
在总计中：			
轻工业	147204	29667	408456
以农产品为原料	44328	7462	89214
以非农产品为原料	102876	22205	319242
重工业	176895	40043	783357
原料工业	18385	2614	36153
加工工业	158510	37429	747204
大一型企业	73855	20881	616142
大二型企业	107454	20973	229666
中一型企业	28003	4840	26160
中二型企业	4733		9724
小型企业	110054	23016	310121

资工业企业主要经济指标(三)

单位:千元

固定资产净值年平均余额	负债合计	流动负债合计	长期负债合计	所有者权益合计
1155205	**2003101**	**1605747**	**396032**	**1333468**
791110	955510	603742	351767	378727
1042237	1781404	1384806	395276	1163662
1020230	1628890	1234962	392606	1052133
12264	144935	142265	2670	99704
9743	7579	7579		11825
112968	221697	220941	756	219806
78641	163896	163896		170288
34327	57801	57045	756	49518
843072	1389915	1126947	262967	1015262
9743	7579	7579		11825
405166	719926	586579	133346	695330
86485	111542	110505	1037	135316
318681	608384	476074	132309	560014
750039	1283175	1019168	262686	688138
33855	53854	52534		53440
716184	1229321	966634	262686	634698
579274	610158	382852	227306	264225
235420	601701	567076	34624	573309
25432	55680	55680		87900
9260	122461	122461		100266
305819	613101	477678	134102	357768

4—08 续表 3—1

指　　　　标	累计折旧	# 本年折旧	固定资产净值
按行业分			
采掘业			
煤炭采选业	6826	694	6980
制造业			
食品加工业	25061	4301	43378
饮料制造业	44763	11874	171813
纺织业	17815	2149	27053
化学原料及化学制品制造业	29455	5852	44948
医药制造业	28111	4102	105496
橡胶制品业	69663	14089	111570
非金属矿物制品业	73855	20881	616142
黑色金属冶炼及压延加工业	5989	850	9406
有色金属冶炼及压延加工业	5570	1070	19767
普通机械制造业	4418	955	7625
专用设备制造业	317	74	700
交通运输设备制造业	3851	526	5480
电子及通信设备制造业	8405	2293	21460

单位:千元

固定资产净值年平均余额	负债合计	流动负债合计	长期负债合计	所有者权益合计
5868	23540	23540		18175
43438	26881	26881		55506
172337	189551	68515	121035	47963
28147	50446	49709	737	45394
40332	89895	89595	300	122316
106383	294043	282769	11274	351587
115907	545025	510400	34624	313343
579274	610158	382852	227306	264225
10258	2302	982		21377
17729	28012	28012		13888
7625	4628	3872	756	20580
794	4796	4796		4342
5480	4542	4542		8701
21633	129282	129282		96071

4—08 全市外商投资和港澳台投

指　　标	产品销售收入	产品销售成本	产品销售费用
总　　计	**2321345**	**1662911**	**317926**
在总计中：			
亏损企业	500453	425481	37163
在总计中：			
港、澳、台商投资企业	1868637	1295583	299971
合资经营企业(港或澳、台资)	1631744	1213927	217898
港澳台商独资企业	198558	43947	81818
港澳台商投资股份有限公司	38335	37709	255
外商投资企业	452708	367328	17955
中外合资经营企业	378252	300058	16482
外资企业	74456	67275	1473
在总计中：			
国有控股企业	1268203	1024103	90507
在总计中：			
农村工业	38335	37709	255
在总计中：			
轻工业	1314698	824199	246348
以农产品为原料	347064	282485	27761
以非农产品为原料	967634	541714	218587
重工业	1006647	838712	71578
原料工业	208219	153446	32619
加工工业	798428	685266	38959
大一型企业	252213	226507	7835
大二型企业	734200	607167	58017
中一型企业	165437	115730	5233
中二型企业	187474	35658	80152
小型企业	982021	677849	166689

资工业企业主要经济指标(四)

单位:千元

产品销售税金及附加	产品销售利润	管理费用	财务费用	利润总额
39034	**301474**	**145508**	**50671**	**61101**
147	37662	59698	31816	-98177
37955	235128	108148	49125	33545
37808	162111	101783	43904	-24600
47	72746	5999	4993	58468
100	271	366	228	-323
1079	66346	37360	1546	27556
1079	60638	32110	39	28089
	5708	5250	1585	533
33909	119684	62629	37993	-25549
100	271	366	228	323
1384	242767	144989	11298	123728
	36818	22141	3374	11254
1384	205949	82848	7924	112474
37650	58707	40519	39373	62627
3741	18413	5400	2222	12327
33909	40294	35119	37151	74954
	17871	23051	26403	74954
32830	36186	18999	9894	5456
	44474	12907	870	32466
	71664	4785	4640	62220
6240	131279	85766	10604	35913

指　　标	产品销售收入	产品销售成本	产品销售费用
按行业分			
采掘业			
煤炭采选业	97077	59168	25203
制造业			
食品加工业	182408	166626	4894
饮料制造业	135784	104990	19622
纺织业	83536	74487	1307
化学原料及化学制品制造业	246557	157102	26793
医药制造业	517130	178448	193458
橡胶制品业	465095	394632	26512
非金属矿物制品业	252213	226507	7835
黑色金属冶炼及压延加工业	59446	44163	6938
有色金属冶炼及压延加工业	51696	50115	478
普通机械制造业	3722	2686	290
专用设备制造业	11796	9022	1210
交通运输设备制造业	24001	19882	326
电子及通信设备制造业	190884	175083	3060

单位:千元

产品销售税金及附加	产品销售利润	管理费用	财务费用	利润总额
3108	9598	2149	380	6014
	10888	9985	473	92
	11172	22216	3494	12327
	7742	4317	1070	2644
	62662	20746	961	40984
1384	143840	41921	4721	92256
32830	11121	1489	9667	122
	17871	23051	26403	74954
533	7812	2459	1205	6739
100	1003	792	637	426
	746	1519	131	−512
	1564	766	116	697
1079	2714	1827	149	863
	12741	12271	1264	1091

4—08 全市外商投资和港澳台投

指标	亏损企业亏损总额	利税总额	本年应付工资总额
总计	**98177**	**240947**	**114905**
在总计中：			
亏损企业	98177	—73078	34716
在总计中：			
港、澳、台商投资企业	92365	196720	100125
合资经营企业(港或澳、台资)	88290	111647	93453
港澳台商独资企业	3752	85296	5517
港澳台商投资股份有限公司	323	—223	1155
外商投资企业	5812	44227	14780
中外合资经营企业	5197	43441	10686
外资企业	615	786	4094
在总计中：			
国有控股企业	75963	81506	85429
在总计中：			
农村工业	323	—223	1155
在总计中：			
轻工业	20260	204313	39178
以农产品为原料		16884	6976
以非农产品为原料	20260	187429	32202
重工业	77917	36634	75727
原料工业	426	29031	6819
加工工业	77491	7603	68908
大一型企业	74954	—59804	23523
大二型企业		76029	48361
中一型企业		44296	6511
中二型企业		88736	4127
小型企业	23223	91690	32383

资工业企业主要经济指标(五)

单位:千元

本年应付福利费总额	本年应交增值税	进项税额	销项税额	全部从业人员年平均人数(人)
20717	**140812**	**223877**	**362973**	**9546**
5177	24952	55748	79709	3488
17553	125220	194402	321019	8166
16718	98439	183871	283138	6996
772	26781	8834	36184	870
63		1697	1697	300
3164	15592	29475	41954	1380
1798	14273	19130	31198	860
1366	1319	10345	10756	520
15120	73146	149343	220139	6493
63		1697	1697	300
9232	79201	115733	193836	3892
1786	5630	21495	26338	968
7446	73571	94238	167498	2924
11485	61611	108144	169137	5654
1002	12963	16855	31516	797
10483	48648	91289	137621	4857
3604	15150	29529	43064	2292
9644	37743	58303	96046	3232
911	11830	17534	29184	358
506	26516	6825	33341	720
6052	49573	111686	161338	2944

4—08 续表5—1

指标	亏损企业亏损总额	利税总额	本年应付工资总额
按行业分			
采掘业			
煤炭采选业		17430	1483
制造业			
食品加工业		92	1649
饮料制造业	12327	—5200	3939
纺织业		4064	3714
化学原料及化学制品制造业		57024	8124
医药制造业	7933	147622	17798
橡胶制品业		61833	40000
非金属矿物制品业	74954	59804	23523
黑色金属冶炼及压延加工业		11690	3420
有色金属冶炼及压延加工业	426	89	1916
普通机械制造业	512	246	457
专用设备制造业		1878	323
交通运输设备制造业		3475	845
电子及通信设备制造业	2025	1178	7714

单位:千元

本年应付福利费总额	本年应交增值税	进项税额	销项税额	全部从业人员年平均人数(人)
252	8308	8089	17125	157
311				324
345	7127	16564	23688	320
1249	1420	11915	12548	478
1137	16040	27114	42974	524
5534	53982	3398	87907	1808
5355	28881	52411	81292	2123
3604	15150	29529	43064	2292
581	4418	4971	10359	220
169	237	3795	4032	420
71	266	107	433	20
38	1181	990	2171	55
132	1533	3114	3303	85
1939	2269	31296	34077	720

4—09 全市大中型工业

指　　　标	企业单位数（个）	# 亏损企业	工业总产值（不变价）
总　　计	**94**	**34**	**22478662**
一、按登记注册类型分组			
内资企业	88	33	20497136
国有企业	59	29	3795161
中央企业	21	12	2772598
地方企业	38	17	1022563
集体企业	4	1	41670
有限责任公司	23	3	16561958
国有独资公司	8	1	14338043
其他有限责任公司	15	2	2223915
股份有限公司	2		98347
港、澳、台商投资企业	4	1	1714132
合资经营企业（港或澳、台资）	3	1	1441944
港澳台商独资企业	1		272188
外商投资企业	2		267394
中外合资经营企业	2		267394
二、按经济组织类型分组			
独资企业	64	30	4109019
国有企业	59	29	3795161
集体企业	4	1	41670
港澳台商独资经营企业	1		272188
股份有限公司	2		98347
股份有限公司（内资）	2		98347
有限责任公司	28	4	18271296
国有独资公司	8	1	14338043
港澳台合资经营企业	3	1	1441944
中外合资经营企业	2		267394
其他有限责任公司	15	2	2223915
三、在总计中：			
亏损企业	34	34	2703251
在总计中：			
国有控股企业	85	32	21913855
在总计中：			
轻工业	28	5	2106550
以农产品为原料	15	2	1151212
以非农产品为原料	13	3	955338
重工业	66	29	20372112
采掘工业	5	1	1964734
原料工业	11	5	12899238
加工工业	50	23	5508140
在总计中：			
特大型企业	5	1	13758539
大一型企业	17	8	3747305
大二型企业	21	5	2928104
中一型企业	18	6	1266351
中二型企业	33	14	778363

企业主要经济指标(一)

单位:千元

工业总产值(当年价)	# 新产品产值	工业销售产值(当年价)	# 出口交货值	工业中间投入合计
25679920	**1186601**	**25479263**	**926963**	**19340461**
24158227	1092200	23936207	741745	18157919
5282745	591023	5192720	84587	3905812
4032676	439444	3994087	50967	3055438
1250069	151579	1198633	33620	850374
49673	9761	47312		42022
18727377	491416	1860508	657158	14130975
15976422	308462	15786787	529266	12078478
2750955	182954	2813721	127892	2052497
98432		95667		79110
1181110	94401	1201450	185218	895867
942817	94401	956798	185218	767585
238293		244652		128282
340583		341606		286675
340583		341606		286675
5570711	600784	5484684	84587	4076116
5282745	591023	5192720	84587	3905812
49673	9761	47312		42022
238293		244652		128282
98432		95667		79110
98432		95667		79110
20010777	585817	19898912	842376	15185235
15976422	308462	15786787	529266	12078478
942817	94401	956798	185218	767585
340583		341606		286675
2750955	182954	2813721	127892	2052497
3347290	208137	3265848	50129	2722098
25104878	1169578	24918701	926963	18912685
2394993	164519	2339293	91120	1618237
1330666	54351	1305968	90200	923110
1064327	110168	1033325	920	695127
23284927	1022082	23139970	835843	17722224
3616207	38847	3469223	290081	2119220
14346929		14394492	160533	11281980
5321791	983235	5276255	385229	4321024
15441980	243510	15263880	473214	11916757
5221056	287759	5225659	210143	3777574
2770634	501318	2790546	205631	2133191
1447866	91040	1388058	894	990454
798384	62974	811120	37081	522485

4—09 续表1—1

指　　　　标	企业单位数（个）	# 亏损企业	工业总产值（不变价）
按行业分			
采掘业			
煤炭采选业	4		1957118
黑色金属矿采选业			
非金属矿采选业	1	1	7616
制造业			
食品加工业	2		186345
食品制造业	3		23110
饮料制造业	1		32480
烟草加工业	1		553083
纺织业	4	2	287890
印刷业	2		45893
石油加工及炼焦业	1		527589
化学原料及化学制品制造业	4	1	1156939
医药制造业	3	1	476440

单位：千元

工业总产值（当年价）	# 新产品产值	工业销售产值（当年价）	# 出口交货值	工业中间投入合计
3604495	38847	3456560	290081	2113488
11712		12663		5732
255118		256904		226561
32548	3661	27758		24296
44371		43853		31220
625048		616264		388689
288179	50690	273957	90200	203340
60022		59697		30704
834008		899014		546225
1186147		1186654		1024415
398140	74457	389189	920	227160

4—09 续表1—2

指　　标	企业单位数（个）	#亏损企业	工业总产值（不变价）
化学纤维制造业	1		
橡胶制品业	1		1057431
塑料制品业	4	2	66967
非金属矿物制品业	7	4	851579
黑色金属冶炼及压延加工业	1		9913326
有色金属冶炼及压延加工业	2	1	371347
金属制品业	4	2	211689
普通机械制造业	9	6	236422
专用设备制造业	8	4	1132513
交通运输设备制造业	4		560020
武器弹药制造业	7	4	1307310
电气机械及器材制造业	5	1	155014
电子及通信设备制造业	7	3	347569
仪器仪表及文化、办公用机械制造业	2		57752
其他制造业	1		63742
电力、煤气及水的生产和供应业			
电力、蒸汽、热水的生产和供应业	4	2	856077
自来水的生产和供应业	1		35401

单位:千元

工业总产值(当年价)	# 新产品产值	工业销售产值(当年价)	# 出口交货值	工业中间投入合计
584382		621838	183381	447830
52352	17023	47385		48081
996576	93300	960220	51705	800054
9916299		9898606	160533	7792580
464702		473909		407061
218147	42200	200806		155267
258645	66295	234248	894	195857
1134987	210861	1155168	38803	1022449
700515	112493	680849	6184	518039
1433829	154078	1443009	73726	1167913
147918	19150	130748	5275	126453
337612	270227	330979		251593
47876	33319	47608	25261	31521
62628		51130		54073
1790363		1787363		1398613
193301		192884		101247

4—09 全市大中型工业

指标	工业增加值（当年价）	资产合计	# 流动资产小计
总计	**7969494**	**87316561**	**32903505**
一、按登记注册类型分组			
内资企业	7539104	84900861	31830716
国有企业	1817972	26708043	9951668
中央企业	1352625	20138424	7106930
地方企业	465347	6569619	2844738
集体企业	9281	151045	77101
有限责任公司	5687273	57882533	21718709
国有独资公司	4837914	48178185	18194577
其他有限责任公司	849359	9704348	3524132
股份有限公司	24578	159240	83238
港、澳、台商投资企业	364652	2189733	923862
合资经营企业(港或澳、台资)	228125	1967006	780544
港澳台商独资企业	136527	222727	143318
外商投资企业	65738	225967	148927
中外合资经营企业	65738	225967	148927
二、按经济组织类型分组			
独资企业	1963780	27081815	10172087
国有企业	1817972	26708043	9951668
集体企业	9281	151045	77101
港澳台商独资经营企业	136527	222727	143318
股份有限公司	24578	159240	83238
股份有限公司(内资)	24578	159240	83238
有限责任公司	5981136	60075506	22648180
国有独资公司	4837914	48178185	18194577
港澳台合资经营企业	228125	1967006	780544
中外合资经营企业	65738	225967	148927
其他有限责任公司	849359	9704348	3524132
三、在总计中：			
亏损企业	748064	14964616	5319918
在总计中：			
国有控股企业	7793016	86726418	32606746
在总计中：			
轻工业	931874	5476699	2278313
以农产品为原料	490751	2755444	1095267
以非农产品为原料	441123	2721255	1183046
重工业	7037620	81839862	30625192
采掘工业	1795240	14035127	6339181
原料工业	4068739	50410649	16963125
加工工业	1173641	17394086	7322886
在总计中：			
特大型企业	4612554	54018058	20435222
大一型企业	1726206	19635118	6460516
大二型企业	728175	7878370	3141041
中一型企业	562403	3448226	1719316
中二型企业	340156	2336789	1147410

企业主要经济指标（二）

单位：千元

# 应收帐款	存　货	# 产成品	流动资产年平均余额	固定资产原　　价
6994587	**8106435**	**2033285**	**34059122**	**58307896**
6586603	7666285	1720178	33049100	57212159
1276487	1885514	661857	11312459	14312307
925371	738036	202632	8231081	10564589
351116	1147478	459225	3081378	3747718
7534	42435	25446	75687	77820
5289261	5710379	1025644	21583704	42751709
4425853	4878375	618577	18111373	36278946
863408	832004	407067	3472331	6472763
13321	27957	7231	77250	70323
368411	399002	302254	863166	973140
310014	360895	264147	729016	958683
58397	38107	38107	134150	14457
39573	41148	10853	146856	122597
39573	41148	10853	146856	122597
1342418	1966056	725410	11522296	14404584
1276487	1885514	661857	11312459	14312307
7534	42435	25446	75687	77820
58397	38107	38107	134150	14457
13321	27957	7231	77250	70323
13321	27957	7231	77250	70323
5638848	6112422	1300644	22459576	43832989
4425853	4878375	618577	18111373	36278946
310014	360895	264147	729016	958683
39573	41148	10853	146856	122597
863408	832004	407067	3472331	6472763
1268877	1552550	515439	5417710	12059358
6920651	7987696	1956152	33777607	58082331
434699	761659	363710	2391290	3237145
229776	384661	165741	1245675	1574013
204923	376998	197969	1145615	1663132
6559888	7344776	1669575	31667832	55070751
1842618	1080740	232070	6094246	10801937
2984442	3608044	307698	18242140	33862631
1732828	2655992	1129807	7331446	10406183
4248286	4498151	451339	21266174	35811209
1561082	1474566	469218	6882038	15369036
659691	1117360	632289	3202231	4153537
303564	588679	255618	1601199	1706125
221964	427679	224821	1107480	1267989

4—09 续表 2—1

指标	工业增加值（当年价）	资产合计	#流动资产小计
按行业分			
采掘业			
煤炭采选业	1788740	13952493	6297624
黑色金属矿采选业			
非金属矿采选业	6500	82634	41557
制造业			
食品加工业	28557	239830	77728
食品制造业	9356	76647	33782
饮料制造业	15768	88233	50965
烟草加工业	294445	875369	519310
纺织业	97811	1026327	256579
印刷业	35934	137598	32336
石油加工及炼焦业	377988	3914323	1741655
化学原料及化学制品制造业	225583	6354616	6354616
医药制造业	211874	900107	328490

单位：千元

# 应收帐款	存　货	# 产成品	流动资产年平均余额	固定资产原价
1811103	1077169	229686	6057092	10751626
31515	3571	2384	37154	50311
7626	22689	4882	305694	163999
955	15954	14018	33631	60926
1425	26999	15529	48284	35733
130871	135828	14564	443590	364994
36612	105873	61746	248528	635971
6032	8694	3187	39723	131829
592574	155087	73693	1799007	2384847
813294	599544	220342	2785762	4438136
118953	105751	61110	312323	412818

4—09 续表2—2

指　　　　标	工业增加值（当年价）	资产合计	流动资产小计
化学纤维制造业			
橡胶制品造业	165433	858368	453945
塑料制品业	5145	155707	45824
非金属矿物制品业	252668	4727444	2204409
黑色金属冶炼及压延加工业	2665270	21799660	6171072
有色金属冶炼及压延加工业	73690	2234546	906251
金属制品业	67192	769845	385493
普通机械制造业	73790	1029516	566697
专用设备制造业	166016	4402917	2136885
交通运输设备制造业	207403	1775055	636026
武器弹药制造业	282522	4659922	1432234
电气机械及器材制造业	25113	526205	234927
电子及通信设备制造业	88519	737414	363969
仪器仪表及文化、办公用机械制造业	20204	141562	68102
其他制造业	9235	61601	29988
电力、煤气及水的生产和供应业			
电力、蒸汽、热水的生产和供应业	669959	15044866	4872691
自来水的生产和供应业	104779	743756	296065

单位:千元

# 应收帐款净额	存 货	# 产成品	流动资产年平均余额	固定资产原价
145687	265672	231227	416441	181233
6749	17675	10203	47955	79465
294759	468097	221758	1966648	2521255
1150320	2486613		6484523	18325293
47373	376323	64036	852958	1221430
16325	213895	65821	391254	523064
100211	274849	130029	493182	546797
709813	678416	168070	2101582	2447255
172953	293371	127541	585628	830435
334998	533788	197421	1553000	4010023
60504	85542	58301	267384	287570
11533	86819	27242	368475	320799
17727	29866	23495	67924	67270
1441	14808	7000	23876	20641
366645	21354		6038902	6943482
6589	2188		288602	550694

4—09 全市大中型工业

指　　标	累计折旧	# 本年折旧	固定资产净值
总　　计	**20343429**	**2233561**	**37964467**
一、按登记注册类型分组			
内资企业	20129384	2186867	37082775
国有企业	5254293	809571	9058014
中央企业	3968055	598457	6596534
地方企业	1286238	211114	2461480
集体企业	28836	1362	48984
有限责任公司	14821184	1368471	27930525
国有独资公司	12734135	1228475	23544811
其他有限责任公司	2087049	139996	4385714
股份有限公司	25071	7463	45252
港、澳、台商投资企业	160981	37553	812159
合资经营企业(港或澳、台资)	156248	37553	802435
港澳台商独资企业	4733		9724
外商投资企业	53064	9141	69533
中外合资经营企业	53064	9141	69533
二、按经济组织类型分组			
独资企业	5287862	810933	9116722
国有企业	5254293	809571	9058014
集体企业	28836	1362	48984
港澳台商独资经营企业	4733		9724
股份有限公司	25071	7463	45252
股份有限公司(内资)	25071	7463	45252
有限责任公司	15030496	1415165	28802493
国有独资公司	12734135	1228475	23544811
港澳台合资经营企业	156248	37553	802435
中外合资经营企业	53064	9141	69533
其他有限责任公司	2087049	139996	4385714
三、在总计中：			
亏损企业	4551126	471766	7508232
在总计中：			
国有控股企业	20203880	2221456	37828451
在总计中：			
轻工业	1080081	195323	2157064
以农产品为原料	442628	44150	1131385
以非农产品为原料	637453	151173	1025679
重工业	19263348	2038238	35807403
采掘工业	3964282	308577	6837655
原料工业	12247245	1495134	21615386
加工工业	3051821	234527	7354362
在总计中：			
特大型企业	12512895	1370886	23298314
大一型企业	5566222	635503	9802814
大二型企业	1280726	111081	2872811
中一型企业	550595	65363	1155530
中二型企业	432991	50728	834998

企业主要经济指标（三）

单位：千元

固定资产净值年平均余额	负债合计	流动负债合计	长期负债合计	所有者权益合计
34481814	**42221717**	**34078275**	**9711980**	**38288078**
33632428	40831717	32950206	9450050	37262378
8521006	11633425	13281676	－49710	15074618
6046280	7121902	9883828	－1159744	13016522
2474726	4511523	3397848	1110034	2058096
49776	108718	88889	19829	42327
25017893	28992639	19511490	9451147	22083128
21341325	23391420	15660653	7730766	18434157
3676568	5601219	3850837	1720381	3648971
43753	96935	68151	28784	62305
780516	1307439	1045508	261930	882294
771256	1184978	923047	261930	782028
9260	122461	122461		100266
68870	82561	82561		143406
68870	82561	82561		143406
8580042	11864604	13493026	－29881	15217211
8521006	11633425	13281676	－49710	15074618
49776	108718	88889	19829	42327
9260	122461	122461		100266
43753	96935	68151	28784	62305
43753	96935	68151	28784	62305
25858019	30260178	20517098	9713077	23008562
21341325	23391420	15660653	7730766	18434157
771256	1184978	923047	261930	782028
68870	82561	82561		143406
3676568	5601219	3850837	1720381	3648971
7106062	11539158	6722380	4816777	2979238
34341993	41861255	33769942	9659852	38058397
2115833	3073349	2483156	586552	2403350
1146998	1693668	1364010	329658	1061776
968835	1379681	1119146	256894	1341574
32365981	39148368	31595119	9125428	35884728
5552522	6204201	4508624	1695577	6749846
20375375	22533214	18612729	5522667	23133402
6438084	10410953	8473766	1907184	6001480
21029792	19897908	21245189	254902	28693058
8567019	13300348	5801248	7465458	4955096
2889078	4900716	3926144	974571	2977654
1113695	2469591	1952541	517049	978635
882230	1653154	1153153	500000	683635

4—09 续表 3—1

指　　标	累计折旧	# 本年折旧	固定资产净值
按行业分			
采掘业			
煤炭采选业	3948840	307085	6802786
黑色金属矿采选业			
非金属矿采选业	15442	1492	34869
制造业			
食品加工业	73383	6758	90616
食品制造业	22597	1121	38329
饮料制造业	11660	11660	24073
烟草加工业	85018	13829	279976
纺织业	188532	5839	447439
印刷业	46276	3863	85553
石油加工及炼焦业	880515	80232	1504332
化学原料及化学制品制造业	1417528	67814	3020608
医药制造业	125578	110562	287240

单位:千元

固定资产 净值 年平均余额	负债合计	流动负债 合计	长期负债 合计	所有者权益 合计
5516971	6163238	4475449	1687789	6708175
35551	40963	33175	7788	41671
142822	84742	75989	8753	155088
38192	58311	42829	15482	18336
24588	60039	56996	3043	28194
258511	669363	494880	174483	206006
454018	606566	517473	89093	419761
81254	81017	59300	21717	56581
1467588	2467543	1678208	789335	992622
2586835	4311141	3249106	1062035	1597255
288127	441470	317250	124220	458637

4—09 续表 3—2

指　　　　标	累计折旧	# 本年折旧	固定资产净值
化学纤维制造业			
橡胶制品业	69663	14089	111570
塑料制品业	25260	2530	54205
非金属矿物制品业	535764	78702	1985491
黑色金属冶炼及压延加工业	6522414	78702	11802879
有色金属冶炼及压延加工业	309533	21742	911897
金属制品业	178191	7689	344873
普通机械制造业	199817	14965	346980
专用设备制造业	870584	60179	1576671
交通运输设备制造业	281115	20805	549320
武器弹药制造业	1179527	43175	2830496
电气机械及器材制造业	98241	8052	189329
电子及通信设备制造业	74572	21614	246227
仪器仪表及文化、办公用机械制造业	12454	3920	54816
其他制造业	9401	4720	11240
电力、煤气及水的生产和供应业			
电力、蒸汽、热水的生产和供应业	2892102	521549	4051380
自来水的生产和供应业	269422	18855	281272

单位:千元

固定资产净值年平均余额	负债合计	流动负债合计	长期负债合计	所有者权益合计
115907	545025	510400	34624	313343
60923	134865	90201	44663	20842
2023689	2477394	1773012	704381	1324534
11504634	10079457	5565856	4513601	8312753
942817	1746361	1146310	600051	488185
346060	612238	565538	143060	157607
337087	787021	651386	135634	242495
1306049	2486832	2211195	275637	1423743
554735	847393	738597	108796	927662
2104938	2709758	2260348	419409	1950164
206619	439108	354786	84322	87097
269307	557370	308001	249369	180044
50662	66695	33077	33618	74867
8512	31310	30287	1023	30291
3530265	3575055	6803279	—1626041	11469811
225153	141442	135347	6095	602314

4—09 全市大中型工业

指　　标	产品销售收入	产品销售成本	产品销售费用
总　　计	**29573415**	**24603401**	**1045536**
一、按登记注册类型分组			
内资企业	28234091	23618339	894299
国有企业	9846455	8763175	93534
中央企业	8820374	8065643	46396
地方企业	1026081	697532	47138
集体企业	44925	35806	2199
有限责任公司	18246536	14760671	776522
国有独资公司	15660537	12594922	664570
其他有限责任公司	2585999	2165749	111952
股份有限公司	96175	58687	22044
港、澳、台商投资企业	991479	702706	141110
合资经营企业(港或澳、台资)	804005	667048	60958
港澳台商独资企业	187474	35658	80152
外商投资企业	347845	282356	10127
中外合资经营企业	347845	282356	10127
二、按经济组织类型分组			
独资企业	10078854	8834639	175885
国有企业	9846455	8763175	93534
集体企业	44925	35806	2199
港澳台商独资经营企业	187474	35658	80152
股份有限公司	96175	58687	22044
股份有限公司(内资)	96175	58687	22044
有限责任公司	19398386	15710075	847607
国有独资公司	15660537	12594922	664570
港澳台合资经营企业	804005	667048	60958
中外合资经营企业	347845	282356	10127
其他有限责任公司	2585999	2165749	111952
三、在总计中:			
亏损企业	3380289	2769763	65000
在总计中:			
国有控股企业	29082680	24298840	955077
在总计中:			
轻工业	2130754	1378346	151174
以农产品为原料	1213811	886032	16519
以非农产品为原料	916943	492314	134655
重工业	27442661	23225055	894362
采掘工业	3114554	1808798	555306
原料工业	19246011	17245394	162505
加工工业	5082096	4170863	176551
在总计中:			
特大型企业	19713919	17144715	613370
大一型企业	5300053	4202364	145193
大二型企业	2477152	1951269	107047
中一型企业	1374993	911911	55238
中二型企业	707298	393142	124688

企业主要经济指标（四）

单位：千元

产品销售税金及附加	产品销售利润	管理费用	财务费用	利润总额
429900	**3494578**	**2820964**	**1261801**	**380425**
397070	3324383	2761222	1221734	355237
285233	704513	807629	643233	654
273188	435147	516541	612349	6245
12045	269366	291088	30884	－5591
194	6726	5777	2359	－404
109256	2600087	1940248	571966	352654
92278	2308767	1638430	502325	340950
16978	291320	301818	69641	11704
2387	13057	7568	4176	2333
32830	114833	36850	40464	－7370
32830	43169	32065	35824	－69590
	71664	4785	4640	62220
	55362	22892	－397	32558
	55362	22892	－397	32558
285427	782903	818191	650232	62470
285233	704513	807629	643233	654
194	6726	5777	2359	－404
	71664	4785	4640	62220
2387	13057	7568	4176	2333
2387	13057	7568	4176	2333
142086	2698618	1995205	607393	315622
92278	2308767	1638430	502325	340950
32830	43169	32065	35824	－69590
	55362	22892	－397	32558
16978	291320	301818	69641	11704
12595	532931	603737	289940	－391327
428648	3400115	2793529	1252016	320331
227992	373242	257539	31021	148882
224922	86338	88462	15134	18344
3070	286904	169077	15887	130538
201908	3121336	2563425	1230780	231543
29748	720702	610511	113794	80273
122951	1715161	1193573	910903	301651
49209	685473	759341	206083	－150381
126750	1829084	1533254	844216	304285
30745	921751	658893	317849	－68362
37273	381563	343771	54116	66339
228811	179033	161757	23364	24397
6321	183147	123289	22256	53766

4—09 续表 4—1

指　　标	产品销售收入	产品销售成本	产品销售费用
按行业分			
采掘业			
煤炭采选业	3099378	1800263	551470
黑色金属矿采选业			
非金属矿采选业	15176	8535	3836
制造业			
食品加工业	222678	204175	6001
食品制造业	19242	14012	2146
饮料制造业	40572	30647	257
烟草加工业	640635	387200	3213
纺织业	208173	187978	3033
印刷业	60962	45778	
石油加工及炼焦业	795214	678620	49474
化学原料及化学制品制造业	1361070	1117402	29381
医药制造业	320385	108172	114590

单位:千元

产品销售税金及附加	产品销售利润	管理费用	财务费用	利润总额
29255	718390	605987	113326	80953
493	2312	4524	468	－680
460	12042	12541	4069	267
108	2976	3063	316	96
3547	6121	5725	5	305
218697	31525	24515	9153	20045
1246	15916	24035	83	－2635
684	14500	15485	1424	253
10518	56602	87341	39061	1215
6564	207723	226288	52879	－47953
530	97093	29556	4761	63502

4—08　续表4－2

指　　　标	产品销售收入	产品销售成本	产品销售费用
化学纤维制造业			
橡胶制品业	465095	394632	26512
塑料制品业	45116	41131	2098
非金属矿物制品业	1171235	939166	58233
黑色金属冶炼及压延加工业	9900970	8558084	57218
有色金属冶炼及压延加工业	455342	416029	6023
金属制品业	150732	108889	6573
普通机械制造业	258130	199105	14097
专用设备制造业	971223	812141	38325
交通运输设备制造业	674085	532000	14843
武器弹药制造业	1403088	1151206	35654
电气机械及器材制造业	117049	87137	7157
电子及通信设备制造业	310738	256828	4137
仪器仪表及文化、办公用机械制造业	37078	15811	958
其他制造业	50485	41079	2545
电力、煤气及水的生产和供应业			
电力、蒸汽、热水的生产和供应业	6586767	6387346	2103
自来水的生产和供应业	192797	80035	5659

单位:千元

产品销售税金及附加	产品销售利润	管理费用	财务费用	利润总额
32830	11121	1489	9667	122
97	1790	4971	2015	-2310
6339	167497	115319	54330	-32315
51900	1233768	681581	264272	303025
376	32914	38723	5589	-10803
563	34707	33878	12826	10
1610	43318	56035	8826	-16849
6821	113936	135009	54552	-17332
2995	124247	110058	10253	7479
1355	214873	296558	70868	-75417
645	22110	22854	6403	-6296
346	49427	50097	793	6103
393	19916	12625	1352	9954
1021	5840	3699	2013	10
49666	147652	130151	533635	64527
841	106262	88857	-1138	35149

4—09 全市大中型工业

指标	亏损企业亏损总额	利税总额	本年应付工资总额
总计	**391327**	**2440360**	**3128199**
一、按登记注册类型分组			
内资企业	316373	2291103	3045677
国有企业	233580	726926	754971
中央企业	164880	654820	543868
地方企业	68700	72106	211103
集体企业	495	1420	5238
有限责任公司	82298	1552781	2275339
国有独资公司	80432	1373198	1864791
其他有限责任公司	1866	179583	410548
股份有限公司		9976	10129
港、澳、台商投资企业	74954	104869	74362
合资经营企业(港或澳、台资)	74954	16133	70235
港澳台商独资企业		88736	4127
外商投资企业		44388	8160
中外合资经营企业		44388	8160
二、按经济组织类型分组			
独资企业	234075	817082	764336
国有企业	233580	726926	754971
集体企业	495	1420	5238
港澳台商独资经营企业		88736	4127
股份有限公司		9976	10129
股份有限公司(内资)		9976	10129
有限责任公司	157252	1613302	2353734
国有独资公司	80432	1373198	1864791
港澳台合资经营企业	74954	16133	70235
中外合资经营企业		44388	8160
其他有限责任公司	1866	179583	410548
三、在总计中:			
亏损企业	391327	−255860	443101
在总计中:			
国有控股企业	388975	2349802	3112035
在总计中:			
轻工业	10457	531992	187152
以农产品为原料	5866	326461	87859
以非农产品为原料	4591	205531	99293
重工业	380870	1908368	2941047
采掘工业	680	408274	792178
原料工业	160931	1428392	1418263
加工工业	219259	71702	730606
在总计中:			
特大型企业	80432	1518366	1930315
大一型企业	233530	245107	632491
大二型企业	8020	194344	287715
中一型企业	31712	358199	160211
中二型企业	37633	124344	117467

企业主要经济指标（五）

单位:千元

本年应付福利费总额	本年应交增值税	进项税额	销项税额	全部从业人员年平均人数（人）
447045	**1630035**	**2148560**	**2827373**	**292617**
432380	1538796	2036369	2625738	286015
108133	441039	1081797	1149791	75997
74846	375387	1005965	1009408	45335
33287	65652	75832	140383	30662
459	1630	5463	6748	1237
321968	1090871	940083	1454507	207681
277453	939970	667932	1054086	166454
44515	150901	272151	400421	41227
1820	5256	9026	14692	1100
13443	79409	94657	172451	5920
12937	52893	87832	139110	5200
506	26516	6825	33341	720
1222	11830	17534	29184	682
1222	11830	17534	29184	682
109098	469185	1094085	1189880	77954
108133	441039	1081797	1149791	75997
459	1630	5463	6748	1237
506	26516	6825	33341	720
1820	5256	9026	14692	1100
1820	5256	9026	14692	1100
336127	1155594	1045449	1622801	213563
277453	939970	667932	1054086	166454
12937	52893	87832	139110	5200
1222	11830	17534	29184	682
44515	15901	272151	400421	41227
63861	122872	325039	352718	61157
444946	1600823	2124026	2775793	289467
31401	155118	177577	331189	24887
12055	83195	113788	196569	12364
19346	71923	63789	134620	12523
415644	1474917	1970983	2496184	267730
109879	298253	302673	592676	78342
205693	1003790	1116640	1197973	105565
100072	172874	551670	705535	83823
281260	1087331	1307773	1573719	157286
92475	282724	435597	609199	69463
42726	90732	202801	274317	29650
15483	104991	149301	253560	18448
15101	64257	53088	116578	17770

4—09 续表 5－1

指　　标	亏损企业亏损总额	利税总额	本年应付工资总额
按行业分			
采掘业			
煤炭采选业		407941	789835
黑色金属矿采选业			
非金属矿采选业	680	333	2343
制造业			
食品加工业		727	4845
食品制造业		1308	3486
饮料制造业		6469	3581
烟草加工业		296828	24206
纺织业	5866	11583	31832
印刷业		7553	16142
石油加工及炼焦业		101936	152175
化学原料及化学制品制造业	80432	22462	175408
医药制造业	3960	104926	13047

单位:千元

本年应付福利费总额	本年应交增值税	进项税额	销项税额	全部从业人员年平均人数（人）
109551	297733	301185	590668	77846
328	520	1488	2008	496
784		2092	1949	1115
486	1104	1987	3092	947
501	2617	4331	6914	514
3389	58086	76893	134979	1493
4222	12972	22009	34809	6420
2247	6616	4573	11141	1255
19660	90205	61984	152122	12818
23192	63851	167216	231524	21367
6029	40894	24971	65834	2788

4—09 续表 5—2

指 标	亏损企业亏损总额	利税总额	本年应付工资总额
化学纤维制造业			
橡胶制品业		61833	40000
塑料制品业	2352	—1339	3490
非金属矿物制品业	84369	30170	75145
黑色金属冶炼及压延加工业		896476	807878
有色金属冶炼及压延加工业	13640	5622	38467
金属制品业	202	4885	40063
普通机械制造业	17512	—4237	57597
专用设备制造业	24874	42967	137829
交通运输设备制造业		35401	125439
武器弹药制造业	81011	—57456	237475
电气机械及器材制造业	6450	—2003	25853
电子及通信设备制造业	9044	8949	35097
仪器仪表及文化、办公用机械制造业		14196	8447
其他制造业		1711	2890
电力、煤气及水的生产和供应业			
电力、蒸汽、热水的生产和供应业	60935	392402	245916
自来水的生产和供应业		48715	29713

单位：千元

本年应付福利费总额	本年应交增值税	进项税额	销项税额	全部从业人员年平均人数（人）
5355	28881	52411	81292	2123
427	874	6842	5304	924
15133	56146	131010	179806	12378
118354	541551			56476
5686	16049	73372	71589	3712
7905	4312	8700	13012	6050
7013	11002	31506	42657	6269
21804	53478	146042	200096	16414
16650	24927	76944	95067	11435
30372	16606	112215	124235	31130
2839	3648	15681	19249	3912
4744	2500	3624	6253	3639
1306	3849	1655	5552	869
590	680	8030	9120	341
34685	278209	811799	726376	8084
3793	12725		12725	1802

4—10 主要能源按工

指　　标	原　煤（吨）	洗精煤（吨）	其他洗煤（吨）	焦　炭（吨）	焦炉煤气（万立方米）
总　　计	**31033797**	**3268216**	**294450**	**2134963**	**73703**
采掘业					
煤炭采选业	16544198	144130			
石油和天然气开采业					
黑色金属矿采选业	3800				
有色金属矿采选业	5718				
非金属矿采选业	2010				
其他矿采选业					
木材及竹材采运业					
制造业					
食品加工业	17646				
食品制造业	34385				
饮料制造业	13930				
烟草加工业	24275				
纺织业	42866				
服装及其他纤维制造业	3029				
皮革、毛皮、羽绒及其制品业	890				
木材加工及竹、藤、棕、草制品业					
家具制造业	600				
造纸及纸制品业	6550				
印刷业	3914				
文教体育用品制造业	812				
石油加工及炼焦业	5723680	922326	211383	227	6923
化学原料及化学制品制造业	229571	593039		251158	10827
医药制造业	5653			14	
化学纤维制造业	19055				
橡胶制造业	41151				
塑料制品业	3942				
非金属矿物制品业	449827			150	248
黑色金属冶炼及压延加工业	1657853	1608721		1762128	54764
有色金属冶炼及压延加工业	161126			21	
金属制品业	95943			115091	
普通机械制造业	24564			970	6
专用设备制造业	145691		83067	2163	
交通运输设备制造业	69543			2249	455
武器弹药制造业	139704			710	
电气机械及器材制造业	22350			37	480
电子及通信设备制造业	9730				
仪器仪表及文化、办公用机械制造业	5900				
其他制造业	296				
电力、煤气及水的生产和供应业					
电力、蒸汽、热水的生产和供应业	5523595			45	
自来水的生产和供应业					

业行业分组消费量

高炉煤气（万立方米）	其他煤气（万立方米）	汽油（吨）	煤油（吨）	柴油（吨）	燃料油（吨）	热力（百万千焦）	电力（万千瓦时）	其他燃料（吨标准煤）
385605	**109330**	**19906**	**4592**	**43976**	**71944**	**12064591**	**636880**	**120391**
		4006	3930	8271		118424	81183	116371
							650	
	10						636	
		44		9			229	
		257		204			1545	
		177		109			670	
		115					800	
		59		48			1571	
		160		121			5191	
		42					138	
		21					11	
		50		24			180	
		58		68			794	
		153	1	53			557	
				8			21	
	23394	689	415	5427	93	4545	4827	
		1250	2	651	48	4251880	13847	358
		50		40		191965	1119	
		22	1	3			4500	
		310	7	366			4566	
		33		12			593	
		908	3	2008	57133		33447	
385605	51181	6523	85	15839	7972	5440188	260670	
		344	3	583	32		31164	
		996	2	2639			3497	
		913	8	232			2146	
	24619	408	31	615			15300	
		591	87	336			5108	
	10126	716	15	813		2057589	15623	3662
		190	1	7			1254	
		199		12			1611	
		30	1				505	
		12					62	
		395		5402	6666		136557	
		185		76			6308	

4—11 民用汽车拥有量

单位:辆

指　　标	2001 年	2000 年	比 2000 年增长(%)
一、民用汽车	**141263**	**127676**	**10.6**
1. 客车	70505	61322	15.0
2. 普通货车	66253	62033	6.8
3. 专用货车	1223	1123	8.9
4. 其他专用汽车	2015	1894	6.4
5. 特种汽车	1267	1304	−2.8
二、拖拉机	**6959**	**9013**	**−22.8**
三、摩托车	**94523**	**88587**	**6.7**
四、其他机动车	**2161**	**2127**	**1.6**
五、载货汽车	**6438**	**6134**	**5.0**

4—12 旅客运输量及周转量

指　　标	2001 年	2000 年	比 2000 年增长(%)
旅客发送量总计(万人)			
铁　　路	1268	1181	7.3
公　　路	1344	1291	4.1
民　　航	58.1	46.1	26.0
旅客周转量总计(万人公里)			
铁　　路	284950	246240	15.7
公　　路	119117	93613	27.2

4—13 货物运输量及周转量

指　　标	2001 年	2000 年	比 2000 年增长(%)
货物运输量总计(万吨)			
铁　　路	5894	5603	5.2
公　　路	9271	8600	7.8
航　　空	5.3	4.1	29.2
货物周转量总计(万吨公里)			
铁　　路	1936320	1715450	12.9
公　　路	367720	332123	10.7

4—14 邮电局(所)邮电线路及通信工具拥有量

指　　标	单　位	2001 年	2000 年	比 2000 年增长(%)
邮电局(所)总数	个	194	200	−3.0
# 设在农村	个	61	66	−7.6
邮路总条数	条	89	85	4.7
邮路总长度	公里	70058	69654	0.6
汽车邮路	公里	5822	5290	10.1
铁路邮路	公里	5782	5788	−0.1
航空邮路	公里	57266	57961	−1.2
农村投递线路总长度	公里	4132	3903	5.9
已通电话的行政村	个	991	967	2.5
电话交换机容量	门	1202647	917680	31.1

4—15 邮电业务量

指　　标	单　位	2001 年	2000 年	比 2000 年增长(%)
邮电业务总量	**万元**	**299150**	**238105**	**25.6**
函件	万件	3310	3821	−13.4
包件	万件	54	42	28.6
特快专递	万件	65	50	30.0
汇费	万张	108	111	−2.7
订销报纸	万份	6867	7058	−2.7
订销杂志	万份	674	651	3.5
电报	万份	8	9	−11.1
长途电话	万份	13110	10888	20.4
年末电话用户	户	904819	690534	31.0
# 住宅电话	户	578818	469223	23.4
公用电话	部	23475	24356	−3.6
# IC 电话	部	10210	6786	50.5
移动电话用户	户	612146	301759	102.9

第五篇

企业调查

资料整理

赵并生　申玉莲　韩玲玲　王亮萍

5—01 企业家信心指数

分类	景气指数			
	一季度	二季度	三季度	四季度
企业家信心指数	**116.15**	**125.93**	**123.82**	**127.23**
按行业门类分				
1.工业	119.28	121.56	129.18	126.72
2.建筑业	135.33	113.78	111.97	102.76
3.交通、仓储及邮电通信业	147.35	169.70	166.67	174.07
4.批发和零售贸易、餐饮业	106.81	116.50	106.00	122.86
5.房地产业	139.18	130.77	134.93	130.85
6.社会服务业	88.00	129.92	111.85	124.00
按经济类型分				
1.国有企业	111.37	115.84	123.45	124.06
2.集体企业	117.65	100.00	94.12	94.12
3.股份合作企业		100.00	100.00	100.00
4.有限责任公司	139.67	135.89	138.98	137.59
5.股份有限公司	128.49	154.40	124.01	124.01
6.私营企业	150.00	200.00	150.00	150.00
7.外商及港澳台投资企业	91.00	99.33	97.14	122.14
按规模分				
1.特大	154.79	140.90	160.60	164.62
2.大型	121.59	139.51	135.30	129.99
3.中型	111.57	117.07	114.05	114.29
4.小型	104.65	100.00	92.11	100.00
特殊分组				
1.国家重点联系企业	188.33	192.84	192.84	188.33
2.试点企业集团成员	200.00	200.00	200.00	200.00
3.乡镇企业	100.00	100.00	100.00	150.00
4.上市公司	124.79	161.62	123.79	123.79

5—02 企业景气指数

分类	景气指数			
	一季度	二季度	三季度	四季度
企业景气指数	**118.90**	**120.16**	**125.57**	**112.32**
按行业门类分				
1.工业	120.26	125.04	127.46	104.09
2.建筑业	120.23	140.71	143.42	131.18
3.交通、仓储及邮电通信业	140.00	151.51	146.67	155.56
4.批发和零售贸易、餐饮业	118.92	97.67	101.75	98.87
5.房地产业	108.42	105.68	93.27	100.00
6.社会服务业	105.92	102.00	123.83	112.15
按经济类型分				
1.国有企业	103.65	107.54	110.65	110.19
2.集体企业	111.76	82.35	100.00	70.59
3.股份合作企业	100.00	100.00	100.00	100.00
4.有限责任公司	134.18	143.95	138.75	111.89
5.股份有限公司	180.54	171.93	173.33	145.79
6.私营企业	200.00	150.00	200.00	200.00
7.外商及港澳台投资企业	137.29	122.14	128.29	159.98
按规模分				
1.特大型	154.79	154.79	154.79	113.87
2.大型	149.22	148.27	162.81	145.52
3.中型	104.13	105.74	105.83	100.84
4.小型	88.00	89.47	89.19	94.74
特殊分组				
1.国家重点联系企业	188.33	192.84	192.84	100.00
2.试点企业集团成员	200.00	200.00	200.00	100.00
3.乡镇企业	150.00	150.00	150.00	100.00
4.上市公司	191.28	179.43	181.27	136.41
生产总量景气指数	108.14	126.52	139.07	139.26
盈利(亏损)变化景气指数	105.57	124.67	128.19	126.11
流动资产景气指数	45.90	45.39	48.79	47.23
货款拖欠景气指数	104.29	100.75	94.27	92.22
劳动力需求景气指数	73.07	87.84	95.54	77.17
固定资产投资景气指数	119.18	128.51	116.18	123.17

5—03　国民经济各行业企业景气指数

分　类	景　气　指　数			
	一季度	二季度	三季度	四季度
一、工业	**120.26**	**125.04**	**127.46**	**104.09**
煤炭采选业	113.45	150.00	166.67	153.15
非金属矿采选业	100.00	100.00	100.00	100.00
食品加工业	50.00	100.00	150.00	150.00
食品制造业	66.67	66.67	133.33	66.67
饮料制造业	100.00	100.00	100.00	200.00
烟草加工业	100.00	100.00	100.00	100.00
纺织业	75.00	100.00	100.00	85.74
家具制造业	100.00	50.00	150.00	
造纸及纸制品业	200.00	100.00	100.00	100.00
印刷业、记录媒介的复制	133.33	133.33	200.00	100.00
文教体育用品制造业		100.00	100.00	100.00
石油加工及炼焦业	146.48	200.00	200.00	146.48
化学原料及化学制品制造业	142.20	143.79	119.36	119.36
医药制造业	100.00	166.67	100.00	133.33
化学纤维制造业		100.00	100.00	100.00
橡胶制品业	200.00	100.00	200.00	200.00
塑料制品业	133.33	133.33	100.00	66.67
非金属矿物制品业	135.94	135.94	147.92	152.08
黑色金属冶炼及压延加工业	200.00	200.00	200.00	100.00
有色金属冶炼及压延加工业	170.56	180.53	177.91	177.91
金属制品业	71.43	71.43	85.71	100.00
普通机械制造业	50.00	87.50	87.50	100.00
专用设备制造业	106.40	105.21	81.40	81.40
交通运输设备制造业	63.92	134.51	114.51	152.55
电气机械及制造业	80.00	80.00	100.00	60.00
电子及通信设备制造业	142.86	100.00	85.71	100.00

5—03 续表

分　　类	景　气　指　数			
	一季度	二季度	三季度	四季度
仪器仪表及文化办公制造业	166.67	166.67	166.67	200.00
其他制造业	100.00	100.00	100.00	100.00
电力、蒸汽、热水生产供应业	110.27	100.00	104.87	102.87
煤气生产和供应业	100.00	100.00	100.00	100.00
自来水的生产和供应业	100.00	100.00	100.00	
二、建筑业	**120.23**	**140.71**	**143.43**	**131.18**
土木工程建筑业	128.03	142.05	143.50	130.13
线路、管道和设备安装业	75.00	144.44	130.56	116.75
三、交通运输仓储及邮电通信业	**140.00**	**151.51**	**146.67**	**155.56**
铁路运输业	200.00	200.00	200.00	200.00
公路运输业	50.00	100.00	100.00	100.00
仓储业	50.00	100.00	100.00	66.67
邮电通信业	200.00	187.78	167.78	200.00
四、批发和零售贸易餐饮业	**118.92**	**97.67**	**101.75**	**98.87**
食品、饮料、烟草等批发业	118.18	110.00	130.00	130.00
能源材料和机械等批发业	99.33	106.48	89.81	96.97
其他批发业	100.00	100.00	100.00	50.00
零售业	131.48	77.84	92.86	93.16
餐饮业	125.00	50.0	75.00	50.00
五、房地产业	**108.42**	**105.68**	**93.27**	**100.00**
房地产开发与经营业	108.78	105.93	92.97	100.00
房地产管理业	100.00	100.00	100.00	100.00
六、社会服务业	**105.92**	**102.00**	**123.83**	**112.15**
公共设施服务业		200.00	200.00	200.00
居民服务业	66.67	33.33		100.00
旅馆业	117.72	124.86	139.15	107.41
租赁服务业	100.00			
旅游业	100.00	66.67	133.33	125.00
信息、咨询服务业	150.00	100.00	150.00	150.00

5—04　企业集团财务指标

指　标　名　称	本年实际（万元）	去年同期（万元）	同比增长（%）
年末资产总计	8741980	7659924	14.1
固定资产原价	5203616	4346984	19.7
累计折旧	1957659	1590229	23.1
其中：本年折旧	331063	275479	20.2
累计对外投资	323033	200142	61.4
其中：本年对外投资	159519	26326	505.9
存货	986881	952282	3.6
流动资产年平均余额	3681559	3344003	10.1
年末负债合计	5054452	4866020	3.9
流动负债	3786569	3396814	11.5
年末少数股东权益	747125	463731	61.1
年末股东（所有者）权益合计	2940403	2330173	26.2
股本（实收资本）	2279773	1484193	53.6
主营业务收入	4029762	3497586	15.2
其中：出口额	366165	250975	45.9
其中：主营业务成本	3346020	2926727	14.3
主营业务税金及附加	50264	41411	21.4
其它业务收入	179809	162610	10.6
存货跌价和营业、管理、财务等费用合计	541367	501661	7.9
税金	14567	13460	8.2
劳动待业保险费	85545	79887	7.1
其中：利息支出	90349	82280	9.8
投资收益	8039	7225	11.3
营业外收入	14983	19321	—22.7
利润总额	47149	18478	155.2
应交所得税	23428	26333	—11.0
应交增值税	151823	122873	23.6
固定资产投资完成额	137900	195986	—29.6
研究开发费用	9612	8209	17.1

5—05 现代企业制度及国家重点企业跟踪监测财务指标

指标名称	本年实际（万元）	去年同期（万元）	同比增长(%)
年末资产总计	6424930	5849100	9.8
固定资产原价	3737629	3277520	14.0
累计折旧	1251223	1099043	13.9
其中:本年折旧	118014	96675	22.1
累计对外投资	941457	660006	42.6
其中:本年对外投资	284321	17064	1566.2
存货	521475	563266	−7.4
流动资产年平均余额	2297219	2116264	8.6
年末负债合计	3192499	3027959	5.4
流动负债	2156218	1977734	9.0
年末股东(所有者)权益合计	3232431	2821141	14.6
股本(实收资本)	2181562	1715286	27.2
主营业务收入	1713378	1605097	6.8
其中:出口额	31966	21533	48.5
其中:主营业务成本	1374114	1273444	7.9
主营业务税金及附加	10430	10200	2.3
其它业务收入	309814	221189	40.1
存货跌价和营业、管理、财务等费用合计	290225	295529	−1.8
税金	11927	10488	13.7
劳动待业保险费	38154	38500	−0.9
其中:利息支出	62648	67660	−7.4
投资收益	39948	30219	32.2
营业外收入	6781	15055	−55.0
利润总额	24288	34980	−30.6
应交所得税	18295	19019	−3.8
应交增值税	91526	96145	−4.8
固定资产投资完成额	164688	173204	−4.9
研究开发费用	6915	7467	−7.4

第六篇

固定资产投资 建筑业

资料整理

李拥权　赵凤英　郭林渔　王　敏　李仙英

6—01 固定资产投资规模

单位:万元

指　　标	2001年	2000年	为2000年 %
总　　计	**1227084**	**1047702**	**117.1**
按投资类型分			
基本建设投资	495734	435923	113.7
更新改造措施投资	386387	328381	117.7
其他固定资产投资	46422	39436	117.7
房地产开发投资	211394	160659	131.6
零星固定资产投资	22209	21908	101.4
农村集体固定资产投资	21530	20715	103.9
农村私人投资	36280	33601	108.0
城镇私人投资	7128	7079	100.7
按隶属关系分			
中央项目	275351	251931	109.3
省属项目	343123	285865	120.0
市属项目	354974	324535	109.4
县(市、区)项目	56203	46983	119.6
其　　他	197433	138388	142.7

6—02 施工及竣工房屋建筑面积

单位:平方米

指　　标	全年施工房屋面积	#住宅	全年竣工房屋面积	#住宅	房屋竣工面积竣工率（%）
总　　计	**10460252**	**7176136**	**4628713**	**3532799**	**44.3**
按投资类型分					
基本建设投资	4670182	3082111	1916100	1426211	41.0
更新改造措施投资	347527	196215	177911	138109	51.2
其他固定资产投资	373279	113440	131144	12309	35.1
房地产开发投资	3620520	2754036	1367208	1181836	37.8
零星固定资产投资	59467	480	33167	480	55.8
农村集体固定资产投资	685759	397176	299665	141176	43.7
农村私人投资	559603	505089	559603	505089	100.0
城镇私人投资	143915	127589	143915	127589	100.0

6—03 基本建设和更新改造投资额

单位:万元

指标	本年完成投资		本年新增固定资产	
	基本建设	更新改造	基本建设	更新改造
总　计	**495734**	**386387**	**477677**	**312454**
# 住宅	123558	11906		
按登记注册类型分				
内　资	490547	378422	473797	312276
国　有	425287	285011	411300	274514
股份合作				
国有联营				
集体联营				
国有独资	11714	77595	12772	32811
其他有限责任	50702	7104	47258	1678
股份有限	2670	8712	2467	3273
其　他	174			
港澳台商投资	5037	7165	3730	98
合资经营	2955	7165	1941	98
股份有限	2082		1789	
外商投资	150	800	150	80
合资经营	150		150	
股份有限		800		80
按隶属关系分				
中央项目	121992	148873	105443	120163
地方项目	373742	237514	372234	192291
省　属	161630	167592	154734	104033
市　属	149589	55068	155275	82182
区　属	8052	1937	10222	3629
县　属	8861	689	8358	689
其　他	45610	12228	43645	1758
按建设性质分				
# 新建	175204	20164	158985	7754
扩建	196749	30084	202908	36352
改建	12653	332564	13481	263454
按构成分				
建筑工程	311453	104132		
安装工程	19340	38556		

6—03 续表 单位:万元

	本年完成投资		本年新增固定资产	
	基本建设	更新改造	基本建设	更新改造
设备工器具购置	81445	192636		
其他费用	83496	51063		
按项目规模分				
大中型项目	47247		31882	
小型项目	445554		442314	
更新改造限上项目		85322		5139
其他项目	2933	301065	3481	307315
按国民经济部门(行业)分				
农、林、牧、渔业	3913		2214	
采　掘　业	4252	49139	5079	35950
制　造　业	113537	169767	96537	54094
电 力、煤气及水的生产和供应业	125688	39845	118054	10033
建　筑　业	20133	4353	14812	2870
地质勘查业、水利管理业	10716	130	11186	130
交通运输、仓储及邮电通信业	14604	97626	17013	101708
批发和零售贸易、餐饮业	5987	1714	9622	1714
金融、保险业	3953			
房地产业	120	484		1484
社会服务业	75075	21374	87659	74066
卫生、体育和社会福利业	10942		18525	
教育、文化艺术及广播电影、电视业	62487	50	60351	28500
科学研究和综合技术服务业	10115		9985	
国家机关、政党机关和社会团体	25726	1905	24290	1905
其他行业	8486		2350	

6—04 国有单位零星固定资产投资额

单位:万元

指　　标	本年实际完成投资	本年新增固定资产
总　　计	**22209**	**21708**
按隶属关系分		
中央项目	4486	4486
地方项目	17723	17222
省　属	2562	2562
市　属	5574	5574
区　属	5933	5432
县　属	3635	3635
其　他	19	19
按国民经济部门(行业)分		
农林牧渔业	71	170
采掘业		
制造业	4987	4987
电力、煤气及水的生产和供应业	197	197
建筑业		
地质勘查业、水利管理业	72	72
交通运输、仓储及邮电通信业	966	966
批发和零售贸易、餐饮业	4223	3623
金融、保险业		
房地产业		
社会服务业	620	620
卫生、体育和社会福利业	2446	2446
教育、文化艺术及广播电影电视业	481	481
科学研究和综合技术服务业		
国家机关、政党机关和社会团体	7966	7966
其他行业	180	180

6—05 固定资产投资资金来源情况

单位:万元

指　　标	基本建设投　资	更新改造投　资	房地产开发投资	其他固定资产投资
一、本年资金来源合计	**558882**	**470619**	**329977**	**48703**
1.上年末结余资金	27704	6862	33110	2021
2.本年资金来源小计	531178	463757	296867	46682
(1)国家预算内资金	67406	2411		1060
(2)国内贷款	168077	129491	79676	6110
(3)债　券				
(4)利用外资	1658		450	
# 外商直接投资	1350		450	
对外借款	308			
# 统借统还				
(5)自筹资金	169984	316575	95966	27361
中央各部门自筹	17651	18021		53
省自筹	11050	39735		141
地(市)自筹	28486	11353		360
县自筹	5401	417		1700
企、事业单位自筹	107396	247049	50892	25107
# 发行股票	1926	69198		641
(6)其他资金	124053	15280	120775	12151
# 集资	111888	10260	8105	7607
二、本年各项应付款合计	**43428**	**86147**	**37885**	**7668**
# 工程款	23592	36220	26883	5718
设备、器材款	5269	42236	2517	297

6—06 基本建设和更新改造新增生产能力(或效益)

指　　标	单　位	本年新增生产能力
扎钢材洗炼	万吨/年	300
中成药	吨/年	116
储粮耕地面积	万亩	1.35
造林面积	万亩	8.68
程控交换机	万线/年	14.91
无线市话	万门	11
无线市话基站	个	3744
城市道路扩建长度	公里	10.07
城市道路扩建面积	万平方米	29.66
城市天然气储气能力	万立方米	70
城市供热能力：蒸气	吨/小时	2840.49
热水	兆瓦/小时	265.87
城市排水管道铺设长度	公里	19.70
城市公共车辆购置	辆	52
污水处理能力	万吨/日	8
永久性桥梁	座	1

6—07 其他固定资产投资完成情况

单位：万元

指　　标	本年完成投资额	本年新增固定资产
总　　计	**46422**	**41783**
按隶属关系分		
地方项目	46422	41783
省　属	11339	11556
市　属	7955	4600
区　属	4078	4169
县　属	334	334
其　他	22716	21124
按国民经济部门(行业)分		
农、林、牧、渔业		
采　掘　业	3566	3530
制　造　业	25710	23764
电力煤气及水生产和供应业		
建　筑　业	59	59
地质勘查业、水利管理业	45	45
交通运输、仓储及邮电通信业	2722	2348
批发和零售贸易、餐饮业	2664	3289
房地产业		
社会服务业	520	
卫生、体育和社会福利业		
教育、文化艺术及广播电影电视业	3980	4652
科学研究和综合技术服务业		
国家机关、政党机关和社会团体		
其他行业	7156	4096

6—08 房地产开发投资完成情况

指标	单位	合计	# 住宅	按经济类型分 国有	集体	其他	按隶属关系分 中央	省属	市属
房地产开发投资	万元	211394	122871	41047		170347			211394
本年新增固定资产	万元	151761		54376		97385			151761
商品房屋建筑面积									
施工面积	m^2	3620520	2754036	801654		2818866			3620520
竣工面积	m^2	1367208	1181836	505682		861526			1367208
商品房屋销售面积	m^2	590191	555075	203043		387148			590191
商品房销售额	万元	120100	109616	30705		89395			120100

6—09 房地产开发资金来源情况

单位:万元

指标	合计	按经济类型分 国有	集体	其他	按隶属关系分 中央	省属	市属
一、本年资金来源合计	**329977**	**67547**		**262430**			**329977**
1.年末结余资金	33110	11113		21997			33110
2.本年资金来源小计	296867	56434		240433			296867
(1)国家预算内资金							
(2)国内贷款	79676	4850		74826			79676
(3)债券							
(4)利用外资	450			450			450
(5)自筹资金	95966	12394		83572			95966
# 自有资金	50892	9072		41820			50892
(6)其他资金来源	120775	39190		81585			120775
# 集资	8105	4769		3336			8105
定金及预收款	90292	31063		59229			90292
二、本年各项应付款	**37885**	**6966**		**30919**			**37885**
# 工程款	26883	6683		20200			26883
设备款	2517	144		2373			2517

6—10 房地产开发单位生产和经营情况

单位:万元

指标	总计	按经济类型分			按隶属关系分		
		国有	集体	其他	中央	省属	市属
一、实收资本合计	260772	26291	4580	229901			260772
# 国家资本	17094	13874		3320			17094
二、年末资产负债情况							
资产总计	1210802	334746	7366	868690			1210802
固定资产累计折旧	12681	2926	484	9271			12681
# 本年折旧	3232	299	35	2898			3232
负债总计	900038	310358	4641	585039			900038
所有者权益合计	310764	24388	2725	283651			310764
三、损益情况							
1.经营收入总计	275954	153736	225	121993			275954
(1)土地转让收入	2566			2566			2566
(2)商品房屋销售收入	239776	152966		86810			239776
# 销售给个人	213488	143744		69744			213488
商品住宅销售收入	229694	151203		78491			229694
# 销售给个人	209545	143281		66264			209545
(3)房屋出租收入	725	56		669			725
(4)其他收入	32887	714	225	31948			32887
2.(1)经营成本	252777	146410	188	106179			252777
(2)销售费用	3243	247		2996			3243
(3)经营税金及附加	5368	1061	7	4300			5368
(4)其他业务利润	389	91		298			389
(5)管理费及财务费用	20548	6842	636	13070			20548
(6)投资收益及营业外收入	1803	65	25	1713			1803
(7)营业外支出	526	270		256			526
3.利润总额	—4316	—938	—581	—2797			—4316

6—11 房地产开发商品房销售与出租情况

单位:平方米

指　　标	实际销售	预　售	空　置	出　租	实际销售额（万元）
房屋面积	590191	525324	397424	24827	120100
# 外销(租)					
个人	446553	356399		6000	90768
1.住宅	555075	500894	328392		109616
# 别墅、高档公寓					
安居工程	208059	242764	103646		25903
# 个人	433120	356399			86425
2.办公楼	22316	15902	9467	14466	7274
3.商业营业用房	8720	8528	55325	7800	2606
4.其他	4080		4240	2561	604

6—12 房地产开发施工、竣工面积及竣工价值

单位:平方米

指　　标	施工面积	# 新开工	竣工面积	竣工房屋价值(万元)
房屋建筑面积	3620520	1460704	1367208	149844
按用途分				
1.住宅	2754036	1109275	1181836	123978
# 别墅、高档公寓				
安居工程	1064724	386681	510495	52762
2.办公楼	257935	81000	40102	6495
3.商业营业用房	504927	222728	87411	13610
4.其　它	103622	47701	57859	5761

6—13 农村集体固定资产投资完成情况

指　　标	单　位	2001 年	2000 年	为 2000 年 %
实际完成投资	**万元**	**21530**	**20715**	**103.9**
# 住宅	万元	4374	8431	51.9
按构成分				
建筑工程	万元	14849	18384	80.8
安装工程	万元	1116	300	372.0
设备工器具购置	万元	4117	2018	204.0
其他费用	万元	1448	13	11138.5
本年新增固定资产	万元	61317	22077	277.7
施工房屋面积	平方米	685759	730361	93.9
# 住宅	平方米	397176	573331	69.3
竣工房屋面积	平方米	299665	153622	195.1
# 住宅	平方米	141176	68642	205.7
竣工房屋价值	万元	29293	15017	195.1
# 住宅	万元	9034	7148	126.4

6—14 农村私人固定资产投资情况

指　　标	单　位	2001 年	2000 年	为 2000 年 %
实际完成投资额	万元	36280	33601	107.9
竣工房屋间数	间	28610	27600	103.7
#住　宅	间	26973	26233	102.8
竣工房屋建筑面积	平方米	559603	499595	112.0
#住　宅	平方米	505089	481330	104.9
竣工房屋投资额	万元	27294	25997	105.0
#住　宅	万元	26055	24367	106.9
此外:购置生产性固定资产	万元	8986	7604	118.2

6—15 城镇和工矿区私人投资情况

指　　标	单　位	2001 年	2000 年	为 2000 年 %
实际完成投资额	万元	7128	7079	100.7
城镇工矿区个数	个	32	32	100.0
竣工房屋建筑面积	平方米	143915	153700	93.6
# 住　宅	平方米	127589	147500	86.5
竣工房屋价值	万元	7128	7079	100.7
# 住　宅	万元	6186	6708	92.2
建房户数	户	1355	1432	94.6

6—16 建筑业主要经济指标

指　　标	单　位	2001 年	2000 年	为 2000 年 %
施工单位	个	158	148	106.7
施工产值	万元	1744941	1326677	131.5
# 建筑工程	万元	1499596	1165811	128.6
安装工程	万元	234378	154339	151.8
房屋建筑施工面积	万平方米	991	763	129.9
房屋建筑竣工面积	万平方米	342	264	129.5
年末实有全部职工人数	人	99419	97634	101.8
工资总额	万元	84066	74171	113.3
劳动生产率				
按总产值计算	元/人	100228	86465	115.9
按房屋建筑竣工面积计算	平方米/人	19.6	17.2	113.9
资本金合计	万元	446194	249924	178.5
# 国家资本金	万元	183701	108937	168.6
流动资产	万元	1469923	1234597	119.1
流动负债	万元	1540458	1088399	141.5
所有者权益	万元	510172	545621	93.5
固定资产原值	万元	632838	541889	116.8
固定资产净值	万元	429471	376523	114.1
利润总额	万元	8668	2027	427.6
上缴税金	万元	54728	53857	101.6

6—17 建筑施工企业

指　　标	单　位	总　计	按
			国　有
企业个数	个	158	61
建筑业总产值	万元	1744941	1634969
1.建筑工程	万元	1499596	1410345
2.安装工程	万元	234378	217102
3.房屋构筑物修理	万元	6644	3419
4.非标准设备制造	万元	4323	4103
竣工产值	万元	1041744	962162
单位工程施工个数	个	10718	9317
# 本年新开工个数	个	6455	5304
# 投标承包个数	个	6447	6143
单位工程竣工个数	个	6269	5114
优良单位工程个数	个	2957	2573
房屋建筑施工面积	平方米	9910523	8881628
# 本年新开工面积	平方米	4682957	4140602
# 投标承包面积	平方米	8208116	7367925
房屋建筑竣工面积	平方米	3417084	2877245
优良工程面积	平方米	1573512	1275069
自有机械设备年末总台数	台	36827	30192
自有机械设备年末总功率	千瓦	1035954	922491
# 施工机械功率	千瓦	732787	630164
自有机械设备净值	万元	186132	162329

生产完成情况

经济类型分		按隶属关系分		
集体	其他	中央	省属	市属
53	44	19	35	104
30295	79677	1123415	399333	222193
22101	67150	990817	325263	183516
6826	10450	128613	71345	34420
1348	1877	867	1772	4005
20	200	3118	953	252
22232	57350	680153	217699	143892
956	445	7123	1454	2141
863	288	3980	680	1795
54	250	5038	905	504
874	281	3775	742	1752
268	116	2209	257	491
223029	805866	2899757	4640056	2370710
100875	441480	1432524	1991282	1259151
113017	727174	2781469	3485032	1941615
84856	454983	555839	1717325	1143920
143797	154646	293981	870973	408558
3103	3532	15006	13160	8661
48902	64561	575381	280765	179808
45674	56949	371216	208350	153221
5976	17827	102089	49883	34160

6—18 建筑业

指标	单位	总计	按
			国有
一、年末资产负债			
流动资产合计	万元	1469923	1358292
#存货	万元	215408	181408
#在建工程	万元	103049	88612
长期投资	万元	65097	62858
固定资产合计	万元	429471	390349
固定资产原价	万元	632838	581583
#生产经营用	万元	457679	415618
累计折旧	万元	206812	194249
#本年折旧	万元	36446	34262
专项工程	万元	42087	41608
无形递延资产合计	万元	38688	37724
无形资产	万元	35362	34685
资产合计	万元	2050630	1895439
流动负债	万元	1478355	1385862
长期负债	万元	62103	60863
负债合计	万元	1540458	1446725
所有者权益	万元	510172	448714
实收资本	万元	446194	393116
国家资本	万元	183700	182254
集体资本	万元	16461	
法人资本	万元	214325	200656
个人资本	万元	28671	10206
港澳台资本	万元	3036	
外商资本	万元	1	

财务状况

经济类型分		按隶属关系分		
集体	其他	中央	省属	市属
29403	82228	820523	421974	227426
7226	26774	105663	59947	49798
3064	13148	54031	27255	21763
1289	950	18058	43689	3350
13573	25549	250633	108767	70071
17542	33713	391169	152116	89553
14091	27970	262599	120073	75007
4323	12563	142795	44078	19939
439	1745	28229	4788	3429
300	179	16146	20564	5377
582	382	37536	126	1026
567	110	34589	28	745
45585	109606	1145416	596107	309047
30355	62138	838424	441066	198865
1237	3	47799	10313	3991
31591	62142	886223	451379	202856
13993	47465	259253	144728	106191
13829	39249	238289	130804	77102
	1446	57548	96508	29644
12981	3480	30	3298	13133
848	12821	179412	19248	15665
	18465	1299	10673	16699
	3036		1076	1960
	1			

6—18　续表

指　　　　标	单　位	总　计	按
			国　有
二、损益及分配			
工程结算收入	万元	1757848	1652667
工程结算成本	万元	1554313	1464445
工程结算税金及附应	万元	53366	50007
工程结算利润	万元	150169	138215
其它业务收入	万元	75672	70884
其它业务利润	万元	4181	3721
管理费用	万元	132864	122902
税金	万元	1362	1165
财产保险费	万元	316	265
劳动待业保险费	万元	21158	20655
财务费用	万元	6062	5551
利息支出	万元	9791	9511
营业利润	万元	15424	13483
利润总额	万元	8668	7229
三、工资福利费			
本年应付工资总额	万元	131695	118828
三营业务应付工资额	万元	115792	103613
本年应付福利费总额	万元	18416	16773
三营业务应付福利费总额	万元	15744	14282
四、增加值	**万元**	**394038**	**362199**
五、亏损企业个数	**万元**	**49**	**15**
六、亏损额	**万元**	**—5686**	**—4019**

经济类型分		按隶属关系分		
集体	其他	中央	省属	市属
28515	76666	1138663	410078	209107
24222	65646	1000932	367073	186308
964	2395	33485	13244	6637
3329	8625	104246	29762	16162
3965	823	46716	16880	12076
408	52	587	2469	1125
3300	6662	90335	28994	13535
145	52	727	375	260
22	29	199	47	70
209	294	11799	7735	1624
175	336	1199	4225	638
166	114	5757	3737	6054
262	1679	13299	—989	3114
—279	1718	7002	—592	2258
4821	8046	66588	42119	22988
4326	7853	55273	38776	21743
711	932	9707	5889	2820
555	907	7678	5446	2620
9967	**21872**	**241436**	**100125**	**52477**
17	**17**	**5**	**9**	**35**
—841	**—826**	**—767**	**—4069**	**—850**

6—19 建筑业材料消耗情况

指标	单位	总计	按经济类型分			按隶属关系分		
			国有	集体	其他	中央	省属	市属
材料费用合计	**万元**	**933946**	**893191**	**9821**	**30934**	**433628**	**435201**	**65117**
一、价值量								
钢材	万元	190187	176869	3436	9882	126678	43251	20258
木材	万元	13515	11615	881	1019	8229	2215	3071
水泥	万元	89687	83445	2025	4217	68367	13591	7729
二、实物量								
钢材	吨	738514	683634	13161	41719	498049	167952	72513
木材	立方米	174829	158517	8302	8010	130319	20532	22978
水泥	吨	3015016	2768989	78259	167768	2182442	532731	299843

第七篇

公用事业

资料整理

李拥权

7—01 自 来 水

指 标	单 位	本 年 实 际
水厂数	个	7
水厂生产能力	万吨/日	46.3
自来水井数	眼	86
管道长度	公里	657
# 干管长度	公里	353
供水总量	万吨	14720.07
有效供水量	万吨	13455.44
# 工业用水	万吨	5702.45
生活用水	万吨	7752.99
用水人口	万人	167.10
每人每日用水量（纯生活用水）	公升	123
普及率	%	91
漏水量	万吨	1264.63
漏水率	%	8.59
千吨水销售成本	元	594.82
利润总额	万元	3514.94
定额流动资金年末占用额		
年末职工人数	人	1808
此外：各单位自备水源能力	万吨/日	
各单位自备水源供水量	万吨	

7—02 公 共 交 通

指　　标	单　位	全民公共交通合计	公共汽车	无轨电车	出租汽车	此外：集体公共交通
实有车辆数	辆	584	442	119	23	30
营运车辆数	辆	584	442	119	23	30
定员人数	人					
营运线路里数	条	32	27	5		
营运线路长度	公里	399.15	353.85	45.3		
乘客人数	万人次	14014.45	10944.55	3068.08	1.82	21.89
营运行驶里程	万公里	2937.69	2416.56	513.61	7.52	184.87
乘客密度	人座/公里	37.56	36.63	42.41		
每辆服务人口	人	3231				
每辆平均运客	万人次	24	24.76	25.78		
每千车公里成本	元	3130.36				1826.72
营运收入	万元	11705.09	8965.01	2733.55	6.33	373.09
利润总额	万元	—3968.6				
完好车率	%	97.85	98.80	98.59	45.1	93.48
工作车率	%	94.77	97.15	90.98	32.1	92.66
定额流动资金年末占用额	万元	504.07				
全部职工人数	人	6890	3093	944	118	10.95
营运车日	千车日	207.298	160.391	43.434	3.473	10.146
工作车日	千车日	196.447	155.816	39.516	1.115	10.236
完好车日	千车日	202.847	158.459	42.82	1.568	
行车责任事故死亡人数	人	3	3			
公共汽车行车燃料消耗	公升/百公里	29.33	29.42			
无轨电车行车电力消耗	千瓦/百公里	92.65		92.65		

7—03 道路及桥梁

指标	单位	本年实际
道路长度	公里	540
# 高级次高级	公里	540
道路面积	万平米	770
# 高级次高级	万平米	770
公路桥梁	座	91
# 永久性	座	91
路灯线路长度	公里	
路灯数	盏	32730
防洪坝长度	公里	128
下水道长度	公里	504
# 暗管	公里	504
城市污水		
污水处理厂	个	4
污水处理能力	万吨/日	21.88
污水量	万吨	24455
工业污水	万吨	14600
生活污水	万吨	9855
城市工人完成工作量	万元	87558
年末职工人数	人	4348
# 市政工程工人	人	3211

7—04 城市公园及绿化

指　　标	单　位	本年实际
公园数	**个**	**22**
# 动物园	个	1
公园面积	**公顷**	**921.68**
小游园面积	**公顷**	**41.987**
陵园面积	**公顷**	**56.41**
苗圃面积	**市亩**	**8629.5**
# 市园林局管辖的苗辅面积	市亩	2969.8
绿化面积	**公顷**	**5637.45**
覆盖率	**%**	**31.85**
人均公共绿地面积	**平方米**	**6**
植树道路长度	**公里**	**591.23**
# 小型道路	公里	225.43
植树株数	**万株**	**164.7**
# 成活率	%	70
业务投入	**万元**	**1327.69**
年末职工人数	**人**	**1291**
# 固定职工	人	

7—05 城市供电

指标	单位	本年实际
用电总量	**万千瓦时**	**959479.62**
农、林、牧、渔、水利业	万千瓦时	18757.25
工业	万千瓦时	750652.55
地质普查和勘探业	万千瓦时	475.69
建筑业	万千瓦时	10006.31
交通运输、邮电通讯业	万千瓦时	17389.46
商业、公共饮食、物资供销和仓储业	万千瓦时	41299.49
其他事业	万千瓦时	56320.55
城市居民生活用电	万千瓦时	64578.30
# 乡村	万千瓦时	7815.62
城市	万千瓦时	56762.68
每一居民平均生活用电	千瓦	204.81
发电总量	**亿千瓦时**	**117.40**
# 自备电量	亿千瓦时	

7—06 城市住宅

指标	单位	本年实际
城市房屋建筑面积	**万平方米**	**6902.46**
# 住宅建筑面积	万平方米	3896.49
住宅居住面积	万平方米	2010.20
居住人数	**万人**	**190.54**
平均每人居住面积	**平方米/人**	**10.55**
缺房户	**户**	**3400**
# 人均4平方米以下	户	1500
年末危险住宅	**万平方米**	**35**
# 房管部门	万平方米	10
全年拆除倒塌面积	**平方米**	**80000**
# 住宅	平方米	7000

7—07 城市环境卫生

指标	单位	本年实际
清扫街道面积	万平方米	2134
清运垃圾	万吨	108
清运粪便	万吨	23
大中型扫路车	辆	4
大中型洒水车	辆	6
真空吸粪车	辆	60
大中型垃圾车	辆	235
公共厕所	座	820
垃圾桶	个	2000
年末职工人数	人	1942
# 维修工人	人	144

7—08 城　市　煤　气

指　　标	单　位	本年实际
人工煤气		
生产能力	万立方米/日	75
储气能力	万立方米/个	44.2/8
管道长度	公里	1418.695
供应总量	万立方米	28036.84
# 外购气量	万立方米	7151.33
销售总量	万立方米	23516.70
# 家庭用量	万立方米	15478.65
损失量	万立方米	3082.47
用气人口	万人	153.71
家庭用气户数	万户	41.20
普及率	%	80.67
单位成本	元/千立方米	623.00
利润总额	万元	－3267.63
年末职工人数	人	1121
液化石油气		
储气能力	吨/个	900/7
液化气钢瓶数	个	55267
外购气量	吨	2508.59
销售总量	吨	2054.82
# 家庭用量	吨	1152.43
用气人口	万人	15.91
家庭用气户数	户	42640
销售成本	元/吨	3863.24
利润总额	万元	－108.07
年末职工人数	人	72

注:全市总用气普及率为89.02%。

7—09 企事业污染治理

指　　标	单　位	2001 年
企事业污染治理资金使用合计	**万元**	**22155.0**
国家预算资金	万元	1383.2
更新改造资金		
综合利用利润留成		
环境保护补助资金	万元	251.9
环保贷款	万元	875.0
其　他	万元	19644.9
企事业污染治理资金使用情况		
治理废水	万元	2851.4
治理废气	万元	14770.4
治理固体废物	万元	464.5
治理噪声	万元	
其　　他	万元	4068.7
安排治理项目个数	**个**	**63**
当年竣工项目个数	**个**	**53**
新增处理废水能力	**吨/日**	**45932**
新增处理废气能力	**万标立方米/时**	**173.14**

7—10 城市“三废”排放处理及综合利用

指　　标	单　位	2001 年
废水排放总量		
# 工业废水	万吨	6519.52
# 经过处理的		
符合排放标准的	万吨	5938.61
# 经过处理达标的		
工业废水中		
汞	吨	0.03
镉	吨	0.14
六价铬化合物	吨	0.45
砷	吨	0.44
铅	吨	2.45
酚	吨	12.48
氰化物	吨	13.37
石油类	吨	221.15
废气排放总量	**万标立方米**	**18805705**
# 燃料燃烧过程中废气排放量	万标立方米	11197784
# 经过消烟除尘的	万标立方米	
生产工艺过程中废气排放量	万标立方米	7607921
# 经过净化处理	万标立方米	
废气中的二氧化硫排放量	吨	245569.18
烟尘排放量	吨	105253.06
工业粉尘排放量	**吨**	**49480.91**
工业粉尘去除量	**吨**	**206817.24**
工业固体废物产生量	**万吨**	**1624.57**
工业固体废物处理量	**万吨**	
工业固体废物处置量	**万吨**	**896.66**
工业固体废物综合利用量	**万吨**	**603.63**
# 冶炼废渣	万吨	188.33
粉煤灰	万吨	53.13
炉　渣	万吨	71.53
煤矸石	万吨	152.43
其　他	万吨	60.02
工业固体废物排放量	**万吨**	**83.43**
工业固体废物贮存量	**万吨**	**58.29**
工业固体废物占地面积	**万平方米**	
# 占用农田面积	万平方米	
锅　　炉	**台/蒸吨**	**559/11678.2**
# 烟尘排放达标的	台/蒸吨	529/9836.8
工业炉窑	**座**	**731**
# 烟尘排放达标的	座	712

第八篇

财政、金融
税务、保险

资料整理

王翠莲

8—01　财政一般预算收入

单位:万元

指　　标	2001年	2000年	为2000年　%
收入合计	**241578**	**214828**	**112.5**
1.增值税	35221	30406	115.8
2.营业税	58429	49356	118.4
3.企业所得税	34108	20005	170.5
4.个人所得税	20945	27276	76.8
5.资源税	1621	1287	126.0
6.固定资产投资方向调节税	1051	8931	11.8
7.城市维护建设税	27206	22224	122.4
8.房产税	15958	14180	112.5
9.印花税	4259	3063	139.0
10.城镇土地使用税	2119	2480	85.4
11.土地增值税	64	29	220.7
12.车船使用和牌照税	429	370	115.9
13.屠宰税	11	15	73.3
14.农业税	983	1137	86.5
15.农业特产税	134	153	87.6
16.耕地占用税	555	349	159.0
17.契税	4631	2467	187.7
18.国有资产经营收益	82	5706	1.4
19.国有企业计划亏损补贴	—6183	—6213	
20.行政性收费收入	5089	6323	80.5
21.罚没收入	13655	10869	125.6
22.海域场地矿区使用费收入	30	10	300.0
23.专项收入	13967	12023	116.2
24.其他收入	7214	2382	302.9

注:1999年"其他收入"包括"土地和海域有偿使用收入"8463万元。

8—02 财政一般预算支出

单位:万元

指　　标	2001 年	2000 年	为 2000 年 %
支出合计	**297391**	**245873**	**121.0**
1. 基本建设支出	7218	5392	133.9
2. 企业挖潜改造资金	3650	3948	92.5
3. 地质勘探费	60	40	150.0
4. 科技三项费用	3821	3041	125.6
5. 流动资金	4891	6970	70.2
6. 支援农业生产支出	9382	8558	109.6
7. 农业综合开发支出	790	1041	75.9
8. 农林水利气象等部门的事业费	3983	3141	126.8
9. 工业交费等部门的事业费	1769	1406	125.8
10. 流通部门事业费	211	122	173.0
11. 文体广播事业费	8038	6585	122.1
12. 教育事业费	44881	35688	125.8
13. 科学事业费	965	733	131.7
14. 卫生经费	12606	10988	114.7
15. 税务等部门的事业费	8419	5294	159.0
16. 抚恤和社会福利救济费	9221	5744	160.5
17. 行政事业单位离退休经费	26557	20539	129.3
18. 社会保障补助支出	29635	23226	127.6
19. 国防支出	296	229	129.3
20. 行政管理费	27445	22211	123.6
21. 外交外事支出	220	170	129.4
22. 武装警察部队支出	10	5	200.0
23. 公检法司支出	26309	22832	115.2
24. 城市维护费	37898	30635	123.7
25. 政策性补贴支出	1868	4116	45.4
26. 支援不发达地区支出	1098	116	946.6
27. 专项支出	12920	13030	99.2
28. 其他支出	13230	10073	131.3

8—03 财政收入分级情况

单位:万元

指　　标	全　市	市　级	县　区
财政总收入合计	**351634**	**189303**	**162331**
1.增值税	35221	14766	20455
2.营业税	58429	40958	17471
3.企业所得税	34108	12973	21135
4.个人所得税	20945	12278	8667
5.资源税	1621	575	1046
6.固定资产投资方向调节税	1051	935	116
7.城市维护建设税	27206	19829	7377
8.房产税	15958	10654	5304
9.印花税	4259	2721	1538
10.城镇土地使用税	2119	1686	433
11.土地增值税	64		64
12.车船使用和牌照税	429	145	284
13.屠宰税	11		11
14.农业税	983	1	982
15.农业特产税	134	15	119
16.耕地占用税	555	43	512
17.契税	4631	4148	483
18.国有资产经营收益	82	51	31
19.国有企业计划亏损补贴	−6183	−6183	
20.行政性收费收入	5089	3491	1598
21.罚没收入	13655	5128	8527
22.海域场地矿区使用费收入	30	30	
23.专项收入	13967	11063	2904
24.其他收入	7214	5751	1463
一般预算收入小计	**241578**	**141058**	**100520**
上划中央收入小计	110056	48245	61811

8—04　财政支出分级情况

单位：万元

指　　标	全　市	市　级	县　级
支出合计	**297391**	**172689**	**124702**
1.基本建设支出	7218	3570	3648
2.企业挖潜改造资金	3650	2362	1288
3.地质勘探费	60		60
4.科技三项费用	3821	2412	1409
5.流动资金	4891	4863	28
6.支援农业生产支出	9382	3257	6125
7.农业综合开发支出	790		790
8.农林水利气象等部门的事业费	3983	1773	2210
9.工业交费等部门的事业费	1769	1341	428
10.流通部门事业费	211	116	95
11.文体广播事业费	8038	5770	2268
12.教育事业费	44881	20481	24400
13.科学事业费	965	861	104
14.卫生经费	12606	7760	4846
15.税务等部门的事业费	8419	4876	3543
16.抚恤和社会福利救济费	9221	4043	5178
17.行政事业单位离退休经费	26557	13095	13462
18.社会保障补助支出	29635	27654	1981
19.国防支出	296	282	14
20.行政管理费	27445	12183	18262
21.外交外事支出	220	200	20
22.武装警察部队支出	10		10
23.公检法司支出	26309	14072	12237
24.城市维护费	37898	24867	13031
25.政策性补贴支出	1868	1625	243
26.支援不发达地区支出	1098	3	1095
27.专项支出	12920	9910	3010
28.其他支出	13230	5313	7917

8—05 金融机构信贷收支

单位：万元

指　　标	年末余额	指　　标	年末余额
资金来源	**9053280**	(1)工业贷款	1696935
一、各项存款	11216117	(2)商业贷款	1029279
1.企业存款	4306966	#农副产品贷款	185657
(1)活期存款	3555123	(3)建筑业贷款	124211
(2)定期存款	751843	(4)农业贷款	131401
2.财政存款	244511	(5)乡镇企业贷款	349963
3.机关团体存款	220238	(6)三资企业贷款	152246
4.储蓄存款	4701866	(7)私营企业及个体贷款	107109
(1)活期储蓄	1186988	(8)其他短期贷款	873050
(2)定期储蓄	3514878	2.中期流动资金贷款	461012
5.农业存款	109600	3.中长期贷款	2551281
6.信托存款	39717	(1)基本建设贷款	1117651
7.委托存款	830892	(2)技术改造贷款	351850
8.其他存款	762327	(3)其他中长期贷款	1081780
二、金融债券	39	4.信托贷款	60896
三、应付及暂收款	372640	5.融资租赁	19816
四、流通中货币		6.委托贷款	325341
五、各项准备	71255	7.票据融资	319634
六、所有者权益	205296	8.各项垫款	7236
#实收资本	145629	二、有价证券及投资	342227
当年结益	44288	三、应收及预付款	322052
七、其他	—2812067	四、委托投资	98705
资金运用	**9053280**	五、金银占款	10305
一、各项贷款	8209410	六、外汇占款	18672
1.短期贷款	4464194	七、库存现金	51909
		八、财政借款	

8—06　金融机构现金收支

单位:万元

指　　　　标	2001 年
一、现金收入合计	**15265866**
1.商品销售收入	2053338
2.服务业收入	863670
3.税款收入	58620
4.城乡个体经营收入	661668
5.储蓄存款收入	9299373
6.其他金融机构收入	197054
7.居民归还贷款收入	126719
8.汇兑收入	230178
9.有价证券收入	292523
10.其他收入	1482723
二、现金支出合计	**14811624**
1.工资性支出	1526536
2.农副产品采购支出	126729
3.工矿及其他产品采购支出	200330
4.行政企事业管理费支出	1265545
5.城乡个体经营支出	959375
6.储蓄存款支出	9083801
7.其他金融机构支出	59140
8.居民提取贷款支出	117105
9.汇兑支出	79339
10.有价证券支出	145227
11.其他支出	1248497

8—07　国税系统税收入库情况

单位:万元

指　　　　标	2001年	2000年	为2000年%
合　　计	**187542**	**157581**	**119.0**
一、按税种分			
国内增值税	143904	123633	116.4
国内消费税	4390	5295	82.9
营业税	7541	10918	69.1
企业所得税	9533	6091	156.5
外商投资企业和外国企业所得税	4304	2117	203.3
个人所得税	17870	9527	187.6
二、按经济类型分			
国有企业	45380	50738	89.4
集体企业	18482	16944	109.1
股份合作企业	404	187	216.0
联营企业	910	683	133.2
股份公司	39458	30468	129.5
私营企业	30823	20831	148.0
港澳台投资企业	15180	13653	111.2
外商投资企业	11850	8211	144.3
个体经营	25055	15866	157.9

8—08 国税系统县(市、区)税收入库情况

单位:万元

指标	2001 年	2000 年	为 2000 年 %
合计	**187542**	**157581**	**119.0**
市直分局	91082	78906	115.4
高新区	15171	11258	134.8
迎泽区	12801	10548	121.4
杏花岭区	10168	8776	115.9
万柏林区	10566	8926	118.4
小店区	8817	7179	122.8
尖草坪区	9615	8019	119.9
晋源区	4522	4106	110.1
古交市	8405	5870	143.2
清徐县	12296	10680	115.1
阳曲县	3038	2459	123.5
娄烦县	1061	854	124.2

8—09　地税系统(分税种)税收

单位:万元

指　　标	2001 年	2000 年	为 2000 年 %
合　计	**169674**	**153390**	**110.6**
营业税	58429	49356	118.4
企业所得税	35464	21699	163.4
个人所得税	20945	27276	76.8
资源税	1621	1287	125.9
固定资产投资方向调节税	1051	8931	11.8
城市维护建设税	27206	22224	122.4
房产税	15958	14180	112.5
印花税	4259	3063	139.1
城镇土地使用税	4238	4959	85.5
土地增值税	64	30	213.3
车船使用税	429	370	115.9
屠宰税	11	15	73.3

8—10 地税系统(分企业)税收

单位:万元

指　　　　标	2001年	2000年	为2000年%
合　计	**169674**	**153390**	**110.6**
国有企业	69175	70776	97.7
集体企业	31275	26011	120.2
股份合作企业	207	35	591.4
联营企业	16	79	20.3
有限责任公司	7857	5831	134.7
股份有限公司	34106	25364	134.5
私营企业	12891	9156	140.7
其他企业			
个体	8693	12067	72.0
港澳台投资企业	2632	2429	108.4
外商投资企业	2822	1642	171.9

8—11 地税系统县(市、区)税收

单位:万元

指标	2001 年	2000 年	为 2000 年 %
合计	**169674**	**153390**	**110.6**
市直分局	87909	82600	106.4
高新分局	8769	5561	157.7
迎泽区	19013	17854	106.5
杏花岭区	12728	11160	114.1
万柏林区	8373	7630	109.7
小店区	10942	9518	114.9
尖草坪区	6063	5430	111.6
晋源区	2368	2100	112.8
古交市	5698	4538	125.6
清徐县	5041	4572	110.3
阳曲县	1879	1615	116.3
娄烦县	891	812	109.7

8—12 保险事业基本情况

单位:万元

	承保总额	保险业务收入	保险赔款支出
全 市 合 计	**9268048**	**115830**	**23615**
中保人寿太原市分公司	168840	18595	1814
中保财险太原市分公司	3508430	25211	12669
太平洋财险太原市分公司	183083	6783	2957
太平洋寿险太原市分公司	2306780	33955	1826
平安保险太原市分公司	351500	15373	152
中保财险省国内营业部	1066121	3223	1460
中保寿险省国内营业部	32478	11139	2577
永安财险太原市分公司	3066	1551	160

第九篇

物价指数

资料整理

孙　鹰　魏纪元　涂凤英　李玉琴

杜　鹃　王　琰　王翠莲

9—01 城市居民消费价格指数

（以上年同期为100）

项目	指数	项目	指数
居民消费价格总指数	**99.0**	3.鞋帽袜	97.8
一、食品	100.6	4.衣着加工服务	99.0
1.粮食	98.2	四、家庭设备用品及服务	100.1
2.淀粉及薯类	95.8	1.耐用消费品	97.2
3.干豆类及豆制品	102.5	2.室内装饰品	100.1
4.油脂类	89.2	3.床上用品	100.1
5.肉禽及其制品	103.6	4.家庭日用杂品	100.3
6.蛋类	109.4	5.家庭服务及加工维修服务	107.7
7.水产品类	99.7	五、医疗保健和个人用品	99.0
8.菜类	101.5	1.医疗保健	98.9
9.调味品	101.0	2.个人用品及服务	99.1
10.糖类	102.8	六、交通和通讯	98.4
11.茶及饮料	98.3	1.交通	99.6
12.干鲜瓜果	102.5	2.通信	97.6
13.糕点饼干面包	98.0	七、娱乐教育文化用品及服务	96.1
14.奶及奶制品	101.0	1.文娱用耐用消费品及服务	83.9
15.在外用膳食品	99.9	2.教育	99.8
16.其他食品及食品加工服务	98.3	3.文化娱乐用品	99.9
二、烟酒及用品	101.2	4.旅游及外出	96.8
1.烟草	100.0	八、居住	103.5
2.酒	99.6	1.建房及装修材料	99.2
3.吸烟饮酒用品	113.5	2.租房	116.0
三、衣着	91.2	3.自有住房	100.0
1.服装	88.1	4.水、电、燃料	103.4
2.衣着材料	95.8		

9—02 商品零售价格指数

（以上年同期为100）

项　　目	指数	项　　目	指数
商品零售价格指数	**98.4**	3.化纤布	100.0
一、食品类	100.2	4.呢绒	83.9
1.粮食	97.4	5.绸缎	93.7
2.油脂类	84.2	6.其他纺织品	94.7
3.肉禽蛋	105.7	五、中、西药品类	102.8
4.水产品	98.4	1.中药	103.3
5.鲜菜	100.0	2.西药	102.4
6.干菜	103.2	3.医疗用品	101.4
7.鲜果	102.5	六、化妆品类	98.4
8.干果	95.8	七、书报、杂志类	102.8
9.其他食品类	100.5	八、文化体育用品类	99.9
10.饮食业	97.1	1.文化用品	99.3
二、饮料、烟酒类	96.2	2.体育用品	104.8
1.饮料	97.3	九、日用品类	99.8
2.烟酒	95.9	1.一般日用品	99.9
三、服装、鞋帽类	99.2	2.家具类	100.0
1.服装	97.1	3.日用杂品	98.6
2.鞋	102.7	十、家用电器类	95.1
3.其他衣着	98.2	十一、首饰类	88.8
四、纺织品类	90.6	十二、燃料类	97.6
1.棉布	96.4	十三、建筑装潢材料类	101.7
2.棉花化纤混纺布	81.9	十四、机电产品类	95.4

9—03 工业产品出厂价格指数

（以上年价格为100）

分组名称	价格指数	分组名称	价格指数
全部工业品	**99.62**	造纸及纸制品业	101.30
#轻工业	97.66	印刷业、记录媒介的复制	100.00
以农产品为原料	97.85	文教体育用品制造业	100.00
以非农产品为原料	96.01	石油加工及炼焦业	125.43
#重工业	100.96	化学原料及化学制品制造业	100.23
采掘	105.29	医药制造业	94.38
原料	104.71	化学纤维制造业	90.87
加工	93.64	橡胶制品业	98.66
按行业分		塑料制品业	96.39
煤炭采选业	104.82	非金属矿物制品业	100.43
石油和天燃气开采业		黑色金属冶炼及压延加工业	108.91
黑色金属矿采选业	126.49	有色金属冶炼及压延加工业	93.32
有色金属矿采选业		金属制品业	106.13
非金属矿采选业	100.00	普通机械制造业	100.44
其他矿采选业		专用设备制造业	98.25
木材及竹材采选业	117.49	交通运输设备制造业	92.97
食品加工业	97.68	武器弹药制造业	
食品制造业	103.38	电气机械及器材制造业	97.08
饮料制造业	96.94	电子及通信设备制造业	73.30
烟草加工业	98.55	仪表及文化、办公用机械制造业	101.82
纺织业	93.59	其他制造业	88.94
服装及其他纤维制品制造业	99.89	电力、蒸汽、热水生产供应业	104.86
皮革、毛皮、羽绒及其制品业	95.68	煤气生产供应业	100.00
木材加工及竹、藤、棕、草制品业		自来水的生产和供应业	101.28
家具制造业	99.73		

9—04 原材料、燃料、动力购进价格指数

（以上年价格为100）

分组名称	价格指数
全部原材料	**99.83**
（一）燃料、动力类	103.13
（二）黑色金属材料类	101.79
其中：钢材	100.52
其它	105.91
（三）有色金属材料和电线类	96.34
（四）化工原料类	98.75
（五）木材及纸浆类	101.53
（六）建筑材料及非金属矿类	99.09
（七）其它工业原材料及半成品类	98.58
（八）农副产品类	95.56
（九）纺织原料类	95.33
按行业分（企业法）	
煤炭采选业	103.76
石油天然气采选业	
黑色金属矿采选业	105.08
有色金属矿采选业	
非金属矿采选业	107.73
木材竹材采选业	
食品加工业	100.46
食品制造业	102.06
饮料制造业	108.18
烟草加工业	101.68
纺织业	98.43
服装及其他纤维制品制造业	100.25
皮鞋皮毛羽绒及其制品业	103.67
木材加工及竹藤棕草制品业	
家具制造业	98.86
造纸及纸制品	106.39
印刷业、记录媒介的复制	100.01
文教体育用品制造业	107.31
石油加工及炼焦业	99.36
化学原料及化学制品制造业	101.90
医药制造业	100.76
化学纤维制造业	99.91
橡胶制品业	108.20
塑料制品业	97.20
非金属矿物制品业	102.23
黑色金属冶炼及压延加工业	99.26
有色金属冶炼及压延加工业	97.79
金属制品业	103.06
普通机械制造业	101.50
专用设备制造业	103.68
交通运输设备制造业	100.87
电气机械及器材制造业	98.99
电子及通信设备制造业	100.45
仪器仪表及文化办公用机械制造业	103.70
其他制造业（地毯、首饰、漆器、制伞）	103.79
电力蒸汽热力生产和供应业	99.94
煤气生产和供应业	
自来水生产和供应业	99.47

9—05　土地交易价格指数

（以上年价格为100%）

项　　　目	价格指数
总　计	**113.2**
一、居民住宅用地	122.2
1.豪华住宅用地	100.0
2.普通住宅用地	122.2
二、工业用地	100.0
三、商业、旅游、娱乐用地	120.47
四、其它用地	104.1

9—06 房屋销售价格指数

（以上年价格为100%）

项　　　　目	价格指数
总　计	**100.23**
一、商品房	**100.43**
（一）住宅	99.83
1.经济适用房	99.08
2.普通住宅	103.05
（1）多层住宅	99.75
（2）高层住宅	104.40
3.豪华住宅	98.43
（1）别墅	86.07
（2）高档公寓	99.05
（二）非住宅	101.85
1.写字楼	100.0
2.商业用房	102.13
3.其他	103.20
二、公房交易	**100.0**
其中：住宅	100.0
三、私有住房	**99.6**
（一）住宅	97.88
（二）非住宅	104.55

第十篇

城市居民住户调查

资料整理

高　芳　商改枝　涂　青　王翠莲

10—01 城市住户家庭基本情况

项　　目	单位	2001 年	2000 年	为 2000 年%
调查户数	户	300	300	
家庭人口数	人	865.74	872.17	99.3
平均每户家庭人口	人	2.89	2.91	99.3
就业人数	人	424.82	457.13	92.9
平均每户就业人数	人	1.42	1.52	93.4
平均每个就业者负担人数	人	2.04	1.91	106.8
人均年可支配收入	元	6500	6019	108.0
人均月可支配收入	元	542	502	108.0
人均年消费性支出	元	5165	5341	96.7
人均月消费性支出	元	430	445	96.6
居住面积	m^2	9860	9501	103.8
人均居住面积	m^2	11.43	10.97	104.2

10—02 城市住户基本情况

项目	单位	数量
调查户数	户	300
一、家庭人口数	人	865.74
(一)有收入者人数	人	646.17
1.就业人口数	人	424.82
(1)国有经济单位职工人数	人	287.09
(2)城镇集体经济单位职工人数	人	21.08
(3)其他各种经济类型单位职工人数	人	83.50
(4)个体经营者人数	人	10.59
(5)个体被雇者人数	人	6.58
(6)离退休再就业者人数	人	13.57
(7)其他就业者人数	人	2.41
2.离退休者人数	人	219.35
3.其他有收入者人数	人	2
(二)无收入者人数	人	219.57
二、期末家庭人口数	人	863

10—03　城市住户住房情况

项　　目	调查户数（户）	家庭常住人口数（人）
调查户数	300	863
一、按居住面积分		
1. 无房户		
2. 4 平方米以下	1	5
3. 4—6 平方米	17	67
4. 6—8 平方米	52	182
5. 8—10 平方米	57	180
6. 10—12 平方米	40	120
7. 12—14 平方米	40	114
8. 14 平方米以上	93	195
二、按房屋产权分		
1. 公房	49	140
2. 租赁私房	2	5
3. 自有房	29	86
4. 部分产权的自有房	220	632
5. 其他		
三、按自来水使用情况分		
1. 无自来水		
2. 独用自来水	292	840
3. 公用自来水	8	23
四、按卫生设备拥有情况分		
1. 无卫生设备	6	17
2. 有浴室厕所	50	143
3. 有厕所无浴室	240	691
4. 公用卫生设备	4	12

10—03　续表

项　　　　目	调查户数（户）	家庭常住人口数（人）
五、按取暖设备拥有情况分		
1.无取暖设备		
2.空调设备		
3.暖气	292	839
4.其他	8	24
六、按厨房使用情况分		
1.无厨房	4	12
2.独用厨房	295	848
3.公用厨房	1	3
七、按燃料使用情况分		
1.管道煤气	247	703
2.液化石油气	35	106
3.煤	18	54
4.其他		
八、按电话拥有情况分		
1.无电话	44	113
2.公费电话	5	16
3.自费电话	250	731
4.公用电话	1	3
九、按住宅建筑式样分		
1.家庭单栋配套楼房		
2.单元式配套住宅	285	817
3.普通楼房	4	12
4.普通平房及其他	11	34

10—04　城市住户家庭现金收入情况

（300户抽样调查）　　单位：元

项　　目	金　额	每人年平均金额
家庭调查人口数（人）	865.74	
一、期初手存现金	657590	760
二、可支配收入	5627491	6500
三、现金收入	7292064	8423
（一）实际收入	5653483	6530
1.国有经济单位职工收入	2513958	2904
（1）工资性收入	2407580	2781
#奖金	233759	270
（2）非工资性收入	106378	123
2.城镇集体单位职工收入	81538	94
（1）工资性收入	79408	92
#奖金	1720	2
（2）非工资性收入	2130	2
3.其他类型单位职工收入	621973	718
#奖金	57231	66
4.个体经营者净收益	75325	87
5.个体被雇者收入	21162	24
6.离退休再就业者收入	46676	54
7.其他就业者收入	7564	9
8.其他劳动收入	139477	161
9.财产收入	30355	35
（1）利息	24795	29
（2）红利	4660	5
（3）其他财产租金收入	900	1

10—04 续表 单位:元

项 目	金额	每人年平均金额
10.转移收入	2115455	2444
(1)离退休金	1794154	2072
(2)价格补贴		
(3)赡养收入	82047	95
(4)赠送收入	182024	210
(5)亲友搭伙费	6650	8
(6)记帐补贴	24000	28
(7)出售财物收入	23128	27
(8)其他	3452	4
11.家庭副业生产收入		
(二)借贷收入	1638581	1893
1.提取储蓄存款	1273313	1471
2.提取储金会款		
3.借入款	303350	350
4.收回借出款	43882	51
5.收回储蓄性保险本金	1000	1
6.兑售有价证券	7800	9
7.赊购		
8.购置房屋从银行贷款		
9.其他借贷收入	9236	11

10—05 城市住户家庭现金支出情况

（300户抽样调查）

单位:元

项目	金额	每人年平均金额
家庭调查人口数(人)	865.74	
现金支出	7139019	8246
(一)实际支出	5736475	6626
1.消费性支出	4471508	5165
2.非消费性支出	1264967	1461
(1)贷款利息	4063	5
(2)个人所得税	1992	2
(3)其他各种税金	2310	3
(4)非储蓄性保险	46357	54
(5)赡养支出	113019	131
(6)赠送支出	462268	534
(7)购房与建房支出	622814	719
(8)其他非消费支出	12144	14
3.家庭副业生产支出		
(二)借贷支出	1402545	1620
1.存入储蓄款	961048	1110
2.存入储金会款	2736	3
3.归还借款	81995	95
4.借出款	52060	60
5.储蓄性保险支出	31165	36
6.购买有价证券	18000	21
7.预购		
8.归还购买住房贷款	18761	22
9.其他借贷支出	236778	273

10—06 城市住户家庭消费支出情况

（300户抽样调查） 单位:元

项 目	支出额	每人年平均支出额
一、食品	**1514262**	**1749**
1.粮食	196797	227
2.淀粉及薯类	23438	27
3.干豆类及制品	30046	35
4.油脂类	56248	65
5.肉禽及制品	254194	294
6.蛋类	57020	66
7.水产品类	49980	58
8.菜类	169146	195
9.调味品	25784	30
10.糖类	17862	21
11.烟草类	111194	128
12.酒和饮料	74987	87
13.干鲜瓜果类	109412	126
14.坚果及果仁	21168	24
15.糕点类	42064	49
16.奶及奶制品	93330	108
17.其他食品	38518	44
18.在外用餐	143028	165
19.食品加工费	46	
二、衣着支出	**474721**	**548**
1.服装	319902	370
2.衣着材料	21362	256
3.鞋袜帽及其他	129674	150
4.衣着加工费	3783	4
三、设备用品及服务	**337622**	**390**
1.耐用消费品	210972	244

10—06 续表 单位:元

项　　　　　目	支出额	每人年平均支出额
2.室内装饰品	15685	18
3.床上用品	22658	26
4.家庭日用杂品	54724	63
5.家具材料	3031	4
6.家庭服务	30552	35
四、医疗保健	**425737**	**492**
1.医疗器具	2888	3
2.保健用品	3284	4
3.医药费	319477	369
4.补药品	10226	12
5.医疗保健服务	89038	103
6.其他	824	1
五、交通和通讯	**348207**	**402**
1.交通	119596	138
2.通讯	228611	264
六、娱乐文教服务	**662394**	**765**
1.耐用消费品	145985	169
2.教育	428172	495
3.文化娱乐	88237	102
七、居住	**436229**	**504**
1.住房	175788	203
2.水电燃料其他	260441	301
八、杂项商品和服务	**272331**	**315**
1.个人消费	237339	274
2.其他商品	14204	16
3.其他服务	20788	24

10—07 城市住户期末主要消费品拥有量

项目	单位	数量	每百户拥有量	项目	单位	数量	每百户拥有量
调查户数	户	300		18.影碟机	台	104	35
1.毛皮大衣	件	246	82	19.录放像机	台	45	15
2.呢大衣	件	444	148	20.家用电脑	台	43	14
3.毛毯	条	487	162	21.组合音响	套	60	20
4.地毯	方	106	35	22.录音机	台	163	54
5.组合家俱	套	210	70	23.摄像机	台	5	2
6.沙发床	个	101	34	24.照相机	架	140	47
7.沙发	个	439	146	25.钢琴	架	5	2
8.大衣柜	个	262	87	26.其他中高档乐器	件	21	7
9.写字台	张	249	83	27.微波炉	台	39	13
10.摩托车	辆	47	16	28.空调器	台	21	7
11.自行车	辆	554	185	29.电炊具	个	113	38
12.缝纫机	辆	177	59	30.淋浴热水器	台	122	41
13.洗衣机	台	285	95	31.抽排油烟机	台	213	71
14.电风扇	台	261	87	32.吸尘器	台	19	6
15.电冰箱	台	281	94	33.健身器材	件	7	2
16.冰柜	台	27	9	34.移动电话	台	63	21
17.彩色电视机	台	350	117				

10—08 不同收入水平城市居民家庭基本情况

（按平均每人每月可支配收入分组）

项　　目	单位	100元以下	100/200	200/300	300/400	400/500	500/600	600/700	700/800
调查户数	户	1	21	30	45	53	44	28	22
平均每户家庭人口数	人	4	2.87	3.21	3.20	2.92	3.09	2.79	2.49
平均每户就业人口数	人	2	1.08	1.61	1.57	1.46	1.45	1.33	1.45
平均每一就业者负担人数	人	2	2.64	1.99	2.03	2.00	2.13	2.09	1.72
平均每人可支配收入	元	1126	2067	2996	4230	5375	6584	7752	8907
平均每人消费性支出	元	829	2646	2593	3606	4342	5474	5771	6918
1.食品支出	元	440	992	1186	1413	1587	1922	1984	2501
2.衣着	元	39	212	260	295	489	545	811	1027
3.家庭设备用品及服务	元	6	99	73	205	223	455	463	431
4.医疗保健	元	19	370	130	407	455	576	338	522
5.交通和通信	元		158	197	251	391	459	451	524
6.娱乐、教育、文化服务	元	143	339	386	566	580	701	860	687
7.居住	元	162	339	270	349	370	433	531	421
8.杂项商品及服务	元	22	137	86	119	247	382	334	804

10—08 续表

项目	单位	800/900	900/1000	1000/1100	1100/1200	1200/1300	1300/1400	1400/1500	1500元以上
调查户数	户	16	13	7	5	4	5	2	4
平均每户家庭人口数	人	2.61	2.23	3.00	2.00	2.25	2.60	2.00	2.48
平均每户就业人口数	人	1.30	1.00	1.65	1.00	1.75	1.20	1.00	1.23
平均每一就业者负担人数	人	2.01	2.23	1.81	2.00	1.29	2.17	2.00	2.02
平均每人可支配收入	元	10122	11446	12627	13817	14878	16141	17754	20921
平均每人消费性支出	元	8459	10251	8171	9967	8115	7263	7051	11370
1.食品支出	元	2208	2496	2473	2252	3531	2497	2002	2509
2.衣着	元	596	983	927	915	840	1477	1998	1226
3.家庭设备用品及服务	元	1427	1135	922	582	385	612	1067	810
4.医疗保健	元	491	617	983	2714	150	623	1399	2732
5.交通和通信	元	419	728	711	1327	1024	525	912	1020
6.娱乐、教育、文化服务	元	2278	2275	732	743	490	893	2313	2393
7.居住	元	508	1582	1047	525	535	340	12587	434
8.杂项商品及服务	元	533	436	577	908	1161	484	638	246

10—09　城市居民各月可支配收入

（平均每人）

单位:元

月份	2001 年	2000 年
全　年	**6500.2**	**6018.6**
一　月	585.3	470.4
二　月	562.9	630.5
三　月	511.7	437.0
四　月	464.4	463.5
五　月	518.7	479.2
六　月	515.3	484.4
七　月	495.7	482.0
八　月	484.4	483.7
九　月	547.0	515.5
十　月	577.8	486.1
十一月	552.4	527.2
十二月	678.6	559.5

10—10 城市居民各月消费性支出

（平均每人）

单位：元

月份	2001年	2000年
全　年	**5165.0**	**5340.6**
一　月	531.4	466.1
二　月	487.3	483.2
三　月	349.7	351.4
四　月	334.3	458.9
五　月	450.8	448.2
六　月	386.9	447.3
七　月	422.9	384.3
八　月	421.5	451.7
九　月	497.9	523.6
十　月	429.3	475.0
十一月	399.2	467.9
十二月	448.5	383.5

第十一篇

农村住户调查

资料整理

马亚晓　李　琰

11—01 农村住户人口与就业情况

指标名称	单位	总计
一、调查户数	**户**	**800**
二、家庭常住人口	**人**	**3264**
1. 6岁及以下	人	181
2. 7—15岁	人	629
3. 16—60岁	人	2281
4. 61岁及以上	人	173
三、在校学生数	**人**	**811**
其中:7—15岁在校学生人数	人	593
四、整半劳动力数量	**人**	**2086**
其中:整劳动力	人	1522
五、劳动力文化程度		
1.不识字或识字很少	人	81
2.小学程度	人	454
3.初中程度	人	1147
4.高中程度	人	319
5.中专	人	67
6.大专及以上	人	18
六、劳动力就业情况		
1.农业	人	1200
2.采掘业	人	80
3.制造业	人	66
4.电力煤气及水的生产供应业	人	7
5.建筑业	人	23
6.地质勘探业水利管理业	人	3
7.交通运输仓储及邮电通讯业	人	166
8.批发和零售贸易餐饮业	人	100
9.金融保险业	人	10
10.房地产业	人	72
11.卫生体育和社会福利业	人	13
12.教育文化艺术及广播电影电视	人	39
13.科学研究和综合技术服务业	人	4
14.国家机关政党机关社会团体	人	17
15.其他	人	284
七、劳动力就业地点		
1.乡内	人	1854
2.县内乡外	人	194
3.省内县外	人	32
4.省外	人	4
八、劳动力年内从事各种行业的时间		
1.从事农业的时间	月	8437.7
2.从事非农产业的时间	月	9250
3.外出从业的时间	月	557

11—02　农村住户总收入与总支出

单位:元

指　标　名　称	总计	人均数
一、总收入	**11332793**	**3622.74**
(一)工资性收入	3861971	1014.48
1.在非企业组织中劳动得到的收入	914940	228.28
2.在本地企业中劳动得到的收入	2262393	580.54
其中:在本地乡镇企业得到收入	1272836	370.28
(1)在第一产业劳动得到收入	139072	41.69
(2)在第二产业劳动得到收入	1398213	333.43
(3)在第三产业劳动得到收入	725108	205.42
3.常住人口外出从业得到的收入	333679	96.64
(1)在第一产业从业得到的收入	39796	13.83
(2)在第二产业从业得到的收入	119169	34.86
(3)在第三产业从业得到的收入	174714	47.95
4.其他	350959	109.02
(二)家庭经营收入	6479158	2327.79
1.农业收入	1645163	682.83
其中:种植业收入	1632968	679.16
2.林业收入	20090	12.28
3.牧业收入	901572	253.66
4.渔业收入		
5.工业收入	153937	42.51
6.建筑业收入	165774	38.63
7.交通、运输和邮电业收入	2310607	855.42
8.批发和零售贸易、餐饮收入	524691	189.83
9.社会服务业收入	298750	55.95
10.文教卫生业收入	66523	14.38
11.其他家庭经营收入	392051	82.29
(三)财产性收入	445745	124
1.利息	25148	15.57
2.股息	2046	0.21
3.租金	268554	69.28
4.红利		
5.土地征用补偿	18294	7.41
6.其他	131703	31.53
(四)转移性收入	545919	156.46
1.家庭非常住人口寄回	5510	3.11
2.亲友赠送	188582	52.46
其中:农村外部亲友赠送	19838	4.36
3.调查补贴	21437	7.90
4.救济金	580	0.14
5.救灾款	300	0.08
6.保险年金		
7.退休金	26336	7.15
8.抚恤金	340	0.08
9.其他	302834	85.55
二、总支出	**8332076**	**2534.63**
(一)家庭经营费用支出	1704844	659.52
1.农业生产	223583	90.8
其中:种植业	219917	89.76
2.林业生产	2583	0.65

指 标 名 称	总计	人均数
3.牧业生产	511221	204.92
4.渔业生产	2	
5.工业生产	24225	8.05
6.建筑业生产	149806	44.75
7.交通、运输和邮电业	644570	255.6
8.批发和零售贸易、餐饮业	100654	41.6
9.社会服务业	21156	7.52
10.文教卫生业	1767	0.37
11.其他家庭经营支出	25277	5.26
(二)购置生产性固定资产	137290	48.49
(三)生产性固定资产折旧	501748	154.91
(四)税务支出	52955	22.44
1.缴纳生产税	34149	11.63
第一产业	22974	8.4
第二产业	4210	1.21
第三产业	6965	2.02
2.缴纳其他直接税		
3.村提留	7790	3.88
4.乡统筹	2869	1.56
5.其他各项收费	8147	5.38
(五)生活消费支出	5684195	1595.25
1.食品消费支出	2242296	624.57
其中:(1)主食	757133	219.33
(2)副食	770125	217.4
(3)其他食品	552354	151.12
(4)在外饮食	157083	34.54
2.衣着消费	792750	223.14
3.居住消费	638777	204.04
其中:住房装饰	16933	6.12
4.家庭设备、用品及服务	295311	71.42
5.医疗保健	256488	65.76
6.交通通讯消费	338059	103.37
7.文教娱乐用品及服务	702641	197.96
8.其他商品和服务消费	417873	104.99
(六)财产性支出	90892	35.07
1.非生产性贷款利息	6539	1.24
2.其他	84353	33.83
(七)转移性支出	661900	173.86
1.寄给或带给家庭	2210	0.63
2.赠送亲友	609592	162.71
其中:赠送农村外	21309	4.58
3.缴纳保险费	27757	7.01
4.缴纳罚款	5110	1.43
5.其他	17231	2.08
三、可支配收入	**8718556**	**2679.06**
四、全年家庭纯收入	**8907195**	**2738.22**

11—03 农村住户现金收入与支出

单位:元

指 标 名 称	总计	人均数
一、期内现金收入	**10642567**	**3353.63**
(一)工资性收入	3842278	1010.54
1.在非企业组织中劳动得到的收入	899803	224.92
2.在本地企业中劳动得到的收入	2258617	580.17
其中:在本地乡镇企业得到收入	1271725	370.12
(1)在第一产业劳动得到收入	138957	41.68
(2)在第二产业劳动得到收入	1394617	333.08
(3)在第三产业劳动得到收入	725043	205.41
3.常住人口外出从业得到的收入	333299	96.55
(1)在第一产业从业得到的收入	39796	13.83
(2)在第二产业从业得到的收入	119169	34.86
(3)在第三产业从业得到的收入	174334	47.85
4.其他	350559	108.91
(二)家庭经营收入	5849109	2077.46
1.出售产品的收入	1940720	802.96
(1)出售农业产品收入	1117398	478.06
其中:种植业	1115429	477.31
(2)出售林业产品收入	7468	2.89
(3)出售牧业产品收入	798424	314.14
(4)出售渔业产品收入		
(5)出售工业产品的收入	7530	2.33
(6)出售其他产品的收入	9900	5.54
2.工业加工费	146407	40.18
3.建筑业	165774	38.63
4.交通运输	2310607	855.42
5.批发和零售贸易、餐饮业	524691	189.83
6.社会服务业	298750	55.95
7.文教卫生业	66523	14.38
8.其他家庭经营收入	382151	76.75
(三)财产性收入	419598	111.06
1.利息	25148	15.57
2.股息	2046	0.21
3.租金	268554	69.28
4.红利		
5.土地征用补偿	18294	7.41
6.其他	105556	18.59
(四)转移性收入	531582	154.56
1.家庭非常住人口寄回的收入	5510	3.11
2.亲友赠送	180639	51.24
其中:农村外部亲友赠送	11895	3.14

11—03 续表 1 单位:元

指 标 名 称	总计	人均数
3.调查补贴	21437	7.90
4.救济金	580	0.14
5.救灾款	300	0.08
6.保险年金收入		
7.退休金	26336	7.15
8.抚恤金	340	0.08
9.其他	296440	84.86
二、非收入所得	**1116755**	**308.3**
1.从银行信用社得到的贷款收入	71250	18.53
2.借入款	278745	75.48
3.收回借出款	189330	43.63
4.从银行信用社取回存款	418348	137.40
5.收回投资款	2910	0.77
6.出售财产所得款	132042	24.15
7.一次性工伤补贴		
8.保险公司赔付	24130	8.35
9.其他		
三、期内现金支出	**7885094**	**2370**
(一)生产费用支出	1728916	659.73
1.家庭经营费用支出	1591626	611.24
(1)农业生产支出	215751	88.29
其中:种植业支出	212085	87.25
(2)林业生产支出	2583	0.65
(3)牧业生产支出	405835	159.15
(4)渔业生产支出	2	
(5)工业生产支出	24225	8.05
(6)建筑业生产支出	149806	44.75
(7)交通运输支出	644570	255.6
(8)批发和零售贸易、餐饮业收入	100654	41.6
(9)社会服务业支出	21156	7.52
(10)文教卫生业	1767	0.37
(11)其他经营支出	25277	5.26
2.购置生产性固定资产支出	137290	48.49
其中:房屋及建筑物		
大中型铁木农具	620	0.3
农林牧渔业机械	13050	3.24
工业机械	1370	0.42
运输机械	90475	28.7
役畜	13300	4.45
产品畜	16480	7.73

11—03 续表 2 单位:元

指标名称	总计	人均数
(二)税费支出	52955	22.44
1.缴纳生产税	34149	11.63
第一产业	22974	8.40
第二产业	4210	1.21
第三产业	6965	2.02
2.缴纳其他直接税		
3.村提留	7790	3.88
4.乡统筹	2869	1.56
5.其他各项收费	8147	5.38
(三)生产消费支出	5366196	1488.42
(四)财产性支出	77322	26.04
1.非生产性贷款利息支出	6539	1.24
2.其他	70783	24.79
(五)转移性支出	659705	173.37
1.寄给或带给家庭非常自/人	1970	0.55
2.赠送亲友支出	607637	162.29
其中:赠送农村外部窃/人	19354	4.17
3.支付保险费支出	27757	7.01
4.缴纳罚款	5110	1.43
5.其他	17231	2.08
四、非消费性现金支出	**2784241**	**912.62**
1.归还银行信用社贷款	175119	29.23
2.借出款	237110	70.14
3.归还借款	348277	88.11
4.存入银行信用社	1980012	714.11
5.购买股票支出		
6.支出投资额	43723	11.03
7.其他		
五、期末金融资产余额	**12176361**	**4217.05**
1.债券		
2.股票		
3.银行存款	7049867	2499.11
4.手存现金	5126494	1717.94
5.其他		
六、期末债务余额	**1935940**	**508.26**
1.银行、信用社贷款	345200	74.19
2.乡村集体组织、企业借元/人	299240	70.86
3.个人借(欠)款	1256500	349.71
4.其他	35000	13.5

11—04 农村住户生活消费现金支出

单位：元

指标名称	总计	人均数
一、食品	**1927336**	**520.01**
（一）主食	491925	133.65
其中：1. 粮食	426651	115.40
2. 粮食复制品	65274	18.25
（二）副食	723008	199.34
1. 蔬菜	148762	38.10
2. 豆制品	17002	4.59
3. 油脂类	102253	29.37
4. 食糖	17056	5.62
5. 肉、禽及其制品	243460	67.61
6. 蛋类	75548	21.82
7. 水产品	24968	5.45
8. 调味品	62077	18.29
9. 其他	31873	8.48
（三）其他食品	549719	150.29
1. 烟草类	223597	61.23
2. 酒类	55273	15.1
3. 饮料类	46042	10.4
4. 干鲜果品	118605	35.82
5. 糖果糕点	43300	10.73
6. 奶和奶制品	21730	5.94
7. 罐头类	1782	0.53
8. 其他	39390	10.53
（四）在外饮食	157083	25.54
（五）食品加工费	5601	2.19
二、衣着	**789836**	**220.88**
（一）服装	527158	153.64
（二）衣着材料	27079	7.42
（三）鞋、帽、袜类	216949	56.12
（四）衣着加工费	4665	1.32
（五）其他	13985	2.37
三、居住	**638652**	**204.03**
（一）住房	335190	107.24
1. 建筑材料	212693	62.88
2. 住房装饰、装修	16933	6.12
3. 房租	2067	0.59
4. 其他	103497	37.66
（二）电费	124384	36.01
（三）水费	23741	15.17
（四）燃料	145676	42.98
1. 煤炭	93237	31.18
2. 液化气	21842	4.38
3. 柴草		
4. 其他	30597	7.41
（五）其他	9661	3.63
四、家庭设备、用品及服务	**295311**	**71.42**
（一）耐用消费品	100227	22.97
1. 家具	51306	11.16
2. 家庭设备	31369	8.34

指标名称	总计	人均数
3.其他	17552	3.47
(二)床上用品	20267	5.63
(三)家庭日用杂品	160494	39.89
1.日用小五金	4596	1.18
2.日用百货	97594	22.03
3.其他	58304	16.69
(四)设备用品加工修理费	7526	1.85
(五)其他	6797	1.08
五、医疗保健	**256488**	**65.76**
(一)医疗卫生保健用品	131705	32.83
(二)医疗保健服务费	102437	29.14
(三)医疗卫生保健设备用品	268	0.12
(四)其他	22078	3.67
六、交通和通讯	**338059**	**103.37**
(一)交通工具	59650	18.38
(二)通讯工具	20207	6.52
(三)交通费	61361	17.78
1.客运交通费	49664	13.05
2.货运费	11697	4.72
(四)邮电费	163938	46.33
(五)交通、通讯工具修理	31389	13.97
七、文化教育、娱乐用品及服务	**702641**	**197.96**
(一)文化教育、娱乐用品	732850	31.91
1.文化教育、娱乐用机电	75328	18.08
2.书、报、杂志	27360	5.45
3.纸张、文具	13006	3.54
4.其他用品	17156	4.84
(二)文化教育、娱乐服务	569791	166.05
1.学杂费	539765	158.14
2.技术培训费	8568	1.65
3.文娱费	4171	0.85
4.用品加工修理服务费	706	0.29
5.其他	16581	5.12
八、其他商品和服务	**417873**	**104.99**
(一)商品性支出	74297	24.72
1.化妆品	15331	3.25
2.首饰饰品	26009	7.23
3.其他	32957	14.24
(二)服务支出	343576	80.28
1.旅店住宿费	199	0.05
2.殡殓费	41566	10.41
3.其他	301811	69.82

11—05 农村住户食品消费情况

单位:公斤

指 标 名 称	总计	人均数
一、粮食	**581245**	**176.2**
其中:1.小麦	274478	80.92
2.稻谷	80772	21.86
3.玉米	48701	20.39
4.薯类	53824	14.17
二、豆类及豆制品	**24391**	**6.95**
其中:1.大豆	6123	1.3
2.杂豆	1672	0.47
三、蔬菜及菜制品	**235124**	**73.36**
其中:1.根茎块花类	49673	14.63
2.菜瓜类	8321	2.29
3.茄果类	43492	12.57
4.白菜类	88627	30.92
5.绿叶菜类	23321	7.87
6.其他鲜菜	17449	4.58
7.干菜类	3523	0.3
8.菜制品	927	0.24
四、调味品	**17426**	**5.95**
五、油脂类	**20263**	**6.23**
1.植物油	19435	5.89
2.动物油	828	0.34
六、肉禽及其制品	**23839**	**6.67**
其中:1.猪肉	17233	4.93
2.牛肉	239	0.07
3.羊肉	976	0.3
4.家禽	1073	0.27
5.肉禽制品	4148	1.25
七、蛋类及蛋制品	**54660**	**30.55**
八、奶和奶制品	**6320**	**2.07**
九、水产品	**2834**	**0.63**
1.鱼类	2287	0.55
2.虾、贝、蟹类	287	0.03
3.藻类	50	0.01
4.其他	210	0.04
十、食糖	**4934**	**1.67**
十一、酒和饮料	**49256**	**15.38**
其中:1.白酒	18386	2.56
2.啤酒	3095	0.97
3.果酒	55	0.01
4.不含酒精饮料	13799	3.67
十二、糖果	**1072**	**0.2**
十三、糕点	**4185**	**1.18**
十四、水果及水果制品	**82620**	**27.49**
十五、坚果及果仁制品	**2502**	**0.61**

11—06 县(市、区)农村

地区	总收入	工资性收入	家庭经营收入	财产性收入	转移性收入
太原市	3622.74	1014.48	2327.79	124	156.46
小店区	5071.04	1084.03	3267.58	461.29	258.14
迎泽区	3946.65	2083.37	1058.25	523.61	281.43
杏花岭区	4323.3	1326.64	2645.7	157.59	193.38
尖草坪区	4026.28	836.8	3073.24	10.49	105.75
万柏林区	4029.69	2405.87	1330.57	89.98	203.27
晋源区	3606.11	996.25	2463.09	27.3	119.47
清徐县	4532.88	794.55	3459.72	129.24	149.37
阳曲县	1548.92	361.53	1088.77	44.42	54.19
娄烦县	760.13	537.8	217.19		5.03
古交市	3526.01	1720.34	1475.69	1.87	328.1

住 户 基 本 情 况

单位:元/人

总支出	家庭经营费用支出	生活消费支出	食品消费支出	全年家庭纯收入	期内现金收入	期内现金支出
2534.63	659.52	1595.25	624.57	2738.22	3353.63	2370
4146.91	1393.19	2302.68	774.73	3515.94	4580.64	3700.24
3641.13	73.53	3149.07	960.56	3620.47	3853.71	3634.15
2874.73	307.27	2219.01	813.16	3695.96	4302.62	2873.49
2930.63	1289.7	1428.81	681.86	2436.64	3962.53	2930.63
2352.84	334.12	1698.57	768.89	3451.08	4027.3	2352.84
2505.11	315.55	1914.22	654.79	3083.4	3226.96	2387.43
2495.52	810.53	1444.86	447.93	3421.79	4158.27	2383.73
1797.43	458.4	988.38	534.09	878.09	1409.99	1576.39
784.38	43.7	723.27	508.81	708.57	665.91	583.23
2375.02	243.13	1836.04	786.78	3024.08	3136.73	2163.1

11—07 农村住户总收支

指 标 名 称	500元以下	500—1000元	1000—1500元
一、总收入	**1029.06**	**1131.97**	**1788.2**
(一)工资性收入	287.70	421.91	622.58
1.在非企业组织中劳动得到的收入	31.09	30.66	84.18
2.在本地企业中劳动得到的收入	172.65	241.18	385.97
其中:在本地乡镇企业得到收入	95.99	171.44	281.53
(1)在第一产业劳动得到收入	2.85	16.69	5.56
(2)在第二产业劳动得到收入	80.5	161.66	215.98
(3)在第三产业劳动得到收入	89.31	62.83	164.43
3.常住人口外出从业得到的收入	68.81	130.84	119.29
(1)在第一产业从业得到的收入	5.29	6	17.41
(2)在第二产业从业得到的收入	35.84	40.65	38.5
(3)在第三产业从业得到的收入	27.69	84.2	63.38
4.其他	15.16	19.22	33.13
(二)家庭经营收入	626.31	642.09	1067.76
1.农业收入	133.77	365.5	438.48
其中:种植业收入	132.33	364.7	437.36
2.林业收入	1.36	0.55	2.17
3.牧业收入	52.91	121.77	299.24
4.渔业收入			
5.工业收入	0.11	4.03	10.36
6.建筑业收入	359.07	1.78	0.31
7.交通、运输和邮电业收入	71.1	57.77	204.95
8.批发和零售贸易、餐饮收入	3.63	45.33	27.33
9.社会服务业收入	2.85	32.08	25.77
10.文教卫生业收入			4.47
11.其他家庭经营收入	1.51	13.29	54.7
(三)财产性收入	30.58	26.2	27.44
1.利息	4.53	2.13	4.93
2.股息			
3.租金	16.01	8.41	2.22
4.红利			
5.土地征用补偿		4.98	3.21
6.其他	10.04	10.68	17.08
(四)转移性收入	84.46	41.77	70.41
1.家庭非常住人口寄回		2.51	
2.亲友赠送	77.07	30.04	38.23
其中:农村外部亲友赠送	8	7.12	2.2
3.调查补贴	2.41	5.08	3.22
4.救济金	1.14		
5.救灾款	1.07		
6.保险年金			
7.退休金			
8.抚恤金			
9.其他	2.77	4.15	28.97
二、总支出	**1344.47**	**1211.98**	**1793.74**
(一)家庭经营费用支出	569.17	190.54	391.45
1.农业生产	57.08	63.63	72.17
其中:种植业	57.05	63.55	72.17
2.林业生产	0.13	0.29	1.49

按人均纯收入分组

单位:元

1500—2000元	2000—2500元	2500—3000元	3000—3500元	3500—4000元	4000元以上
2450.15	**2759.95**	**3631.36**	**3750.55**	**4849.1**	**7781.6**
909.59	1075.73	1405.49	1563.22	1649.3	2341.49
183.53	217.44	311.84	398.5	662.46	614.46
501	634.07	778.33	812.78	719.51	1541.13
281.94	297.9	452.17	475.89	388.91	806.92
22.11	35.25	27.37	73.3	38.86	113.59
330.78	400.97	506.9	437.18	506.27	926.67
148.11	197.85	244.06	302.3	174.38	500.88
103.64	97.51	51.92	173.16	141.98	72
27.05	5.5	3.4	21.43	17.53	9.61
24.1	47.75	23.43	93.37	73.02	4.26
52.48	44.27	25.1	58.37	51.42	58.13
121.42	126.71	263.4	178.78	125.35	113.9
1448.52	1520.99	2052.77	1967.07	2778.91	4457.62
426.66	574.33	528.65	713.34	842.76	614.88
424.86	573.81	510.13	705.03	842.76	612.19
	1.05	4.52	10.54	79.63	1.3
364.58	272.5	121.14	280.37	139.01	530.39
77.81	13.08	70.26	50.75	80.4	98.96
7.37				4.94	97.74
267.13	230.06	877.04	467.8	1407.61	2143.61
209.59	142.2	238.3	105.64	58.64	384.62
23.02	112.03	66.05	108.54	49.07	261.93
11.06	6.88		26.49		81.06
61.3	168.85	146.8	203.6	116.84	243.12
16.63	35.38	68.48	83.42	294.23	488.92
2.28	0.36	1.66	1.94	2.65	30.09
				12.35	0.07
3.06	27.2	44.87	14.01	212.5	316.48
	3.14	10.03	0.49	24.07	10.55
11.29	4.68	11.92	66.98	42.66	131.72
75.42	127.85	104.63	136.83	126.67	493.57
					7.22
12.06	79.25	47.56	41.65	33.33	116.42
4.73	9.98	0.4	1.2		12.25
4.26	5.92	5.71	4	27.47	9.65
		0.19			0.32
		1.23	26.36		29.52
		0.28			0.41
59.1	42.68	49.66	64.83	65.86	330.02
2080.34	**2066.54**	**2589.71**	**2330.82**	**3703.36**	**4886.84**
576.08	331.37	630.75	341.4	854.15	834.32
54.96	49.57	63.6	75.67	137.86	76.64
50.67	49.57	59.28	75.67	137.86	75.86
2.02		0.62			1.38

11—07　续表

指　标　名　称	500元以下	500—1000元	1000—1500元
3.牧业生产	25.88	58.95	196.85
4.渔业生产			
5.工业生产	1.17	0.35	0.21
6.建筑业生产	458.54	8.12	4.06
7.交通、运输和邮电业	23.32	39.45	104.89
8.批发和售贸易、餐饮业	0.89		
9.社会服务业		18.72	1.06
10.文教卫生业		0.52	0.27
11.其他家庭经营支出	2.15	0.51	10.46
(二)购置生产性固定资产	3.30	72.65	143.78
(三)生产性固定资产折旧	200.6	105.98	103.28
(四)税费支出	18.97	18.68	15.59
1.缴纳生产税	17.99	16.14	5.84
第一产业	3.65	15.23	5.57
第二产业	14.23	0.5	
第三产业	0.1	0.4	0.27
2.缴纳其他直接税			
3.村提留	0.28	0.32	3
4.乡统筹	0.52		2.6
5.其他各项收费	0.18	2.23	4.15
(五)生活消费支出	371.16	853.58	1133.58
1.食品消费支出	392.4	484.49	566.43
其中:(1)主食	233.75	236.12	247.85
(2)副食	91.15	144.75	177.5
(3)其他食品	61.7	76.32	113.6
(4)在外饮食	4.66	24.89	24.15
2.衣着消费	81.24	94.75	152.44
3.居住消费	54.71	67.56	87.14
其中:住房装饰	0.05	3.63	1.37
4.家庭设备、用品及服务	21.42	33.8	49.19
5.医疗保健	28.51	27.98	64.6
6.交通通讯消费	24.62	27.36	63.99
7.文教娱乐用品及服务	45.17	85.1	101.43
8.其他商品和服务消费	23.11	32.55	48.36
(六)财产性支出	6.22	5.07	9.91
1.非生产性贷款利息支出		0.62	
2.其他	6.22	4.45	9.91
(七)转移性支出	75.65	71.46	99.43
1.寄给或带给家庭非常住人口		0.57	0.8
2.赠送亲友	70.51	70.23	88.55
其中:赠送农村外亲友	1.13	8.53	4.25
3.缴纳保险费	2.80	0.05	5.35
4.缴纳罚款	0.18		2.03
5.其他	2.17	0.62	2.69
三、可支配收入	**156.34**	**773.95**	**1213.58**
四、全年家庭纯收入	**168.84**	**796.83**	**1238.62**

单位:元

1500—2000元	2000—2500元	2500—3000元	3000—3500元	3500—4000元	4000元以上
329.34	156.26	61.46	162.81	35.28	224.38
			0.01		
11.47	6.54	37.04			7.31
0.25	6.28		3.23	52.16	6.67
82.43	20.61	379.75	92.53	619.5	470.96
94.01	53.19	67.85			32.21
	26.7		3.61	2.42	1.97
	0.23		2.38		1.07
1.6	11.98	20.43	1.16	6.94	11.74
23.23	29.62	31.94	5.1	0.26	31.29
89.9	114.47	178.47	138.25	168.01	253.29
11.51	27.52	13.94	10.72	21.28	12.33
3.49	19.1	9.98	2.66	19.3	6.89
2.95	14.56	9.27	2.66	6.34	3.02
0.55	4.54	0.71		12.96	3.86
4.05	2.08	1.75	5.41	0.97	2.75
1.6	1.14	0.62	0.54	1.01	0.23
2.36	5.2	1.6	2.11		2.47
1267.26	1492.9	1645.17	1782.9	2475.12	3516.08
599.08	665.39	683.15	694.96	851.4	1061.93
211.69	217.2	224.48	226.58	232.99	248.2
208.16	245.48	244.5	250.71	302.29	384.17
151.44	163.99	167.31	175.45	252.88	309.15
26.75	40.19	45.81	40.39	60.77	119.21
193.31	225.43	270.36	295.06	346.6	450.71
102.21	119.8	115.67	160.83	498.41	500.25
6.66	0.11	0.06	2.20	3.95	17.56
50.25	61.57	80.29	119.13	114.9	215.93
71.47	84.69	100.52	56.59	117.5	134.45
53.41	60.92	82.27	138.56	144.51	259.51
135.88	167.62	212.05	154.14	283.44	547.02
61.66	107.83	100.87	163.64	118.36	346.27
50.16	19.18	30.49	0.63	23.31	67.71
7.86		0.25			4.87
42.3	19.18	30.24	0.63	23.31	62.85
152.1	165.96	237.41	190.07	329.22	425.11
0.07		0.31	0.68		2.18
143.4	164.4	194.41	185.95	320.77	383.5
3.71	2.54	3.11	6.46	7.59	14.91
7.58	0.16	33.61	0.54	5.99	15.88
		4.94		1.23	4.06
1.04	1.4	4.13	2.9	1.23	19.49
1698.5	**2188.13**	**2678.73**	**3204.52**	**3705.49**	**6443.62**
1761.07	**2211.41**	**2755.33**	**3215.73**	**3744.86**	**6601.49**

11—08 农村住户现金收支

指标名称	500元以下	500—1000元	1000—1500元
一、期内现金收入	**1017.37**	**988.52**	**1564.27**
(一)工资性收入	287.7	421	622.39
1.在非企业组织中劳动得到的收入	31.09	30.66	84.18
2.在本地企业中劳动得到的收入	172.65	241.18	385.78
其中:在本地乡镇企业得到收入	95.99	171.44	281.34
(1)在第一产业劳动得到收入	2.85	16.69	5.56
(2)在第二产业劳动得到收入	80.5	161.66	215.79
(3)在第三产业劳动得到收入	89.31	62.83	164.43
3.常住人口外出从业得到的收入	68.81	129.94	119.29
(1)在第一产业从业得到的收入	5.29	6	17.41
(2)在第二产业从业得到的收入	35.84	40.65	38.5
(3)在第三产业从业得到的收入	27.69	83.3	63.38
4.其他	15.16	19.22	33.13
(二)家庭经营收入	628.14	510.37	861.74
1.出售产品的收入	189.98	356.23	533.14
(1)出售农业产品收入	137.44	240.73	281.09
其中:种植业	136	240.65	280.77
(2)出售林业产品收入	1.36	0.09	2.03
(3)出售牧业产品收入	21.07	114.56	249.93
(4)出售渔业产品收入			
(5)出售工业产品的收入	0.11		
(6)出售其他产品的收入		0.95	0.08
2.工业加工费		4.03	10.36
3.建筑业	359.07	1.78	0.31
4.交通运输	71.1	57.77	204.95
5.批发和零售贸易、餐饮业	3.63	45.33	27.33
6.社会服务业	2.85	32.08	25.77
7.文教卫生业			4.47
8.其他家庭经营收入	1.51	12.35	54.61
(三)财产性收入	20.98	16.05	10.36
1.利息	4.53	2.13	4.93
2.股息			
3.租金	16.01	8.41	2.22
4.红利			
5.土地征用补偿		4.98	3.21
6.其他	0.44	0.53	
(四)转移性收入	80.54	41.1	69.78
1.家庭非常住人口寄回的收入		3.51	
2.亲友赠送	75.6	30.04	37.98
其中:农村外部亲友赠送	6.53	7.12	1.95

按人均纯收入分组

单位:元

1500—2000元	2000—2500元	2500—3000元	3000—3500元	3500—4000元	4000元以上
2215.06	**2534.38**	**3469.74**	**3531.23**	**4469.26**	**7485.45**
897.18	1064.31	1399.94	1555.95	1648.59	2332.11
173.38	206.36	306.3	391.22	662.46	609.85
499.73	633.73	778.33	812.78	718.8	1536.36
281.41	297.9	452.17	475.89	388.2	805.78
22.11	35.25	27.37	73.3	38.15	113.59
329.5	400.63	506.9	437.18	506.27	922
148.11	197.85	244.06	302.3	174.38	500.77
103.64	97.51	51.92	173.16	141.98	72
27.05	5.5	3.4	21.43	17.53	9.61
24.1	47.75	23.43	93.37	73.02	4.26
52.48	44.27	25.1	58.37	51.42	58.13
120.44	126.71	263.4	178.78	125.35	113.9
1236.56	1313.30	1903.83	1756.97	2409.66	4193.86
593.95	649.25	490.58	788.57	705.73	881.01
266.28	371.31	394.79	505.44	552.15	415.4
265.79	370.79	394.79	502	552.15	415.4
	1.03	4.24	10.54	6.17	0.68
311.7	267.84	87.54	263.57	133.83	463.54
15.97		3.09			
	9.06	0.91	9.02	13.58	1.4
61.84	13.08	67.17	50.75	80.4	98.96
7.37				4.94	97.74
267.13	230.06	877.04	467.8	1407.61	2143.61
209.59	142.2	238.4	105.64	58.64	384.62
23.02	112.03	66.05	108.54	49.07	261.93
11.06	6.88		26.49		81.06
61.3	159.79	145.89	194.58	103.26	241.72
6.03	31.69	63.22	81.66	284.35	483.67
2.28	0.36	1.66	1.94	2.65	30.09
				12.35	0.07
3.06	27.2	44.87	14.01	212.5	316.48
	3.14	10.03	0.49	24.07	10.55
0.69	0.99	6.66	65.22	32.77	126.47
75.29	125.07	102.74	136.66	126.67	475.82
					7.22
12.06	76.47	47.16	41.47	33.3	106.36
4.73	7.2		1.02		2.19

指 标 名 称	500 元以下	500—1000 元	1000—1500 元
3.调查补贴	2.41	5.08	3.22
4.救济金	1.14		
5.救灾款	1.07		
6.保险年金收入			
7.退休金			
8.抚恤金			
9.其他	0.32	3.47	28.57
二、非收入所得	**181.21**	**191.68**	**397.82**
1.从银行信用社得到的贷款		1.18	133.69
2.借入款	25.69	68.53	71.93
3.收回借出款	10.68	21.8	10.7
4.从银行信用社取回存款	144.84	91.11	181.51
5.收回投资款			
6.出售财产所得款		0.99	
7.一次性工伤补贴			
8.保险公司赔付		8.0	
9.其他			
三、期内现金支出	**1177.37**	**1037.24**	**1605.68**
(一)生产费用支出	568.14	249.85	468.16
1.家庭经营费用支出	564.84	177.2	324.38
(1)农业生产支出	56.51	62.95	69.99
其中:种植业支出	56.48	62.87	69.99
(2)林业生产支出	0.13	0.29	1.49
(3)牧业生产支出	22.12	46.29	131.95
(4)渔业生产支出			
(5)工业生产支出	1.17	0.35	0.21
(6)建筑业生产支出	458.54	8.12	4.06
(7)交通运输支出	23.32	39.45	104.89
(8 批发和零售贸易、餐饮业收入	0.89		
(9)社会服务业支出		18.27	1.06
(10)文教卫生业		0.52	0.27
(11)其他经营支出	2.15	0.51	10.46
2.购置生产性固定资产支出	3.3	72.65	143.78
其中:房屋及建筑物			
大中型铁木农具	1.4		
农林牧渔业机械			0.53
工业机械		17.18	0.96
运输机械		19.76	136.5
役畜		31.52	
产品畜		1.8	5.9

单位:元

1500—2000 元	2000—2500 元	2500—3000 元	3000—3500 元	3500—4000 元	4000 元以上
4.26	5.92	5.71	4	27.47	9.65
		0.19			0.32
		1.23	26.36		29.52
		0.28			0.41
58.97	42.68	48.18	64.83	65.86	322.33
181.07	**302.98**	**223.16**	**134.84**	**501.44**	**736.29**
11.3	0.39				25.97
60.15	130.43	60.49	51.53	173.46	127.52
34.4	58.12	89.81	29.59	188.27	111.41
64.62	62.83	72.53	50	138.33	260.4
4.91			0.19		1.39
5.69	51.22	0.32	3.53	1.38	175.94
					33.65
1909.25	**1956.9**	**2518.05**	**2230.06**	**3614.38**	**4761.56**
524.5	343.15	647.55	315.91	850.42	817.75
501.27	313.53	615.6	310.81	850.16	786.47
52.33	45.7	59.54	72.64	134.19	74.66
48.04	45.7	55.22	72.64	134.19	73.88
2.02		0.62			1.38
257.16	142.31	50.37	135.25	34.96	178.51
			0.01		
11.47	6.54	37.04			7.31
0.25	6.28		3.23	52.16	6.67
82.43	20.61	379.75	92.53	619.5	470.96
94.01	53.19	67.85			32.21
	26.7		3.61	2.42	1.97
	0.23		2.38		1.07
1.6	11.98	20.43	1.16	6.94	11.74
23.23	29.62	31.94	5.1	0.26	31.29
0.11	0.02			0.26	0.22
		17.28			
			3.57		
20.88	29.58				18.32
2.24	0.01	14.66			12.74

11—08 续表 2

指 标 名 称	500元以下	500—1000元	1000—1500元
(二)税费支出	18.97	18.68	15.59
1.缴纳生产税	17.99	16.14	5.84
第一产业	3.65	15.23	5.57
第二产业	14.23	0.5	
第三产业	0.1	0.4	0.27
2.缴纳其他直接税			
3.村提留	0.28	0.32	9
4.乡统筹	0.52		2.6
5.其他各项收费	0.18	2.23	4.15
(三)生产消费支出	515.28	697.06	1016.57
(四)财产性支出		0.88	8.36
1.非生产性贷款利息支出		0.62	
2.其他		0.26	8.36
(五)转移性支出	74.99	70.77	96.99
1.寄给或带给家庭非常自/人			0.8
2.赠送亲友支出	69.84	70.11	86.12
其中:赠送农村外部窃/人	0.46	8.41	1.82
3.支付保险费支出	2.8	0.05	5.35
4.缴纳罚款	0.18		2.03
5.其他	2.17	0.62	2.69
四、非消费性现金付出	**159.01**	**112.11**	**293.63**
1.归还银行信用社贷款		2.64	
2.借出款			5.7
3.归还借款	5.63	14.75	34.03
4.存入银行信用社	153.02	94.69	253.45
5.购买股票支出			
6.支出投资额	0.35	0.02	0.46
7.其他			
五、期末金融资产余额	**916.86**	**1245.88**	**1885.27**
1.债券			
2.股票			
3.银行存款	604.77	685.3	1131.38
4.手存现金	312.09	560.58	753.89
5.其他			
六、期末债务余额	**167.26**	**354.48**	**223.4**
1.银行、信用社贷款	122.78	278.91	160.43
2.乡村集体组织、企业借款		19.88	8.16
3.个人借(欠)款	44.48	55.69	54.81
4.其他			

单位:元

1500—2000 元	2000—2500 元	2500—3000 元	3000—3500 元	3500—4000 元	4000 元以上
11.51	27.52	13.94	10.72	21.28	12.33
3.49	19.1	9.98	2.66	19.3	6.89
2.95	14.56	9.27	2.66	6.34	3.02
0.55	4.54	0.71		12.96	3.86
4.05	2.08	1.75	5.41	0.97	2.75
1.6	1.14	0.62	0.54	1.01	0.23
2.36	5.2	1.6	2.11		2.47
1189.34	1403.16	1588.93	1712.87	2391.52	3441.35
31.8	17.11	30.42	0.49	21.93	66.22
7.86		0.25			4.87
23.94	17.11	30.17	0.49	21.93	61.35
152.1	165.96	237.12	190.07	329.22	423.9
0.07		0.31	0.68		2.18
143.4	164.4	194.22	185.95	320.77	382.3
3.71	2.54	2.92	6.46	7.59	13.7
7.58	0.16	33.61	0.54	5.99	15.88
		4.94		1.23	4.06
1.04	1.4	4.13	2.9	1.23	19.49
518.92	**702.91**	**747.95**	**941.97**	**926.36**	**2327.17**
1.47	0.64			6.23	279.46
100	64.4	90.74	18.06		219.11
12.96	105.97	79.01	86.89	40.74	364.1
404.42	479.06	577.78	826.81	878.4	1431.95
0.17	52.84	0.43	10.2		32.55
3020.05	**3456.47**	**4000.69**	**4255.01**	**4029.12**	**8027.96**
1927.47	2056.23	2525.31	2366.59	2254.88	4375.92
1092.58	1400.24	1475.38	1888.42	1774.25	3652.04
395.58	**47.12**	**737.65**	**357.14**	**3401.23**	**944.48**
12.29		246.91			77.92
245.7	20.94	308.64	10.2	308.64	43.51
137.59	26.18	182.1	329.93	3092.59	774.35
			17.01		48.7

11—09 农村住户食品消费

指标名称	500元以下	500—1000元	1000—1500元
一、粮食	**226.15**	**218.07**	**204.31**
其中:1.小麦	73.49	72.47	77.59
2.稻谷	12.73	17.63	21.61
3.玉米	11.59	25.14	31.95
4.薯类	42.52	24.7	19.52
二、豆类及豆制品	**3.10**	**5.59**	**5.53**
其中:1.大豆	1.71	3.63	3.43
2.杂豆	0.43	0.45	0.41
三、蔬菜及菜制品	**18.65**	**49.98**	**48.76**
其中:1.根茎块花类	5.39	8.58	11.02
2.菜瓜类	0.57	0.91	1.34
3.茄果类	1.94	8.67	8.53
4.白菜类	6.14	25.38	19.65
5.绿叶菜类	0.59	5.05	5.12
6.其他鲜菜	0.13	1.02	2.85
7.干菜类	3.58	0.17	0.07
8.菜制品	0.34	0.21	0.2
四、调味品	**2.85**	**2.82**	**3.48**
五、油脂类	**7.54**	**3.95**	**4.31**
1.植物油	7.43	3.75	4.03
2.动物油	0.11	0.19	0.28
六、肉禽及其制品	**3.3**	**4.45**	**5.59**
其中:1.猪肉	2.97	3.76	4.6
2.牛肉	0.01	0.04	0.04
3.羊肉	0.06	0.1	0.15
4.家禽	0.04	0.11	0.1
5.肉禽制品	0.21	0.42	0.68
七、蛋类及蛋制品	**1.6**	**2.97**	**4.52**
八、奶和奶制品	**0.1**	**0.42**	**1.84**
九、水产品	**0.37**	**0.47**	**0.59**
1.鱼类	0.33	0.44	0.54
2.虾、贝、蟹类	0.03		
3.藻类			
4.其他	0.01	0.02	0.05
十、食糖	**0.64**	**1.06**	**1.95**
十一、酒和饮料	**2.53**	**3.62**	**3.89**
其中:1.白酒	1.37	1.69	1.88
2.啤酒	0.43	0.82	0.81
3.果酒			0.01
4.不含酒精饮料	0.64	1.08	1.1
十二、糖果	**0.16**	**0.15**	**0.14**
十三、糕点	**0.5**	**0.78**	**1.3**
十四、水果及水果制品	**8.87**	**10.12**	**17.41**
十五、坚果及果仁制品	**0.16**	**0.32**	**0.49**

按人均纯收入分组

单位:公斤

1500—2000元	2000—2500元	2500—3000元	3000—3500元	3500—4000元	4000元以上
153.12	**157.76**	**147.58**	**155.95**	**160.98**	**173.59**
83.44	91.99	84.83	78.31	96.73	95.69
26.1	29.24	26.1	30.03	23.64	30.47
6.12	1.7	4.8	11.3	6.44	22.44
10.82	12.86	11.67	11.24	10.87	8.36
3.92	**4.36**	**4.94**	**21.77**	**20.78**	**7.26**
1.06	1.5	1.94	1.66	2.68	0.44
0.39	0.53	0.42	0.66	0.36	0.74
79.47	**81.9**	**69.8**	**72.86**	**90.18**	**110.84**
14.75	16.99	22.18	15.54	22.23	20.4
1.86	4.1	2.94	2.53	2.52	4.62
12.8	13.93	12.35	12.23	15.66	25.05
38.21	26.34	22.87	29.76	22.88	37.93
6.9	11.47	5.51	5.58	14.72	9.92
4.86	8.9	3.37	6.85	11.06	9.16
0.04	0.08	0.23	0.31	0.76	3.38
0.11	0.15	0.44	0.15	0.44	0.5
5.46	**6.45**	**5.69**	**6.8**	**5.89**	**7.56**
5.81	**6.21**	**6.04**	**6.21**	**7.27**	**8.39**
5.55	6.03	5.83	6.07	7.26	7.86
0.26	0.18	0.21	0.14	0.01	0.53
6.27	**7.37**	**7.57**	**7.54**	**9.96**	**11.84**
4.65	5.14	5.36	5.49	7	7.72
0.04	0.08	0.06	0.04	0.17	0.15
0.19	0.27	0.34	0.37	0.55	0.6
0.41	0.4	0.43	0.31	0.44	0.58
0.87	1.42	1.33	1.3	1.68	2.71
41.18	**24.38**	**6.69**	**31.51**	**25.53**	**15.63**
2.88	**2.24**	**1.44**	**1.55**	**1.3**	**3.68**
0.52	**0.89**	**0.86**	**0.92**	**1.35**	**1.61**
0.41	0.55	0.72	0.74	1.25	1.26
0.04	0.22	0.08	0.07	0.01	0.2
0.03	0.03		0.02	0.01	0.02
0.05	0.08	0.06	0.09	0.09	0.11
0.91	**2.43**	**1.05**	**1.35**	**1.6**	**2.08**
35.7	**6.11**	**6.41**	**6.64**	**59.04**	**24.53**
1.54	1.61	1.61	1.39	39.27	13.06
0.91	0.73	0.55	0.76	0.94	1.83
0.02	0.02	0.01	0.03	0.03	0.03
2.48	3.43	3.89	2.87	18.43	8.68
0.34	**0.31**	**0.33**	**0.23**	**0.52**	**0.65**
1.21	**1.19**	**1.08**	**1.3**	**2.03**	**1.98**
25.22	**27.01**	**24.63**	**32.02**	**33.02**	**42.24**
0.79	**0.8**	**0.87**	**0.65**	**0.77**	**1.49**

11—10 农村住户粮食收支

单位:公斤

指　标　名　称	总计	人均数
一、年初粮食结存	**1076903**	**405.21**
二、粮食收入合计	**1296608**	**509.28**
1.生产	690907	306.31
2.购入	592510	199.88
3.借入	1000	0.78
4.收回借出粮		
5.其他粮食收入	12191	2.3
三、粮食支出合计	**1359604**	**515.97**
1.主食用粮	563860	168.63
2.其他生活用粮	25297	10.38
3.出售	343268	162.01
4.种籽	13045	5.25
5.饲料	411389	168.98
6.借出	1930	0.49
7.归还借粮	285	0.1
8.其他粮食支出	530	0.16
四、年末粮食结存滚有计算数	**1013907**	**398.51**
五、年末粮食结存实际调查数	**849876**	**323.53**
其中:计划用于口粮	458062	152.43
种籽	17195	5.07
饲料	140511	57.54
补充资料:生产加工用粮食	47522	24.4
其中:食品加工用粮	1220	0.94
饲料加工用粮	44916	23

第十二篇

国内外贸易
旅游

资料整理

王翠莲　师　超　郑慧华　郭佩华　张晓莉

12—01 社会消费品零售总额

单位:万元

项 目	2001年	2000年	为2000年%
社会消费品零售总额	**1611322**	**1477516**	**109.1**
一、按销售地区分			
市的零售额	1499476	1372973	109.2
县的零售额	33428	31270	106.9
县以下的零售额	78418	73273	107.0
二、按行业分			
批发、零售贸易业	878920	831539	105.7
餐饮业	217042	142592	152.2
其它	515360	503385	102.4
制造业	73366	82604	88.8
农对非	414648	386398	107.3
三、按经济类型分			
国有经济	272205	254900	106.8
集体经济	281768	289955	97.2
股份制经济	103930	120103	86.5
私营经济	331905	213321	155.6
个体经济	199863	204894	97.5
外商及港澳台投资经济	7003	7945	88.1
其它经济	414648	386398	107.3

12—02 限额以上批发零售贸易业商品购、销、存总额

单位：万元

	购进总额	销售总额	批发	零售	年末库存总额
总计	**1415746**	**1637875**	**1212257**	**425618**	**162488**
# 国有及国有控股	963859	1131026	1026286	104740	69447
一、按登记注册类型分组					
内资企业	1093132	1283999	1179070	104929	96276
国有企业	910709	1077755	981308	96447	63935
集体企业	89522	104990	103385	1605	19548
股份合作企业					
联营企业					
国有联营企业					
集体联营企业					
国有与集体联营企业					
其他联营企业					
有限责任公司	92901	101254	94377	6877	12793
国有独资企业					
其他有限责任公司	92901	101254	94377	6877	12793
股份有限公司					
私营企业					
私营独资企业					
私营合伙企业					
私营有限责任公司					
私营股份有限公司					
其他企业					
港、澳、台商投资企业					
合资经营企业(港或澳、台资)					
合作经营企业(港或澳、台资)					
港、澳、台商独资经营企业					
港、澳、台商投资股份有限公司					
外商投资企业					
中外合资经营企业					
中外合作经营企业					
外资企业					
外商投资股份有限公司					
二、按国民经济行业分组					
食品、饮料、烟草批发业	302654	335320	320906	14414	24407
# 粮食、食用油批发业	18942	23108	19273	3835	6553
烟草及其制品批发业	207909	219066	218846	220	8024
棉、麻、土畜产品批发业	19282	19990	19990		5850
纺织品、服装和鞋帽批发业					
日用百货批发业	2336	1899	1899		437
日用杂品批发业					

单位:万元

	购进总额	销售总额	批发	零售	年末库存总额
五金、交电、化工批发业	32529	37585	37553	32	5757
药品及医疗器械批发业	70547	78908	41653	37255	9936
能源批发业	618248	750720	697492	53228	36750
# 石油及制品批发业	65568	68857	41301	27556	6092
煤炭及制品批发业	305378	408097	404599	3498	6535
化工材料批发业	42426	48534	48534		6436
木材批发业					
建筑材料批发业					
矿产品批发业					
金属材料批发业	27403	44696	40962	3734	2404
机械、电子设备批发业	42812	43814	43714	100	4133
汽车、摩托车及零配件批发业	134661	136722	118382	18340	11150
# 汽车批发业	134661	136722	118382	18340	11150
再生物资回收批发业					
工艺美术批发业					
图书报刊批发业					
农业生产资料批发业	47038	59109	59109		13110
其他类未包括的批发业	498	468	468		29
食品、饮料和烟草零售业	33090	42159	10774	31385	10382
# 粮油食品零售业	4156	4200	5	4195	559
副食品零售业	28934	37929	10769	27190	9823
日用百货零售业	238046	256212	8745	247471	45971
# 百货零售业	236911	254559	8742	245817	45515
文化体育用品零售业	1155	1653	3	1654	456
纺织品、服装和鞋帽零售业	2976	3049	269	2780	680
日用杂品零售业					
五金、交电、化工零售业	26093	26336	7510	18826	5211
药品及医疗器械零售业					
图书报刊零售业	7554	7590	361	7229	610
其他零售业	14855	18526	5528	12998	3358
# 家具零售业					
汽车、摩托车及其零配件零售					
计算机及软件、办公设备零售					

12—03 限额以上批发零售贸易业商品销售、库存

	单位	销售合计	批 发	零 售	库 存
粮食	吨	123822	89853	33969	47297
食用植物油	吨	11230	1999	9231	1654
食糖	吨	6415	2387	4028	121
棉花	吨	14543	14540	3	4720
电视机	台	44941	882	44059	10725
组合音响	台	1982		1982	1902
摄像机	台	1100		1100	150
录像机	台	61		61	223
影碟机	台	22771	29	22742	3161
家用电冰箱	台	31898	6155	25743	13299
家用洗衣机	台	35267	5139	30128	10995
房间空调器	台	8504	163	8341	1801
微波炉	台	29029		29029	6037
微型计算机	台	12129	10517	1612	129
普通电话机	台	184897		184897	3685
移动电话机	台	1043		1043	

12—03 续表

	单位	销售合计	批 发	零 售	库 存
寻呼机	部	25375		25375	4240
化学肥料	吨	484768	484766	2	62734
化学农药	吨	4114	4114		39
农用薄膜	吨	253	253		
煤炭	吨	19462221	19462221		550540
木材	吨	1904	1904		
汽油	吨	120648	57152	63496	4384
柴油	吨	107151	72966	34185	3355
钢材	吨	18783	18783		4118
铜	吨	1222	1222		
铝	吨	153	19	134	115
汽车	辆	15228	12420	2808	1093
摩托车	辆	29687	21433	8254	4433
拖拉机	辆	262	51	211	89

12—04 限额以上批发零

指　　标	企业数(个)合计	#亏损企业	流动资产小计	固定资产小计
批发、零售贸易企业总计	**99**	**40**	**714180**	**419561**
一、批发企业	**51**	**17**	**525915**	**125862**
# 国有及国有控股	40	14	416752	110185
(一)按登记注册类型分组				
内资企业	51	17	525915	125862
国有企业	38	14	407039	105878
集体企业	8	2	80261	9098
股份合作企业				
联营企业				
国有联营企业				
集体联营企业				
国有与集体联营企业				
其他联营企业				
有限责任公司	5	1	38615	10885
国有独资企业				
其他有限责任公司	5	1	38615	10885
股份有限公司				
私营企业				
私营独资企业				
私营合伙企业				
私营有限责任公司				
私营股份有限公司				
其他企业				
港、澳、台商独资企业				
合资经营企业(港或澳、台资)				
合作经营企业(港或澳、台资)				
港、澳、台商独资经营企业				
港、澳、台商投资股份有限公司				
外商投资企业				
中外合资经营企业				

售贸易企业财务状况

单位:万元

资产总计	负债合计	所有者权益合计	商品销售收入	商品销售成本	营业利润
1298631	**1074895**	**223736**	**1648206**	**1491001**	**—2671**
777626	**689234**	**88393**	**1283871**	**1168886**	**5206**
646058	578815	67243	1130898	1028826	6011
777626	689234	88393	1283871	1168886	5206
630705	565127	65578	1077627	978927	5800
95423	78251	17172	104989	96719	—303
51498	45856	5643	101254	93240	—290
51498	45856	5643	101254	93240	—290

12—04 续表1

指标	企业数(个)合计	# 亏损企业	流动资产小计	固定资产小计
中外合作经营企业				
外资企业				
外商投资股份有限公司				
(二)按国民经济行业分组				
食品、饮料、烟草批发业	14	2	116580	38622
# 粮食、食用油批发业	5	1	61423	25864
烟草及其制品批发业	2		18306	3913
棉、麻、土畜产品批发业	1		24959	3703
纺织品、服装和鞋帽批发业				
日用百货批发业	1	1	1092	102
日用杂品批发业				
五交、交电、化工批发业	3	1	14844	8897
药品及医疗器械批发业	4		26073	5584
能源批发业	8	2	167919	28087
# 石油及制品批发业	2	1	9789	5320
煤炭及制品批发业	6	1	158129	22766
化工材料批发业	3	1	15574	11226
木材批发业				
建筑材料批发业				
矿产品批发业				
金属材料批发业	5	2	53797	8594
机械、电子设备批发业	6	5	22767	9082
汽车、摩托车及零配件批发业	3	2	44023	10653
# 汽车批发业	3	2	44023	10653
再生物资回收企业				
工艺美术批发业				
图书报刊批发业				
农业生产资料批发业	2	1	33025	1264
其他类未包括的批发业	1		5262	68
二、零售企业	**48**	**23**	**188265**	**293699**

单位:万元

资产总计	负债合计	所有者权益合计	商品销售收入	商品销售成本	营业利润
171848	152939	18909	335611	316353	−2669
98933	108856	−9923	23699	21377	−7309
23097	9998	13099	219066	208641	4558
29899	29519	379	19990	19107	−193
1176	1219	−44	1899	1522	−37
23868	22016	1852	37805	32664	−687
33572	28402	5169	78545	72490	203
217966	173466	44501	477055	406988	11143
15193	9762	5431	68857	64723	−882
202773	163704	39070	408197	342265	12026
28552	19770	8782	48534	46366	524
138948	136791	2157	44700	44504	−280
34899	30061	4838	43816	41368	−1446
56748	57853	−1105	136339	132822	−408
56748	57853	−1105	136339	132822	−408
34804	32555	2249	59109	54528	−114
5346	4640	706	468	176	26
521004	**385661**	**135343**	**364336**	**322115**	**−7877**

12—04 续表 2

指　　标	企业数(个)合计	# 亏损企业	流动资产小计	固定资产小计
# 国有及国有控股	25	18	117148	259483
(一)按登记注册类型分组				
内资企业	48	23	188265	293699
国有企业	19	14	58888	193983
集体企业	2		2453	3816
股份合作企业	2		2015	748
联营企业	1	1	12224	4333
国有联营企业	1	1	12224	4333
集体联营企业				
国有与集体联营企业				
其他联营企业				
有限责任公司	5		25033	9736
国有独资企业				
其他有限责任公司	5		25033	9736
股份有限公司	12	4	46126	61545
私营企业	7	4	41527	19536
私营独资企业				
私营合伙企业				
私营有限责任公司	7	4	41527	19536
私营股份有限公司				
其他企业				
港、澳、台商投资企业				
合资经营企业(港或澳、台资)				
合作经营企业(港或澳、台资)				
港、澳、台商独资经营企业				
港、澳、台商投资股份有限公司				
外商投资企业				
中外合资经营企业				
中外合作经营企业				
外资企业				

单位:万元

资产总计	负债合计	所有者权益合计	商品销售收入	商品销售成本	营业利润
394434	290262	104172	174133	153319	−7841
521004	385661	135343	364336	322115	−7877
265487	204394	61093	76639	66377	−2194
12728	6040	6688	11380	10987	16
2852	2396	456	4201	3511	67
17249	12155	5093	13633	12693	−264
17249	12155	5093	13633	12693	−264
38558	31584	6975	91654	81186	755
38558	31584	6975	91654	81186	755
112234	74412	37822	80792	71335	−5716
71896	54680	17215	86035	76025	−541
71896	54680	17215	86035	76025	−541

12—04 续表 3

指　　标	企业数(个)合计	#亏损企业	流动资产小计	固定资产小计
外商投资股份有限公司				
(二)按国民经济行业分组				
食品、饮料和烟草零售业	9	5	22406	25247
# 粮油食品零售业	2	2	6142	6408
副食品零售业	7	3	16264	16839
日用百货零售业	22	12	125313	107006
# 百货零售业	21	11	124393	106409
文化体育用品零售业				
纺织品、服装和鞋帽零售业	4	2	4982	10729
日用杂品零售业				
五金、交电、化工零售业	3	1	12242	1132
药品及医疗器械零售业				
图书报刊零售业	2	1	1376	2851
其他零售业	8	2	21945	146733
# 家具零售业				
汽车、摩托车及其零配件零售业				
计算机及软件、办公设备零售业				
(三)按经营方式分组				
独立商店	39	19	131662	259459
连锁商店	8	4	56509	31573
其他	1		93	2667
(四)按零售业态分组				
1.百货商店	18	9	71131	98835
2.超级市场	9	6	72207	34851
3.专业(专卖)商店	17	8	44115	156819
4.其他	4		812	3192

单位:万元

资产总计	负债合计	所有者权益合计	商品销售收入	商品销售成本	营业利润
50688	46278	4410	41155	37946	−909
13895	14625	−731	4224	4209	−15
36794	31653	5140	36931	33737	−894
261998	187624	74374	263931	231455	−6705
260296	186312	73984	262274	230230	−6647
16111	16424	−314	3049	2757	−1445
15274	14231	1043	26336	24969	−264
5499	3091	2409	7597	5994	−111
171432	118012	53419	22266	18991	1559
422107	309582	112525	222707	197097	−7735
95609	73773	21837	137442	122200	−1209
3286	2305	981			
			4186	2816	1068
188738	140036	48702	118698	103741	−8982
119561	89903	29658	178686	158958	−49
208172	152278	55893	61017	55214	62
4532	3444	1088	5933	4199	1093

12—05 限额以上餐

指　　标	企业数(个)合计	# 亏损企业	流动资产小计	固定资产小计
总　计	**19**	**5**	**13675**	**18441**
# 国有及国有控股	10	1	1213	3660
一、按登记注册类型分组				
内资企业	15	2	10681	16456
国有企业	9	1	1171	3336
集体企业				
股份合作企业				
联营企业				
国有联营企业				
集体联营企业				
国有与集体联营企业				
其他联营企业				
有限责任公司	1		42	324
国有独资企业				
其他有限责任公司	1		42	324
股份有限公司	1	1	13	51
私营企业	4		9455	12745
私营独资企业				
私营合伙企业				
私营有限责任公司				
私营股份有限公司	4		9455	12745
其他企业				
港、澳、台商独资企业	3	3	1728	1304
合资经营企业(港或澳、台资)	3	3	1728	1304
合作经营企业(港或澳、台资)				
港、澳、台商独资经营企业				
港、澳、台商投资股份有限公司				
外商投资企业	1		1266	681
中外合资经营企业				
中外合作经营企业				
外商企业				
外商投资股份有限公司	1		1266	681
二、按国民经济行业分组				
正餐	17	4	11830	17006
快餐	2	1	1845	1435
其他餐饮业				

饮业财务状况

单位:万元

资产总计	负债合计	所有者权益合计	营业收入	营业成本	营业利润
37236	**18160**	**19076**	**34257**	**17874**	**1620**
6648	3988	2659	3650	1628	0.4
29471	13475	15996	26027	13706	926
6268	3679	2588	3515	1563	－0.3
380	309	71	136	65	0.7
380	309	71	136	65	0.7
163	48	116	1019	646	－11.6
22660	9439	13221	21357	11431	937
22660	9439	13221	21357	11431	937
4225	3428	796	3915	2313	－40
4225	3428	796	3915	2313	－40
3539	1256	2282	4315	1855	734
3539	1256	2282	4315	1855	734
31615	14921	16694	29435	15746	918
5621	3239	2382	4822	2128	702

12—06 对外贸易进出口情况(海关数)

单位:万美元

指 标	2001 年	为 2000 年%
地区进出口总额	**132192**	**117.7**
出口总额	105295	119.7
进口总额	26897	110.4
市级进出口总额	**16627**	**106.8**
出口总额	13004	102.3
进口总额	3623	127.1

注:地区外贸进出口总额为不含阳城电厂口径。

12—07 三资企业情况

指 标	单位	2001 年	2000 年	为 2000 年%
年内新批三资企业	个	22	24	91.7
总投资额	万美元	8509	20132	42.3
协议外资额	万美元	3230	10412	31.0
当年实际利用外资	万美元	6920	7280	95.1

12—08　旅游人数及收入

	2001 年
一、海外旅游人数(人次)	**43665**
外国人	33775
华　侨	3196
港澳同胞	2293
台湾同胞	4401
二、国内旅游人数(万人次)	**880.3**
三、旅游外汇收入(万美元)	**1811.5**
四、国内旅游收入(亿元)	**29.3**

12—09　出境旅游人数

单位:人次

	2001 年
出境旅游人数	**2815**
出国游	2121
港澳游	694
前往国家(地区)	
香　　港	695
澳　　门	690
泰　　国	1465
新 加 坡	1415
马来西亚	1395
韩　　国	488

第十三篇

劳动力和职工工资

资料整理

涂向远　吴义芳　陈松青
张金莲　亢会明　周凤英

13—01 按国民经济行业分组的单位从业人员

指　　标	单位从业人员(人)			
	合　计	国有单位	城镇集体单位	其他经济类型
全　市　总　计	**855513**	**500018**	**112687**	**242808**
一、按企事业机关分组				
企　业	654906	307415	104804	242687
事　业	153984	146173	7690	121
机　关	46623	46430	193	
二、按国民经济行业分组				
农、林、牧、渔业	4236	3834	402	
采掘业	73897	13017	1371	59509
制造业	284373	105737	47292	131344
电力、煤气及水的生产和供应业	16596	13869	2727	
建筑业	99419	57430	18823	23166
地质勘查业、水利管理业	9340	9110	170	60
交通运输、仓储及邮电通信业	50564	43346	2357	4861
批发和零售贸易、餐饮业	73662	40856	17241	15565
金融、保险业	19078	13764	2082	3232
房地产业	3706	2155	249	1302
社会服务业	44711	30630	11234	2847
卫生、体育和社会福利业	25513	22168	3127	218
教育、文化艺术及广播电影电视业	77609	76702	579	328
科学研究和综合技术服务业	23837	21834	1793	210
国家机关、政党机关和社会团体	42148	41954	194	
其他行业	6824	3612	3046	166

13—02 按国民经济行业分组的单位从业人员劳动报酬

指　　标	单位从业人员劳动报酬(万元)			
	合　计	国有单位	城镇集体单位	其他经济类型
全　市　总　计	**811088.4**	**497001.1**	**64991.1**	**249096.2**
一、按企事业机关分组				
企　业	581257.3	273026.2	59181.2	249049.9
事　业	173376.5	167827.7	5502.5	463
机　关	56454.6	56147.2	307.4	
二、按国民经济行业分组				
农、林、牧、渔业	3206.6	2979.9	226.7	
采掘业	73036.8	12865.2	702.2	59469.4
制造业	236227.2	70132.9	22779.1	143315.2
电力、煤气及水的生产和供应业	19973.8	17308.1	2665.7	
建筑业	84066.1	46544.2	13563.4	23958.5
地质勘查业、水利管理业	9669.3	9447.5	173.2	48.6
交通运输、仓储及邮电通信业	72340.8	65323.4	1724.8	5292.6
批发和零售贸易、餐饮业	43244.3	25168.1	8531.9	9544.3
金融、保险业	23327.3	17787.0	1642.2	3898.1
房地产业	3375.9	2146.5	172.6	1056.8
社会服务业	35023.9	26698.2	6638.5	1687.2
卫生、体育和社会福利业	29738.8	27105.5	2374.3	259.0
教育、文化艺术及广播电影电视业	92474.0	91709.6	421.6	342.8
科学研究和综合技术服务业	28547.0	26892.4	1504.9	149.7
国家机关、政党机关和社会团体	51836.3	51531.5	304.8	
其他行业	5000.3	3361.1	1565.2	74.0

13—03　按国民经济行业分组的在岗职工人数

指　　标	在岗职工年末人数(人)			
	合　计	国有单位	城镇集体单位	其他经济类型
全　市　总　计	**836041**	**488834**	**108076**	**239131**
一、按企事业机关分组				
企　业	637817	298545	100260	239012
事　业	151885	144143	7623	119
机　关	46339	46146	193	
二、按国民经济行业分组				
农、林、牧、渔业	4168	3767	401	
采掘业	73377	12947	1082	59348
制造业	280822	105207	45405	130210
电力、煤气及水的生产和供应业	16595	13868	2727	
建筑业	94263	54035	17459	22769
地质勘查业、水利管理业	9096	8879	157	60
交通运输、仓储及邮电通信业	48815	42122	2342	4351
批发和零售贸易、餐饮业	71273	39792	16870	14611
金融、保险业	17607	12455	2082	3070
房地产业	3534	2125	222	1187
社会服务业	43385	29742	10967	2676
卫生、体育和社会福利业	25008	21703	3087	218
教育、文化艺术及广播电影电视业	76638	75786	536	316
科学研究和综合技术服务业	22924	21185	1590	149
国家机关、政党机关和社会团体	41929	41739	190	
其他行业	6607	3482	2959	166

13—04 按国民经济行业分组的在岗职工工资总额

指标	在岗职工工资总额(万元)			
	合计	国有单位	城镇集体单位	其他经济类型
全市总计	**798789.8**	**489146.1**	**63115.1**	**246528.6**
一、按企事业机关分组				
企业	570571.3	266729.5	57357.8	246484.0
事业	172031.8	166537.3	5449.9	44.6
机关	56186.7	55879.3	307.4	
二、按国民经济行业分组				
农、林、牧、渔业	3169.3	2946.1	223.2	
采掘业	72763.0	12773.8	606.4	59382.8
制造业	234339.7	69876.5	22058.4	142404.8
电力、煤气及水的生产和供应业	19962.4	17296.7	2665.7	
建筑业	80537.9	43959.9	12960.2	23617.8
地质勘查业、水利管理业	9442.1	9223.4	170.1	48.6
交通运输、仓储及邮电通信业	71177.1	64526.4	1712.8	4937.9
批发和零售贸易、餐饮业	42224.8	24800.5	8372.4	9051.9
金融、保险业	22104.9	16718.7	1642.2	3744.0
房地产业	3269.3	2135.3	158.2	975.8
社会服务业	34275.9	26146.6	6529.7	1599.6
卫生、体育和社会福利业	29436.3	26838.6	2338.7	259.0
教育、文化艺术及广播电影电视业	91993.4	91273.9	397.6	321.9
科学研究和综合技术服务业	27569.9	26023.9	1435.5	110.5
国家机关、政党机关和社会团体	51650.3	51347.4	302.9	
其他行业	4873.5	3258.4	1541.1	74.0

13—05 按国民经济行业分组的其他从业人员人数及报酬

指标	年末人数(人)			劳动报酬(万元)		
	其他从业人员	#聘用的离退休人员	#聘用港澳台和外籍人员	其他从业人员劳动报酬	#聘用的离退休人员劳动报酬	#聘用港澳台和外籍人员劳动报酬
全市总计	**19472**	**5258**	**30**	**12298.7**	**2769.2**	**90.6**
一、按企事业机关分组						
企业	17089	4553	18	10685.7	2309.0	60.1
事业	2099	623	12	1345.1	433.3	30.5
机关	284	82		267.9	26.9	
二、按国民经济行业分组						
农、林、牧、渔业	68	16	1	37.5	4.3	3.5
采掘业	520	84		273.9	44.0	
制造业	3551	1950	7	1887.2	1116.2	17.2
电力、煤气及水的生产和供应业	1	1		11.2	1.0	
建筑业	5156	685		3528.1	299.4	
地质勘查业、水利管理业	244	37		227.1	16.8	
交通运输、仓储及邮电通信业	1749	400		1163.7	78.7	
批发和零售贸易、餐饮业	2389	389	4	1020.0	179.4	21.4
金融、保险业	1471	15		1222.4	5.5	
房地产业	172	45		106.6	41.9	
社会服务业	1326	743		748.0	391.3	
卫生、体育和社会福利业	505	273		302.4	165.4	
教育、文化艺术及广播电影电视业	971	160		481.0	109.3	48.5
科学研究和综合技术服务业	913	354		976.9	255.9	
国家机关、政党机关和社会团体	219	43		186.1	18.8	
其他行业	217	63		126.6	41.3	

13—06 按国民经济行业分组的离开本单位仍保留劳动关系的职工人数

指标	离开本单位仍保留劳动关系的职工(人)			
	合计	国有单位	城镇集体单位	其他经济类型
全市总计	**150494**	**94403**	**27670**	**28421**
一、按企事业机关分组				
企业	146770	91043	27306	28421
事业	3318	2957	361	
机关	406	403	3	
二、按国民经济行业分组				
农、林、牧、渔业	681	679	2	
采掘业	2646	1142	100	1404
制造业	85924	49115	16006	20803
电力、煤气及水的生产和供应业	14	13	1	
建筑业	22730	20105	952	1673
地质勘查业、水利管理业	842	842		
交通运输、仓储及邮电通信业	8431	4234	3201	996
批发和零售贸易、餐饮业	21322	12877	5685	2760
金融、保险业	1513	1112		401
房地产业	295	272	4	19
社会服务业	2821	1635	846	340
卫生、体育和社会福利业	719	599	95	25
教育、文化艺术及广播电影电视业	825	733	92	
科学研究和综合技术服务业	606	461	145	
国家机关、政党机关和社会团体	434	431	3	
其他行业	691	153	538	

13—07 按国民经济行业分组的离开本单位仍保留劳动关系职工生活费

指　标	离开本单位仍保留劳动关系职工生活费(万元)			
	合　计	国有单位	城镇集体单位	其他经济类型
全　市　总　计	**33726.9**	**22189.5**	**1489.6**	**10047.8**
一、按企事业机关分组				
企　业	32134.9	20619.8	1467.3	10047.8
事　业	1282.6	1260.3	23.3	
机　关	309.4	309.4		
二、按国民经济行业分组				
农、林、牧、渔业	66.2	66.2		
采掘业	433.9	74.2	7.6	352.1
制造业	20502.4	11421.5	711.4	8369.5
电力、煤气及水的生产和供应业	4.7	3.8	0.9	
建筑业	4855.7	4300.3	13.5	541.9
地质勘查业、水利管理业	142.4	142.4		
交通运输、仓储及邮电通信业	2049.3	1873.9	26.4	149.0
批发和零售贸易、餐饮业	2643.0	1526.0	689.2	427.8
金融、保险业	1080.9	967.9		113.0
房地产业	68.8	57.8		11.0
社会服务业	377.7	301.7	16.1	59.9
卫生、体育和社会福利业	660.9	634.6	2.7	23.6
教育、文化艺术及广播电影电视业	456.9	455.9	1.0	
科学研究和综合技术服务业	38.7	38.7		
国家机关、政党机关和社会团体	301.3	301.3		
其他行业	44.1	23.3	20.8	

13—08 按国民经济行业分组的在岗职工年平均工资

指　　标	在岗职工年平均工资(元)			
	合　计	国有单位	城镇集体单位	其他经济类型
全　市　总　计	**9601**	**9989**	**6055**	**10356**
一、按企事业机关分组				
企　　业	8983	8868	5947	10359
事　　业	11404	11632	7210	3748
机　　关	12222	12213	14101	
二、按国民经济行业分组				
农、林、牧、渔业	7650	7896	5417	
采掘业	9909	9275	5865	10130
制造业	8366	6531	5184	10906
电力、煤气及水的生产和供应业	5257	12559	9815	
建筑业	8561	7976	7511	10883
地质勘查业、水利管理业	10362	10367	10974	8100
交通运输、仓储及邮电通信业	14624	15389	7396	11164
批发和零售贸易、餐饮业	5981	6324	5082	6074
金融、保险业	12403	13447	7888	11321
房地产业	9551	10281	7290	8643
社会服务业	7995	8862	6048	6224
卫生、体育和社会福利业	11755	12349	7576	11719
教育、文化艺术及广播电影电视业	12144	12171	7735	13085
科学研究和综合技术服务业	12147	12392	9273	7416
国家机关、政党机关和社会团体	12496	12488	14088	
其他行业	7568	9539	5392	4458

13—09　基本养老保险情况

单位：人

	参保职工期末数	实际缴费人员期末数	离休、退休退职人员期末数	实发养老金额（万元）
总　　计	**515888**	**464120**	**196791**	**111671**
一、企　业	**514423**	**462655**	**196765**	**111662**
# 中央	52511	52292	32626	19078
（一）内资企业	507395	456168	195150	110813
1.国有企业	436385	393547	169722	100310
# 再就业服务中心	30592	30523		
2.集体企业	70594	62206	25402	10481
3.其他企业	416	415	26	22
# 国有联营及独资企业				
（二）港、澳、台及外资企业	7028	6487	1615	849
二、事业				
三、机关				
四、其他	**1465**	**1465**	**26**	**9**

13—10 离休、退休、退职人员年末人数

	离休、退休、退职人员年末人数(人)			
	合　计	离休人员	退休人员	领取定期生活费的退职人员
总　　计	**297323**	**18713**	**275361**	**3249**
一、企　业	**237925**	**10108**	**225232**	**2585**
# 地方	180198	6805	171044	2349
(一)内资企业	236965	10086	224298	2581
1.国有企业	198216	9335	187783	1098
# 省属企业	90833	3605	86698	530
地市及以下企业	49017	2397	46286	334
2.集体企业	25543	441	23775	1327
3.其他企业	13206	310	12740	156
(二)港、澳、台商投资企业	804	16	784	4
(三)外商投资企业	156	6	150	
二、事业	**46496**	**4583**	**41316**	**597**
# 地方	39528	4091	34864	573
三、机关	**12902**	**4022**	**8813**	**67**
# 地方	12161	3801	8293	67

13—11　离休、退休、退职人员保险福利费用构成情况

	保险福利费用构成(万元)					
	合　计	离休金	退休金	退　职 生活费	医　疗 卫生费	其他
总　　计	**246222.1**	**28182.0**	**182880.2**	**842.7**	**24502.7**	**9814.5**
一、企　业	**162344.3**	**13557.4**	**126592.6**	**562.9**	**15404.2**	**6227.2**
# 地方	111507.0	8542.9	88671.4	442.2	9860.5	3990.0
(一)内资企业	161692.7	13525.0	126094.3	561.6	15292.2	6219.6
1.国有企业	142394.6	12462.8	110113.7	396.1	14054.8	5367.2
# 省属企业	64187.4	4093.4	52303.5	159.8	5501.9	2128.8
地市及以下企业	27165.0	3296.4	19692.4	116.6	3106.6	953.0
2.集体企业	12339.8	608.5	10389.4	117.7	462.0	762.2
3.其他企业	6958.3	453.7	5591.2	47.8	775.4	90.2
(二)港、澳、台商投资企业	510.6	20.2	401.5	1.3	80.0	7.6
(三)外商投资企业	141.0	12.2	96.8		32.0	
二、事业	**63985.0**	**8023.2**	**45790.0**	**257.1**	**7155.4**	**2759.3**
# 地方	54355.7	7130.0	38729.3	243.8	5728.2	2524.4
三、机关	**19892.8**	**6601.4**	**10497.6**	**22.7**	**1943.1**	**828.0**
# 地方	18646.1	6203.6	9792.3	22.7	1843.6	783.9

13—12 城镇失业人员情况

单位：人

	本期由就业转失业人数	本期失业人员就业人数
总　　计	**14400**	**14904**
一、按企事业机关分组		
企　业	14400	14904
事　业		
机　关		
二、按国民经济行业分组		
农、林、牧、渔业		
采掘业	1959	2372
制造业	4036	218
电力、煤气及水的生产和供应业		312
建筑业	3776	3280
地质勘查业、水利管理业	249	
交通运输、仓储及邮电通信业	2629	1443
批发和零售贸易、餐饮业		4063
金融、保险业		1453
房地产业	1312	
社会服务业		
卫生、体育和社会福利业		
教育、文化艺术及广播电影电视业		
科学研究和综合技术服务业		
国家机关、政党机关和社会团体		
其他行业	439	1763

第十四篇

科教文卫体民政

资料整理

陈效萍　刘利祯　崔　晰

14—01 大中型工业企业科技活动人员情况

单位：人

	企业数（个）	从事科技活动人员			
		合计	# 高中级职称人员	# 无高中级技术职称的大学本科及以上学历人员	# 从事研究与发展人员
总计	**94**	**10868**	**6950**	**1265**	**1458**
一、按登记注册类型分组					
国有	59	3963	2607	456	938
集体	4	25	11	5	
其它	31	6880	1923	804	520
二、按隶属关系分组					
中央	22	3577	2496	276	832
省属	27	5681	3796	616	321
市属及市属以下	45	1610	658	373	305
三、按企业规模分组					
大型	43	9676	6252	1153	1195
特大型	5	3884	2694	456	151
大一型	17	4510	2910	465	860
大二型	21	1282	648	232	184
中型	51	1192	698	112	263
中一型	18	504	324	76	99
中二型	33	688	374	36	164
四、按工业行业大类分组					
采掘业	4	1142	1045	34	50
制造业	85	9230	5537	1130	1373
电力、煤气及水的生产和供应业	5	496	368	101	35

14—02 大中型工业企业

	总 额	科技活动经费筹集			
		企业自筹资金	银行贷款	上级拨款	其他
总 计	**27690.7**	**19797.1**	**30.0**	**7243.6**	**620.0**
一、按登记注册类型分组					
国 有	6340.1	4570.5	30.0	1159.6	580.0
集 体	30.4	30.4			
其 它	21320.2	15196.2		6084.0	48.0
二、按隶属关系分组					
中 央	10669.8	4368.8		5932.0	369.0
省 属	13970.4	12543.8	30.0	1185.6	211.0
市属及市属以下	3050.5	2884.5		126.0	40.0
三、按企业规模分组					
大 型	25466.3	17683.3		7164.0	619.0
特大型	8403.9	8303.9		100.0	
大一型	14768.9	7718.9		6631.0	419.0
大二型	2293.5	1660.5		433.0	200.0
中 型	2224.4	2113.8	30.0	79.6	1.0
中一型	964.0	903.0		60.0	1.0
中二型	1260.4	1210.8	30.0	19.6	
四、按工业行业大类分组					
采掘业	437.0	437.0			
制造业	26420.8	18737.2	30.0	7243.6	410.0
电力、煤气及水的生产和供应业	832.9	622.9			210.0

科技活动经费情况

单位:万元

总 额	科技活动经费支出					
	内部支出			外部支出		
	合 计	# 研究与发展经费支出	# 新产品开发经费支出	合 计	# 对研究机构的支出	# 对高等院校的支出
28643.4	**26523.8**	**9875.6**	**15145.6**	**2119.6**	**604.2**	**595.8**
6082.4	5192.7	1104.4	2353.3	889.7	147.5	112.6
30.4	30.4		1.1			
22530.6	21300.7	8771.2	12791.2	1229.9	456.7	483.2
11704.2	10976.5	7143.8	8492.4	727.7	63.0	75.6
14037.6	12886.2	2104.6	5635.6	1151.4	505.6	370.7
2901.6	2661.1	627.2	1017.6	240.5	35.6	149.5
26590.1	24781.5	9543.9	14300.0	1808.6	466.2	431.8
8665.1	8031.9	1874.4	2286.2	633.2	247.9	282.7
14940.7	14150.2	6662.2	10072.5	790.5	159.3	130.2
2984.3	2599.4	1007.3	1941.3	384.9	59.0	18.9
2053.3	1742.3	331.7	845.6	311.0	138.0	164.0
964.0	850.0	138.9	464.9	114.0	10.0	104.0
1089.3	892.3	192.8	380.7	197.0	128.0	60.0
1071.7	676.7	70.0	150.0	395.0	180.0	195.0
26738.8	25419.7	9720.6	14895.6	1319.1	345.7	361.1
832.9	427.4	85.0	100.0	405.5	78.5	39.7

14—03 各级各类学校基本情况

单位：人

	学校数	班　数	在校学生　数	年内招生　数	年内毕业生数	毕业班学生数	教职工数		兼任教师	代课教师
							合　计	# 专任教师		
总　　计	**2830**	**16836**	**806631**	**230188**	**181863**	**152340**	**72771**	**51059**	**488**	**1691**
高等教育	12		101230	36696	13735	17857	13397	7601		
高等院校	12		101230	36696	13735	17857	13397	7601		
中等教育	368	4546	292045	94201	72694	76089	27904	19585	286	552
中等师范学校	2		8269	2610	1491	2628	452	257		
中等专业学校	41		77813	19675	15746	16412	5283	2835	62	
普通中学	243	4081	185537	64426	47209	53102	18565	14387	196	528
高中	75	921	43541	15667	10539	12868		3343		
初中	168	3160	141996	48759	36670	40234		10944		
技工学校	49		9191	3875	3536		1745	1014		
职业学校	33	465	11235	3615	4712	3947	1859	1192	28	24
小学	1457	8786	293615	49559	50456	51441	19379	16935	59	1139
其它教育	988	3445	118679	49563	44861	6953	11851	6778	143	
幼儿园	971	3442	97415	40031	39898		8371	5046		
工读学校	1	3	34	20	9		63	34		
成人高教	16		21230	9512	4954	6953	3417	1698	143	
特殊教育	5	59	1062	169	117		240	160		

14—04　高等中等专业学校基本情况

单位：人

	在校学生数	本年招生数	本年毕业生数	毕业班学生数	教职工数	
					合计	# 专任教师
高等学校	**101230**	**36696**	**13735**	**17857**	**13397**	**7601**
山西大学	13379	5164	1663	2039	1741	1086
太原重型机械学院	8146	2635	955	1231	853	496
华北工学院	15477	6504	2268	2425	1891	969
太原理工大学	15860	4526	2753	3132	2849	1580
太原电力高等专科学校	1378	350	395	458	376	192
山西医科大学	9175	2821	967	1300	1444	725
太原师范学院	6928	1977	1068	1426	1618	658
山西财经大学	10858	3876	1699	1874	1146	699
山西财政税务专科学校	3239	1257	462	1000	336	191
山西中医学院	2462	1030	117	195	328	140
太原大学	2359	965	502	580	442	140
山西警官高等专科学校	1340	552			373	164
中等师范学院	**8269**	**2610**	**1491**	**2628**	**452**	**257**
太原师范学校	4171	974	251	1228	279	165
太原幼儿师范学校	4098	1636	1240	1400	173	92
中等专业学院	**77813**	**19675**	**15746**	**16412**	**5283**	**2835**
华北工学院中专部						
太原铁路机械学校	2078	552	858	426	236	114
山西省邮电学校	442	275	80	87	129	59
太原电力学校	1773	543	397	330	243	138
华北广播电视学校	280		138	158		
山西省银行学校	2100	455	304	446	130	75
太原冶金工业学校						
山西煤炭工业学校	3780	902	587	551	270	135

14—04 续表 1

单位:人

	在校学生数	本年招生数	本年毕业生数	毕业班学生数	教职工数	
					合计	# 专任教师
山西电子工业学校	2007	643	312	591	137	57
太原化学工业学校	1533	300	330	475	210	107
山西省轻工业学校	2130	320	486	485	214	114
山西省建材工业学校	2146	430	459	511	162	79
太原市城市建设学校	969	211	249	204	116	70
山西省贸易学校	2390	620	515	520	143	66
太原市农业学校	1328	200	302	337	220	86
山西省林业学校	2884	1310	504	482	173	92
山西省中医学校	1969	534	323	484		
太原市卫生学校	2488	868	281	329	140	85
山西省财贸学校	3036	760	559	537	167	92
山西省财政会计学校	1095	87	208	304		
山西省计划统计学校	2144	500	373	570	225	108
山西省供销学校	1717	110	440	587	194	109
太原市财贸学校	934	105	294	285	113	65
山西省物资学校	1755	420	306	280	125	82
山西省广播电视学校	1162	306	178	114	51	31
太原市工业经济学校	1130	117	149	238		
山西省乡镇企业学校	799	81	152	221	99	49
山西省第二人民警察学校	2915	863	380	431	201	90

14—04 续表 2 单位:人

	在校学生数	本年招生数	本年毕业生数	毕业班学生数	教职工数	
					合计	# 专任教师
山西司法学校	2242	636	552	516	132	75
太原市人民警察学校	3831	950	882	683	135	69
山西省体育运动学校	855	270	169	172	154	88
山西省戏曲学校	2169	600	256	358	220	177
太原市文化艺术学校	609	162	119	115	106	75
山西省税务学校	1895		485	841	88	51
山西省人民武装学校	159		148	159		
太原市体育运动学校	380	89	70	75	76	42
太原市旅游学校	1510	619	123	236	224	135
太原市工贸学校	740	105		117	131	75
山西省国际商务学校	590	150	132	75	86	50
山西公安专科中专部			887			
太原市好艺中等专业学校	326	189			49	26
山西省工业管理学校	1872	600	230	272		
山西省艺术职院中专部	1328	311	414	337		
山西生物应用职院中专部	3054	900	377	677		
山西省特殊教育中专学校	214	96	81	54	78	23
山西工程职院中专部	2449	333	630	892		
山西建工职院中专部	2420	900	367	370		
山西交通职院中专部	2779	665	400	295		
山西省畜牧兽医学校	959	302	260	185	106	46
山西兴华职业中专部	448	286				

14—05 成人高等学校情况

单位：人

	在校学生数	本年招生数	本年毕业生数	毕业班学生数	教职工数		兼任教师
					合计	# 专任教师	
总计	**22869**	**32601**	**5611**	**7514**	**3319**	**1633**	**244**
山西省广播电视大学	4608	1535	1498	1429	803	304	101
山西省煤炭管理干部学院	4284	2244	461	1561	309	117	
山西省兵器工业职工大学	1256	579	422	310	272	194	38
山西职工二轻学院	585	330	182	255	93	42	14
太原市重机厂职工大学							
大众机械厂职工大学							
太原钢铁公司职工大学	1385	880	160	159	112	61	7
山西机电职工学校	904	475	144	118	220	126	27
山西省水利职工学院	486	270	101	156	66	38	
山西职工医学院	3791	1287	791	991	340	155	
山西职工文学院							
山西省经济管理干部学院	1283	525	481	540	203	100	
山西政法管理干部学院	780	355	465	401	153	80	
太原市教育学院	261	102	99	100	171	97	
太原市职工大学							
太原市化工公司职工大学	135	57	56	51	76	40	
太原市经济管理干部学院	1660	219	342	753	247	138	
山西省青年管理干部学院	755	264	200	305	124	83	12
华北广播电影电视管理学院	695	310	209	385	130	58	45
太原市师范学院							

14—06 技工学校基本情况

单位:人

	在校学生数	本年招生数	本年毕业生数	教职工数	
				合 计	# 专任教师
总 计	**9191**	**3875**	**3536**	**1745**	**1014**
晋安化工厂技工学校	67	96	29	30	25
山西省机床厂技工学校	244	187	125	34	18
新华化工厂技工学校					
江阳化工厂技工学校					
汾西机器厂技工学校	62	32		11	9
晋西机械厂技工学校	660	302	90	54	52
太行仪表厂技工学校					
兴安化工厂技工学校			27	11	7
西山煤电集团公司技工学校	491	236	223	225	102
太钢技工学校	1084	639	403	193	70
山西省建筑技工学校					
山西省水利技工学校	295	102	87	28	22
山西省商业技工学校					
太原市化工技校	56		187	131	60
山西省电子技工学校	892	181	395	192	74
十三冶技工学校	170	18	87	16	12
太原市纺织技工学校	202	16	70	60	55
太原市矿机技工学校	235	111	44	30	16
山西省机器厂技工学校	370	160	34	26	22
太原市重机集团公司技校	579	345	95	115	96
山西省纺织印染厂技校	527	187	149	24	12
铁道部第十七局技校					
太原市化肥厂技工学校	36		40	30	23
太原市园林技工学校	307	119	234	40	33

注:本年度数字劳动部门只提供了 24 所。

14—06 续表 单位:人

	在校学生数	本年招生数	本年毕业生数	教职工数	
				合计	# 专任教师
山西省劳动保健技术学校	182	66		10	5
山西省劳动技术学校	697	363	73	22	18
太原技工学校	880	393	481	121	113
山西省林业技工学校					
山西省东华技工学校					
铁路机械学校技工部					
太原市煤气化技工学校		28		26	20
太原市粮食技工学校	205	93	93	59	22
太原市塑料工业技工学校	110	30	85	18	12
山西省现代经贸技工学校					
山西省文化艺术学院技工部					
山西省城乡建设职工中专技工部					
山西省晋煤大学技工部					
山西省东方财经学院技工部					
山西省社会经济学院技工部					
太原市水泥厂技校					
山西省轻工业技工学校					
山西省二轻工业技工学校	160	40	180	79	35
山西省贸易学校技工部					
山西省经济专修学院技工部					
山西省工业管理技工部	190		92	63	51
山西技联技工部					
太原市园林技工学校	362	68	213	34	25
山西省烹饪技工部	128	63		63	5
山西省金色保健技工部					

14—07 普通中学基本情况

	学校数（所）	班数（个）			在校学生数（人）			年内招生数（人）		
		合计	高中	初中	合计	高中	初中	合计	高中	初中
总计	**243**	**4081**	**921**	**3160**	**185537**	**43541**	**141996**	**64426**	**15667**	**48759**
教育部门和集体办	148	2671	516	2155	126597	26739	99858	44043	9715	34328
其它部门	66	980	203	228	45480	9649	35834	15155	3329	11826
民办	29	430	202	777	13457	7153	6304	5228	2623	2605
在总计中：城市	134	2477	740	1737	111804	33500	78304	39156	12082	27074
县镇	32	628	136	492	31021	7331	23690	10183	2593	7590
农村	77	976	45	931	42713	2710	40003	15087	992	14095
在总计中：清徐县	21	358	64	294	17664	4203	13461	6741	1538	5203
阳曲县	17	190	19	171	8101	927	7174	2765	303	2462
娄烦县	14	128	17	111	5766	802	4964	2173	253	1920
古交市	15	252	21	231	11941	1075	10866	3570	394	3176
迎泽区	7	114	30	84	4328	1482	3846	1814	494	1320
# 太铁	3	84	30	54	4488	1482	3006	1521	494	1027
杏花岭区	19	318	48	270	15415	2311	13104	4755	918	3837
# 太钢	8	192	36	156	9750	1762	7988	2767	650	2117
万柏林区	31	526	81	445	24454	4174	20280	8465	1416	7049
# 西山	15	266	38	228	12592	1964	10628	4256	700	3556
小店区	20	257	25	232	11894	1258	10636	4153	488	3665
尖草坪区	21	259	42	217	10823	1828	8995	3220	620	2600
晋源区	12	198	37	161	8446	1630	6816	2870	490	2380
其它	66	1481	537	944	65705	23851	41854	23900	8753	15147
# 教办	38	1055	335	720	52432	16698	35734	18856	6130	12726
民办	28	426	202	224	13273	7153	6120	5044	2623	2421

注：其它数由市教委直接统计。

单位：人

	本年毕业生数			毕业班学生数			教职工数		代课教师	兼任教师
	合计	高中	初中	合计	高中	初中	合计	#专任教师		
总　　计	**47209**	**10539**	**36670**	**53102**	**12868**	**40234**	**18565**	**14287**	**528**	**196**
教育部门和集体办	33061	6735	26326	35990	7896	28094	11952	9385	398	60
其它部门	11744	2489	9255	13614	3034	10580	4973	3826	23	11
民办	2404	1315	1089	3498	1938	1560	1640	1076	107	125
在总计中：城市	28379	7923	20456	33012	9789	23223	12108	8865	138	195
县镇	7749	1967	5782	8655	2293	6362	2787	2203	118	1
农村	11081	649	10432	11435	786	10649	3670	3219	272	
在总计中：清徐县	5412	1019	4393	5059	1241	3818	1506	1266	18	
阳曲县	2383	198	2185	2582	262	2320	763	579	25	
娄烦县	1456	223	1233	1456	265	1427	626	492	1	
古交市	2176	239	1937	2654	378	2276	1024	750	116	1
迎泽区	1312	315	997	1671	427	1244	424	314	22	2
#太铁	1360	315	745	1403	427	976	342	240	6	2
杏花岭区	3405	480	2921	3922	723	3199	1581	1175	2	1
#太钢	2024	406	1618	2412	588	1824	912	630	2	1
万柏林区	6858	1205	5653	7482	1259	6223	2666	2145	11	6
#西山	3830	532	3298	3279	558	2721	1428	1084		
小店区	3213	436	2777	3501	372	3129	1091	990	153	
尖草坪区	2148	495	1653	2623	616	2007	1084	956	5	2
晋源区	2257	495	1762	2677	570	2107	736	635	60	
其它	16593	5434	11159	19239	6755	12484	7064	4985	115	184
#教办	14189	4119	10070	15741	4817	10924	5437	3922	8	59
民办	2404	1315	1089	3498	1938	1560	1627	1063	107	125

注：其它数由市教委直接统计。

14—08 职业学校基本情况

单位:人

	学校数(所)	班数(个)	在校学生数	年内招生数	年内毕业生数	毕业班学生数	教职工数 合计	#专任教师
总计	**33**	**465**	**11235**	**3615**	**4712**	**3947**	**1859**	**1192**
教育部门和集体办	23	286	9918	3273	3954	3299	1637	1117
其它部门	3	11	523	158	520	312	89	41
民办	7	168	794	184	238	336	133	34
在总计中:城市	21	398	8905	2707	4056	3323	1464	864
县镇	6	25	758	428	184	119	203	159
农村	6	42	1572	780	472	505	192	169
在总计中:清徐县	1	8	354	180	95	51	71	57
阳曲县	5	20	662	239	215	185	90	63
娄烦县	1						30	27
古交市	1	7	150	143	17		50	40
迎泽区	1	2	16		15	8	52	14
#太铁	1	2	16		15	8	52	14
杏花岭区								
#太钢								
万柏林区	2	4	199	128	48	26	37	27
#西山	1				24			
小店区	2	12	406	124	130	115	87	82
尖草坪区	1	4	140	22		73	29	25
晋源区	1	16	618	200	199	200	38	34
其它	18	392	8690	2579	3993	3289	1375	823
#教办	11	219	7588	2365	3298	2675	1242	789
民办	7	168	794	184	238	336	133	34

14—09 小学基本情况

单位：人

	学校数（所）	班数（个）	在校学生数	年内招生数	年内毕业生数	毕业班学生数	教职工数 合计	#专任教师	代课教师
总计	**1457**	**8786**	**293615**	**49559**	**50456**	**51411**	**19379**	**16935**	**1139**
#迎泽区	58	746	38975	6545	6789	7140	2301	1991	61
杏花岭区	100	1011	44436	7847	8394	7999	3180	2691	46
万柏林区	115	1377	55647	9389	9107	9380	4248	3714	25
小店区	111	986	36113	6097	5931	6340	2071	1909	223
尖草坪区	88	565	16784	3134	3115	3355	1356	1196	2
晋源区	72	577	18036	2654	2908	3244	838	714	288
清徐县	193	1356	37690	5802	5438	5909	1935	1715	131
阳曲县	246	631	12394	2257	2692	1578	792	676	115
娄烦县	211	628	13920	2300	2087	2091	1053	986	23
古交市	263	766	15847	3075	3284	3535	1028	976	205

14—10 幼儿园基本情况

单位:人

	幼儿园数（所）	班数（个）	入园幼儿人数	教职工数		
				合计	#教师	#保健员
总计	**971**	**3442**	**97415**	**8371**	**5046**	**280**
#迎泽区	59	345	10021	1094	592	55
杏花岭区	82	354	10380	1170	667	36
万柏林区	84	386	11412	1243	709	38
小店区	141	563	14979	1441	888	53
尖草坪区	86	260	7631	591	414	18
晋源区	84	298	7223	604	413	30
清徐县	166	500	15509	635	554	4
阳曲县	89	183	3248	83	73	2
娄烦县	33	69	1966	62	39	3
古交市	112	197	4459	194	114	8

14—11　文化事业基本情况

指　　　　标	单位	2001 年
一、艺术事业		
剧院数	座	9
剧院座位	个	4480
剧团数	个	16
演职人员	人	1723
二、文物事业		
博物馆	个	2
三、文化事业		
图书馆	个	9
图书馆藏书量	万册	306.5
四、群众文化事业		
文化宫	个	4
少年宫	个	3
青年宫	个	1
群艺文化馆	个	11

14—12 图书出版情况

指标	本版图书总数(种) 合计	# 新出	租型图书种数	总印数(万册) 合计	# 租型	总印张(千万张) 合计	# 租型	定价总金额(万元)
图书总计	**1747**	**1366**	**398**	**11912.96**	**7056.69**	**793661.70**	**445397.30**	**72162.93**
一、使用《中国标准编号》部分合计	**1747**	**1366**	**398**	**11912.96**	**7056.69**	**793661.70**	**445397.30**	**72162.93**
马列主义、毛泽东思想	1	1		0.10		10.11		2.00
哲学	7	7		1.13		139.84		19.49
社会科学总论	9	9		5.10		565.76		68.80
政治、法律	62	60		113.79		6871.88		876.46
军事	4	4		1.20		244.46		51.80
经济	113	104	398	42.95	7056.69	6351.25	445397.30	1159.39
文化、科学、教育、体育	807	603		10555.29		682298.46		58017.39
语言、文字	3	3		0.84		77.80		12.30
文学	188	184		124.52		12384.94		1910.06
艺术	79	76		39.51		4429.80		2043.50
历史、地理	168	118		498.33		38735.48		3796.32
自然科学总论	30	22		194.72		14528.19		1143.87
数学科学、化学	79	53		260.49		19170.00		1573.18
天文学、地理科学	3			0.80		56.89		6.98
生物科学	9	8		10.26		354.98		38.95
医药、卫生	74	42		33.93		3098.43		440.89
农业科学	12	12		5.10		346.34		52.33
工业技术	44	26		14.85		2278.19		571.00
交通运输								
航空、航天								
环境科学								
综合性科学	55	34		20.5		1719.10		378.22
二、不使用《中国标准图书号》部分图书合计								
# 图片								

14—13 报纸出版情况

指　　标	种　数（种）	平均期印数（万份）	总印数（万份）	总印张（千印张）
总　　计	**42**	**2443672**	**32710.91**	**506426.35**
综　合　报	10	458056	11871.68	192755.60
专　业　报	32	1985616	20839.23	313670.75
一、省级报纸	**35**	**1877582**	**28988.62**	**464106.40**
综　合　报	8	441156	11263.28	182315.60
专　业　报	27	1436426	17725.34	281790.80
二、市级报纸	**7**	**566090**	**3722.29**	**42319.95**
综　合　报	2	16900	608.40	10440.00
专　业　报	5	549190	3113.89	31879.95

14—14 杂志出版情况

指　　标	种　数（种）	平均期印数（册）	总印数（万册）	总印张（千印张）
总　　计	**158**	**1939891**	**2192.79**	**104134.05**
# 综　　合	2	88000	391.30	19625.00
哲学、社会主义	50	531100	914.09	31893.35
自然科学、技术	68	350800	321.85	12262.32
文化、教育	23	514700	70.74	23237.38
文学、艺术	14	451691	492.71	17053.00

14—15 广播电台基本情况

指标	计算单位	合计	山西文艺广播电台 山西长城广播电台 山西人民广播电台	太原经济广播电台 太原人民广播电台 太原交通台
一、广播电台	**座**	**2**	**1**	**1**
节日套数	套	6	3	3
平均每日播音时间	时、分	118:30	47:55	71:35
每日自办节目时间	时、分	97:55	45:55	52
频率	兆赫		101.51	1422
频率	千赫		95.8	104.4
频率	千赫		819 846 1269	107
频率	千赫		94	
二、中短波发射台和转播台	**座**	**2**	**1**	**1**
发射功率	千瓦	160	150	10
调频发射台	座	8	1	7
发射功率	千瓦	32.45	28	4.45

14—16 电视台基本情况

指标	计算单位	合计	黄河电视台 山西电视台	古交电视台 太原电视台
一、电视台	**座**	**2**	**1**	**1**
节日套数	套	10	4	6
新闻节目	时、分	26:05	15:35	10:30
文艺节目	时、分	258:25	176:55	81:60
专题节目	时、分	49:56	23:00	26:56
电视教学	时、分	1:40	1:40	
其它	时、分	62:12	50:50	11:22
二、发射台和转播台(系统内外)	**座(功率)**	**30**	**2**	**27**
发射功率	功率	45.66	31	14.66

14—17 卫 生 机 构、床

	机构数（个）	床位数（个）	总 计	合 计	中医师	西医师
总 计	**2079**	**22644**	**37491**	**30069**	**1802**	**10008**
市	1893	21072	35834	28589	1676	9436
县	186	1572	1657	1480	125	569
一、医院合计	**131**	**19785**	**27362**	**21960**	**850**	**6844**
市	120	18801	26484	21197	813	6577
县	11	984	878	763	37	267
1. 县及县以上医院小计	**119**	**19402**	**26981**	**21647**	**812**	**6779**
市	109	18448	26135	20908	776	6524
县	10	954	846	739	36	255
综合医院	84	12189	17664	14298	436	4694
县医院	4	470	562	490	17	176
其他综合医院	80	11719	17102	13808	419	4518
中医医院	10	1130	1368	1087	215	124
医学院校附属医院	3	2064	2991	2449	103	718
综合医院	2	1914	2756	2265	30	718
中医医院	1	150	235	184	73	
传染病院	1	350	382	265		65
精神病院	4	724	528	391	5	96
结核病院	1	320	342	266		74
妇幼保健院	5	375	637	511	9	195
妇产医院	1	100	84	73	4	19
儿童医院	1	500	711	580	7	237
职业病院	1	300	334	201	5	81

位和人员情况

人员数(人)									
卫生技术人员							其他技术人员	管理人员	工勤人员
中西医师	护师	中药师	西药师	中医士	西医士	护士			
244	**7950**	**516**	**1353**	**152**	**885**	**2208**	**1450**	**2544**	**3428**
236	7690	477	1314	141	773	2122	1433	2484	3328
8	260	39	39	11	112	86	17	60	100
159	**7031**	**399**	**1089**	**65**	**529**	**1814**	**936**	**1805**	**2661**
156	6827	371	1064	62	488	1762	927	1770	2590
3	204	28	25	3	41	52	9	35	71
157	**6993**	**379**	**1084**	**63**	**510**	**1778**	**927**	**1789**	**2618**
154	6792	352	1060	60	469	1730	919	1755	2553
3	201	27	24	3	41	48	8	34	62
20	4515	206	772	41	396	1285	550	1263	1553
1	154	15	20		13	20	8	24	40
19	4361	191	752	41	383	1265	542	1239	1513
104	292	99	22	18	23	48	17	92	172
	960	32	113			157	112	140	290
	898	10	108			153	101	105	285
	62	22	5			4	11	35	5
	99	2	19		4	22	25	43	49
	168	5	18	2	15	54	24	36	77
	73		24			38		12	65
1	129	7	25		26	19	15	50	61
	22	2	1		4	7	3		8
2	191	8	18		2	51	45	23	63
	55		8		2	10	17	56	60

14—17 续表

	机构数（个）	床位数（个）	总　计	合　计		
					中医师	西医师
肿瘤医院	1	750	1085	852	8	263
康复医院	1	100	74	53	3	6
口腔医院	3	20	211	167	3	60
眼科医院	1	200	314	243		92
骨科医院	1	80	53	46	5	15
中西医结合医院	1	200	203	166	9	40
2.其他医院小计	12	383	381	313	38	65
二、卫生院合计	86	1454	1342	1237	108	335
三、疗养院	5	930	429	217	11	53
四、门诊部、保健所、医务室合计	**1796**	**50**	**3644**	**3640**	**661**	**1620**
# 个体办	1155		1272	1272	363	719
五、专科防治所、站合计	**4**	**30**	**175**	**142**	**13**	**55**
六、卫生防疫机构合计	**21**		**1187**	**984**	**4**	**557**
七、妇幼保健机构合计	**7**	**27**	**157**	**137**	**5**	**73**
八、药品检验机构合计	**2**		**117**	**92**		
九、医学科学研究机构	**8**	**353**	**888**	**656**	**118**	**174**
十、高等医学教育机构合计	**3**		**1813**	**794**	**19**	**238**
十一、中等机构教育机构合计	**6**	**15**	**107**	**33**	**10**	**17**
十二、其他卫生事业机构合计	**10**		**270**	**177**	**3**	**42**

人员数(人)									
卫生技术人员							其他技术人员	管理人员	工勤人员
中西医师	护师	中药师	西药师	中医士	西医士	护士			
	309	8	40		8	58	86	26	121
23	12	2	1				2	5	14
	10	2	2	1	25	10	4	11	29
	99	2	14			5	24	18	29
	5	3	1	1	2	3	1	1	5
7	54	3	6		3	11	2	13	22
2	38	20	5	2	19	36	9	16	43
19	156	64	33	49	145	83	15	41	49
1	69	2	11		4	16	20	59	133
38	**473**	**27**	**92**	**35**	**122**	**245**	**2**		**2**
	88	4	1	12	12	53			
	20	**2**	**1**	**2**	**10**	**3**	**5**	**13**	**15**
17	**14**		**2**		**34**	**4**	**54**	**65**	**84**
	21				**19**	**2**	**8**	**3**	**9**
			70				**7**	**6**	**12**
10	**118**	**20**	**51**	**1**	**17**	**33**	**14**	**116**	**102**
	1		**1**			**1**	**327**	**393**	**299**
	2	**2**				**1**	**33**	**17**	**24**
	45		**3**		**5**	**6**	**29**	**26**	**38**

14—18 体育事业发展情况

	单位	体育系统			
		合计	省级	市级	县区级
体育场所	**个**	**175**	**47**	**30**	**98**
# 体育馆	个	1	1		
体育场	个	3	2	1	
运动场	个	8	1		7
灯光球馆	个			1	7
室内练习馆	个	21	16	3	2
游泳池	个	15		13	2
篮球场	个	74	3	7	64
小运动场	个	11		4	10
其他场所	个	34	24	4	6
少年儿童业余体校数	**所**	**11**	**1**	**3**	**7**
# 重点少体校	所	1	1		
训练体育干部人数	**人**	**1348**	**573**	**775**	
# 教练员	人	90	73	17	
裁判员	人	631	500	131	
学校体育教师	人	531		531	
体育干部	人	96		96	
基层体育干部	人				
参加运动会次数	**次**	**146**	**62**	**84**	
参加运动会运动员人数	**人次**	**172630**	**12450**	**160180**	

14—19 少年儿童业余体校在校学生及教练员人数

单位:人

	在校学生数			专职教练员		
	合 计	重点少体校	普通少体校	合 计	重点少体校	普通少体校
总 计	**1274**	**46**	**1228**	**60**	**2**	**58**
田 径	321		321	27		27
游 泳	520		520	8		8
体 操	46	46		2	2	
射 箭	6		6			
射 击	40		40	4		4
蓝 球	35		35	3		3
排 球	55		55			
足 球	40		40	1		1
乒乓球	20		20			
国际象棋						
武 术	25		25	3		3
自行车	25		25	3		3
中国象棋						
围 棋						
技 巧						
举 重	36		36	4		4
摔 跤	16		16			
柔 道	36		36	3		3
羽毛球						
国际摔跤	38		38	2		2
跆拳道						
击 剑	15		15			

14—20 等级裁判员、等

	总计	田径	跳水	游泳	举重	射击	国际摔跤	自行车	篮球	排球	足球	乒乓球	桥牌	围棋	羽毛球	射箭
等级裁判员	**653**	**192**		**15**	**3**	**20**	**4**		**82**	**32**	**2**	**36**		**2**	**2**	
# 女性	224	60		7	1	6	1		8	14		16				
国际级裁判	8			1					2	2					1	
一　级	110	14		5		7	4					20				
二　级	258	21		9		13			57	30		3		2		
三　级	278	157			3				23		2	13			1	
等级运动员	**372**	**151**		**53**	**16**	**23**	**15**	**2**	**14**	**24**		**13**		**3**		**2**
# 女性	181	71		31	11	11		2	8	19		4		2		
国际运动健将	2															
运动健将	12			2	1	2	2			2						
一　级	65	7		13		7	6			1		2				
二　级	205	61		38	2	10	7	2	14	21		11		3		2
三　级	63	57			6											
少年级	33	26			7											

级运动员发展人数

单位：人

台球	健美	柔道	中国摔跤	门球	国际象棋	击剑	武术	体操	艺术体操	中国象棋	网球	保龄球	手球	无线	飞行	摩托车	跆拳道
7				**29**	**2**		**73**			**5**	**4**	**61**			**34**		
2		3		41			25				2						
											2						
7				14			29				2						
				15	2		29			1		2			34		
							15			4		59					
	14	**9**			**2**		**13**	**2**		**3**	**3**			**5**			**2**
	5	6			2			1		2				2			2
														2			
							1										2
	1	1					8	2		3	3			3			
	13	8			2												

14—21　居民婚姻登记情况

	准予登记结婚数(对)	初婚人数(人)	再婚人数(人)	# 男	再婚中恢复结婚(对)	离婚数(对)
总　计	**16520**	**28370**	**2046**	**1139**	**90**	**853**
市区小计	**12751**	**21277**	**1661**	**954**	**86**	**720**
迎泽区	2564	2305	259	259	14	238
杏花岭区	2335	4157	513	266	13	
万柏林区	2872	5302	442	221	23	133
晋源区	1081	2069	93	46	15	42
小店区	2200	4322	78	51	8	173
尖草坪区	1699	3122	276	111	13	134
县(市)级小计	**3769**	**7093**	**385**	**185**	**4**	**133**
清除县	1249	2474	24	16		27
阳曲县	1196	2212	180	76	2	43
娄烦县	304	537	11	8		31
古交市	1020	1870	170	85	2	32

14—22 社会救济对象人员情况

单位:人

	救济对象总人数	城镇救济对象	农村救济对象	散居孤老残幼合计	城镇孤老残幼人数	农村孤老残幼人数
总计	**47034**	**38604**	**9431**	**9075**	**7256**	**1819**
市区小计	**34535**	**33218**	**1317**	**7330**	**6906**	**424**
迎泽区	6259	6529		18	18	
杏花岭区	11238	11209	29	1464	1435	29
万柏林区	6467	6467		4115	4115	
晋源区	1673	1321	352	90	25	65
小店区	1738	1312	426	1614	1300	314
尖草坪区	6890	6380	510	29	13	16
县(市)级小计	**12499**	**5386**	**8114**	**1745**	**350**	**1395**
清除县	4580	625	3955	226	128	98
阳曲县	3583	1956	1627	1209	7	1202
娄烦县	2924	1900	1025	170	120	50
古交市	1412	905	507	140	95	45

14—23 革命伤残人员

	总人数	在职伤残保健金人数				
			特 等	一 等	二等甲	二等乙
总 计	**4332**	**3555**	**4**	**50**	**218**	**682**
市区小计	**3578**	3285	**3**	**49**	**210**	**621**
迎泽区	1010	977	**1**	15	82	191
杏花岭区	774	742		11	44	154
万柏林区	653	619		10	32	97
晋源区	153	102		3	2	28
小店区	529	445		7	22	68
尖草坪区	459	399		3	28	83
县(市)级小计	**754**	**270**	**2**	**1**	**8**	**61**
清除县	285	92	1		5	19
阳曲县	176	54		1	1	11
娄烦县	115	49	2		1	9
古交市	178	75			1	22

享 受 抚 恤 情 况

单位：人

三等甲	三等乙	在乡伤残抚恤人数	特等	一等	二等甲	二等乙	三等甲	三等乙
1270	**1331**	**777**	**6**	**32**	**65**	**210**	**253**	**211**
1172	**1230**	**293**	**5**	**17**	**20**	**77**	**90**	**84**
349	339	33	1	2	4	14	6	6
251	283	32	2	6	2	10	7	5
221	259	34		2	1	9	10	12
33	36	51		3	4	9	17	18
189	159	84	2	2	5	15	34	26
129	154	60		2	4	21	16	17
98	**101**	**484**	**1**	**15**	**45**	**133**	**163**	**127**
30	38	193	1	5	16	53	67	51
22	19	122		4	15	24	41	38
20	18	66		3	4	22	18	19
26	26	103		3	10	34	37	19

14—24 优抚对象人员情况

单位：人

	优抚对象总人数	革命伤残人员	烈军属人数	烈士家属	军属	退伍红军老战士	在乡复员军人	在乡退伍军人	优抚对象中孤老人数
总计	**40967**	**4296**	**14847**	**828**	**13715**	**2**	**2527**	**19415**	**194**
市区小计	**23464**	**3542**	**10828**	**452**	10148		**864**	**8196**	**44**
迎泽区	5033	1010	3928	173	3625		95		3
杏花岭区	3049	738	2175	39	2105		100	2	
万柏林区	679	653	26	21					
晋源区	4042	153	576	37	524		220	3093	9
小店区	5244	529	1964	101	1844		248	2503	5
尖草坪区	5417	459	2159	81	2050		201	2598	27
县（市）级小计	**17503**	**754**	**4019**	**376**	**3567**	**2**	**1663**	**11219**	**150**
清除县	7971	285	1242	34	1183		569	5875	12
阳曲县	5860	176	2413	297	2088		495	2776	93
娄烦县	521	115	45	25	6	1	313	41	17
古交市	3151	178	319	20	290	1	286	2527	28

第十五篇

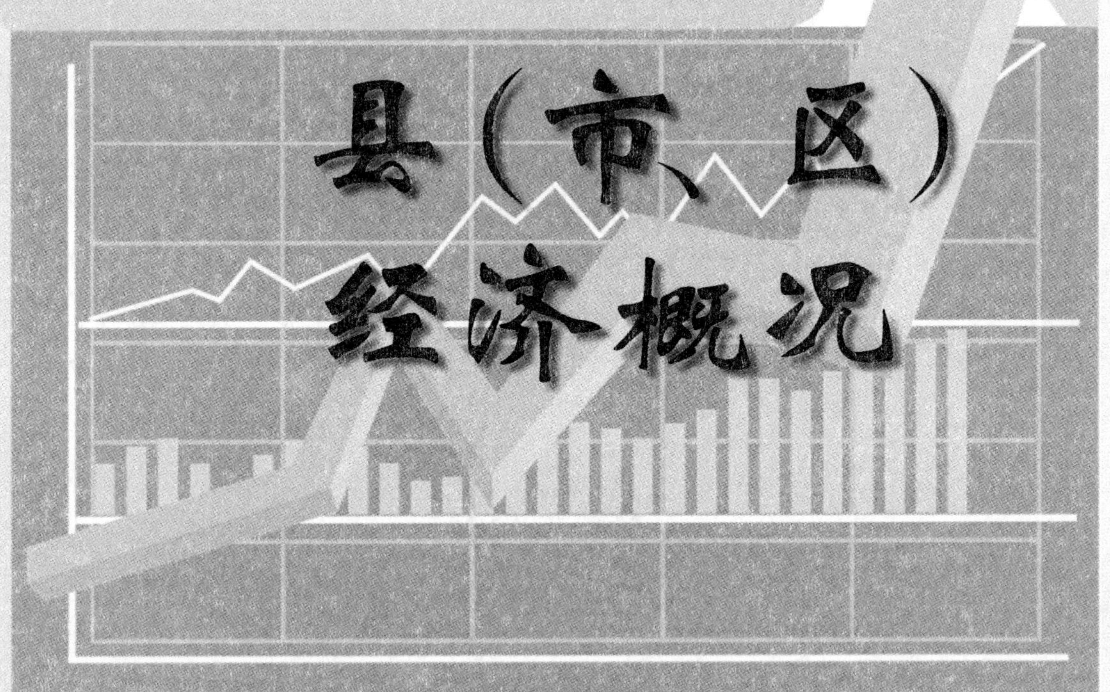

县（市、区）经济概况

资料整理

张太生　纪知明　李建华

15—01 小店区国民经济主要指标

	单　　位	2001 年
一、人口、劳动力及其他		
乡(镇)个数	个	9
村民委员会个数	个	98
年末总人口	万人	43.6
# 乡村人口	万人	14.5
当年出生人口数	人	4366
当年死亡人口数	人	738
年末总户数	户	105132
# 乡村户数	户	39348
年末单位从业人数	人	11646
# 第二产业	人	1898
第三产业	人	9218
乡村从业人员数	人	73720
# 农林牧渔业	人	44026
城镇登记失业人员数	人	200
行政区域土地面积	平方公里	295
年末实有耕地面积	公顷	15818
# 水　田	公顷	400
旱　地	公顷	15418
二、综合经济		
(一)增加值		
第一产业增加值	万元	31786
农业增加值	万元	25870
林业增加值	万元	196
牧业增加值	万元	5662
渔业增加值	万元	58
第二产业增加值	万元	32976
# 工业	万元	29787
第三产业增加值	万元	60005
(二)财政、金融、保险		
财政总收入	万元	18794
# 地方财政预算内收入	万元	12914
各项税收	万元	10012
财政支出	万元	13778
# 支农支出	万元	885
科学事业费支出	万元	83
教育事业费支出	万元	3157

15—01 续表1

	单 位	2001年
年末金融机构各项存款余额	万元	1912020
# 城乡居民储蓄存款余额	万元	758247
年末金融机构各项贷款余额	万元	1419825
# 农业贷款	万元	19382
承保额	万元	1776016
# 农业险	万元	
保 费	万元	23982
已决赔款	万元	5862
三、农业		
(一)生产条件		
农业机械总动力	万千瓦	13.9
化肥使用量(折纯量)	吨	3471
农药使用量	吨	92
地膜使用量	吨	139
农村用电量	万千瓦小时	3478
有效灌溉面积	公顷	12765
(二)农作物总播种面积	公顷	16160
粮食作物播种面积	公顷	11180
# 稻 谷	公顷	250
小 麦	公顷	3660
玉 米	公顷	4420
大 豆	公顷	100
油料作物播种面积	公顷	170
棉花作物播种面积	公顷	
糖料作物播种面积	公顷	30
蔬菜作物播种面积	公顷	4650
粮食总产量	吨	55114
# 稻 谷	吨	1023
小 麦	吨	17870
玉 米	吨	27490
大 豆	吨	133
油料产量	吨	343
棉花产量	吨	
糖料产量	吨	12
水果产量	吨	1516

15—01 续表 2

	单 位	2001 年
肉类总产量	吨	6300
奶类产量	吨	14532
蔬菜产量	吨	246205
水产品产量	吨	123
四、工业		
国有及年销售收入 500 万元以上的非国有		
工业企业数	个	15
工业总产值(现价)	万元	23962.8
内资企业	万元	22546.8
港、澳、台商投资企业	万元	1416
外商投资企业	万元	
从业人员年平均数	人	1846
流动资产年平均余额	万元	15227.9
固定资产净值年平均余额	万元	8195.1
产品销售收入	万元	21952.8
# 产品销售税金及附加	万元	76.4
本年应交增值税	万元	509.2
利润总额	万元	686
年销售收入 500 万元以下的非国有		
工业企业数	个	800
工业总产值(现价)	万元	116664
五、交通运输和邮电通讯		
境内公路里程	公里	213
境内铁路里程	公里	5
民用汽车拥有量	辆	1790
# 载客汽车	辆	30
私人汽车拥有量	辆	1080
邮电业务总量	万元	51740
本地电话用户	户	84387
# 农村电话用户	户	
年末移动电话用户数	户	99273
互联网拨号上网用户	户	31906

15—01 续表 3

	单 位	2001 年
六、贸易、外经、旅游		
限额以上批发零售贸易业商品销售总额	万元	6678
出口总额	万美元	
当年合同外资金额	万美元	150
当年实际使用外资金额	万美元	150
旅游总收入	万元	30770
旅游人数	人	884627
七、固定资产投资		
基本建设投资完成额	万元	83929
# 地方项目	万元	83929
基本建设新增固定资产	万元	71522
更新改造投资完成额	万元	5996
其它投资完成额	万元	2048
八、文教和卫生		
普通中学数	所	20
小学数	所	111
普通中学专任教师数	人	990
小学专任教师数	人	1909
普通中学在校学生数	人	11894
小学在校学生数	人	36113
医院、卫生院数	所	26
医院、卫生院床位数	床	2240
医院、卫生院技术人员数	人	2024
# 医生	人	1292
九、人民生活		
城镇在岗职工年平均人数	人	11613
城镇在岗职工工资总额	万元	8858.2
农村居民人均可支配收入	元	3516
农民人均住房面积	平方米	26
社会福利院数	个	7
社会福利院床位数	床	210
参加基本养老保险的职工数	人	7413
参加基本医疗保险的职工数	人	2224
十、社会治安		
交通事故件数	件	346
刑事案件立案数	件	2287
犯罪人数	人	408
民事案件发案数	件	1632

15—01　续表 4

	单　　位	2001 年
补充资料：		
人口基本情况		
1.总人口	人	491250
# 男	人	249805
女	人	241445
# 15—49 岁妇女人口数	人	160190
2.0—14 岁人口数	人	88410
3.15—64 岁人口数	人	376073
4.65 岁以上人口数	人	26767
5.少数民族人口	人	3862
6.本县户籍人口中离开本县(市)半年	人	10605
受教育程度		
1.文　　盲	人	16263
2.小　　学	人	96582
3.初　　中	人	144374
4.高　　中	人	57090
5.中　　专	人	66629
6.大学专科及以上	人	76510
住　　房		
人均住房面积	平方米	21.7

15—02 迎泽区国民经济主要指标

	单 位	2001年
一、人口、劳动力及其他		
乡(镇)个数	个	1
村民委员会个数	个	29
年末总人口	万人	46.4
# 乡村人口	万人	1.8
当年出生人口数	人	3562
当年死亡人口数	人	1068
年末总户数	户	120892
# 乡村户数	户	5747
年末单位从业人数	人	16463
# 第二产业	人	2350
第三产业	人	14113
乡村从业人员数	人	10960
# 农林牧渔业	人	2990
城镇登记失业人员数	人	1082
行政区域土地面积	平方公里	117
年末实有耕地面积	公顷	1551
# 水 田	公顷	
旱 地	公顷	1551
二、综合经济		
(一)增加值		
第一产业增加值	万元	231
农业增加值	万元	46
林业增加值	万元	2
牧业增加值	万元	183
渔业增加值	万元	
第二产业增加值	万元	11922
# 工业	万元	9617
第三产业增加值	万元	86385
(二)财政、金融、保险		
财政总收入	万元	27894
# 地方财政预算内收入	万元	18767
各项税收	万元	16771
财政支出	万元	15787
# 支农支出	万元	142
科学事业费支出	万元	138
教育事业费支出	万元	2189

15—02　续表 1

	单　　位	2001 年
年末金融机构各项存款余额	万元	2071355
# 城乡居民储蓄存款余额	万元	821434
年末金融机构各项贷款余额	万元	1538143
# 农业贷款	万元	20997
承保额	万元	1924185
# 农业险	万元	
保　费	万元	25980
已决赔款	万元	6355
三、农业		
(一)生产条件		
农业机械总动力	万千瓦	3.4
化肥使用量(折纯量)	吨	11
农药使用量	吨	3
地膜使用量	吨	1
农村用电量	万千瓦小时	1363
有效灌溉面积	公顷	277
(二)农作物总播种面积	公顷	380
粮食作物播种面积	公顷	360
# 稻　谷	公顷	
小　麦	公顷	
玉　米	公顷	50
大　豆	公顷	30
油料作物播种面积	公顷	
棉花作物播种面积	公顷	
糖料作物播种面积	公顷	
蔬菜作物播种面积	公顷	
粮食总产量	吨	25
# 稻　谷	吨	
小　麦	吨	
玉　米	吨	
大　豆	吨	1
油料产量	吨	
棉花产量	吨	
糖料产量	吨	
水果产量	吨	64

15—02 续表 2

	单　　位	2001 年
肉类总产量	吨	347
奶类产量	吨	
蔬菜产量	吨	288
水产品产量	吨	
四、工业		
国有及年销售收入 500 万元以上的非国有		
工业企业数	个	4
工业总产值(现价)	万元	3481
内资企业	万元	3481
港、澳、台商投资企业	万元	
外商投资企业	万元	
从业人员年平均数	人	359
流动资产年平均余额	万元	8862.8
固定资产净值年平均余额	万元	4289.4
产品销售收入	万元	3579.9
# 产品销售税金及附加	万元	36.3
本年应交增值税	万元	241.5
利润总额	万元	296.5
年销售收入 500 万元以下的非国有		
工业企业数	个	495
工业总产值(现价)	万元	55005
五、交通运输和邮电通讯		
境内公路里程	公里	63
境内铁路里程	公里	5
民用汽车拥有量	辆	730
# 载客汽车	辆	46
私人汽车拥有量	辆	464
邮电业务总量	万元	56051
本地电话用户	户	91630
# 农村电话用户	户	
年末移动电话用户数	户	107546
互联网拨号上网用户	户	34565

15—02　续表 3

	单　　位	2001 年
六、贸易、外经、旅游		
限额以上批发零售贸易业商品销售总额	万元	1704
出口总额	万美元	1300
当年合同外资金额	万美元	800
当年实际使用外资金额	万美元	400
旅游总收入	万元	123080
旅游人数	人	3538466
七、固定资产投资		
基本建设投资完成额	万元	3160
# 地方项目	万元	3160
基本建设新增固定资产	万元	3005
更新改造投资完成额	万元	6146
其它投资完成额	万元	7484
八、文教和卫生		
普通中学数	所	7
小学数	所	58
普通中学专任教师数	人	314
小学专任教师数	人	1991
普通中学在校学生数	人	5328
小学在校学生数	人	38975
医院、卫生院数	所	25
医院、卫生院床位数	床	5016
医院、卫生院技术人员数	人	5556
# 医生	人	3423
九、人民生活		
城镇在岗职工年平均人数	人	16130
城镇在岗职工工资总额	万元	10777.1
农村居民人均可支配收入	元	3620
农民人均住房面积	平方米	25
社会福利院数	个	4
社会福利院床位数	床	50
参加基本养老保险的职工数	人	13823
参加基本医疗保险的职工数	人	4147
十、社会治安		
交通事故件数	件	581
刑事案件立案数	件	4008
犯罪人数	人	612
民事案件发案数	件	2691

15—02　续表 4

	单　　位	2001 年
补充资料：		
人口基本情况		
1. 总人口	人	470917
# 男	人	237218
女	人	233699
# 15—49 岁妇女人口数	人	151056
2. 0—14 岁人口数	人	75042
3. 15—64 岁人口数	人	357119
4. 65 岁以上人口数	人	38756
5. 少数民族人口	人	5940
6. 本县户籍人口中离开本县(市)半年	人	32458
受教育程度		
1. 文　　盲	人	13686
2. 小　　学	人	75117
3. 初　　中	人	138674
4. 高　　中	人	77116
5. 中　　专	人	39473
6. 大学专科及以上	人	101997
住　　房		
人均住房面积	平方米	18.4

15—03 杏花岭区国民经济主要指标

	单　　位	2001 年
一、人口、劳动力及其他		
乡(镇)个数	个	3
村民委员会个数	个	50
年末总人口	万人	52
# 乡村人口	万人	3.2
当年出生人口数	人	4791
当年死亡人口数	人	1424
年末总户数	户	144311
# 乡村户数	户	10424
年末单位从业人数	人	22641
# 第二产业	人	8243
第三产业	人	14398
乡村从业人员数	人	15772
# 农林牧渔业	人	5289
城镇登记失业人员数	人	879
行政区域土地面积	平方公里	170.2
年末实有耕地面积	公顷	2563
# 水　田	公顷	
旱　地	公顷	2563
二、综合经济		
(一)增加值		
第一产业增加值	万元	737
农业增加值	万元	275
林业增加值	万元	10
牧业增加值	万元	452
渔业增加值	万元	
第二产业增加值	万元	30489
# 工业	万元	23911
第三产业增加值	万元	46062
(二)财政、金融、保险		
财政总收入	万元	22144
# 地方财政预算内收入	万元	14871
各项税收	万元	12701
财政支出	万元	16498
# 支农支出	万元	173
科学事业费支出	万元	177
教育事业费支出	万元	3050

15—03　续表 1

	单　　位	2001 年
年末金融机构各项存款余额	万元	2336913
# 城乡居民储蓄存款余额	万元	926746
年末金融机构各项贷款余额	万元	1735340
# 农业贷款	万元	23689
承保额	万元	3171131
# 农业险	万元	
保　费	万元	29310
已决赔款	万元	7165.3
三、农业		
(一)生产条件		
农业机械总动力	万千瓦	2.5
化肥使用量(折纯量)	吨	19
农药使用量	吨	13
地膜使用量	吨	3
农村用电量	万千瓦小时	1591
有效灌溉面积	公顷	323
(二)农作物总播种面积	公顷	950
粮食作物播种面积	公顷	850
# 稻　谷	公顷	
小　麦	公顷	
玉　米	公顷	140
大　豆	公顷	150
油料作物播种面积	公顷	20
棉花作物播种面积	公顷	
糖料作物播种面积	公顷	
蔬菜作物播种面积	公顷	80
粮食总产量	吨	128
# 稻　谷	吨	
小　麦	吨	
玉　米	吨	37
大　豆	吨	
油料产量	吨	
棉花产量	吨	
糖料产量	吨	
水果产量	吨	541

15—03 续表 2

	单 位	2001 年
肉类总产量	吨	615
奶类产量	吨	124
蔬菜产量	吨	3246
水产品产量	吨	
四、工业		
国有及年销售收入 500 万元以上的非国有		
工业企业数	个	12
工业总产值(现价)	万元	23852.8
内资企业	万元	23852.8
港、澳、台商投资企业	万元	
外商投资企业	万元	
从业人员年平均数	人	1984
流动资产年平均余额	万元	18279.4
固定资产净值年平均余额	万元	4363.8
产品销售收入	万元	19095.5
# 产品销售税金及附加	万元	121.1
本年应交增值税	万元	993.1
利润总额	万元	258.8
年销售收入 500 万元以下的非国有		
工业企业数	个	790
工业总产值(现价)	万元	66818
五、交通运输和邮电通讯		
境内公路里程	公里	90
境内铁路里程	公里	8
民用汽车拥有量	辆	431
# 载客汽车	辆	
私人汽车拥有量	辆	331
邮电业务总量	万元	63238
本地电话用户	户	103378
# 农村电话用户	户	
年末移动电话用户数	户	121334
互联网拨号上网用户	户	38997

15—03　续表 3

	单　　位	2001 年
六、贸易、外经、旅游		
限额以上批发零售贸易业商品销售总额	万元	8150
出口总额	万美元	189
当年合同外资金额	万美元	800
当年实际使用外资金额	万美元	196
旅游总收入	万元	30760
旅游人数	人	884605
七、固定资产投资		
基本建设投资完成额	万元	5802
# 地方项目	万元	5802
基本建设新增固定资产	万元	870
更新改造投资完成额	万元	4967
其它投资完成额	万元	334
八、文教和卫生		
普通中学数	所	19
小学数	所	100
普通中学专任教师数	人	1175
小学专任教师数	人	2691
普通中学在校学生数	人	15415
小学在校学生数	人	44436
医院、卫生院数	所	27
医院、卫生院床位数	床	5624
医院、卫生院技术人员数	人	6467
# 医生	人	3073
九、人民生活		
城镇在岗职工年平均人数	人	21403
城镇在岗职工工资总额	万元	13474.6
农村居民人均可支配收入	元	3696
农民人均住房面积	平方米	23
社会福利院数	个	5
社会福利院床位数	床	153
参加基本养老保险的职工数	人	15005
参加基本医疗保险的职工数	人	4502
十、社会治安		
交通事故件数	件	241
刑事案件立案数	件	3677
犯罪人数	人	741
民事案件发案数	件	1892

15—03　续表4

	单　　位	2001年
补充资料：		
人口基本情况		
1.总人口	人	520702
#男	人	265509
女	人	255193
#15—49岁妇女人口数	人	156949
2.0—14岁人口数	人	87782
3.15—64岁人口数	人	386238
4.65岁以上人口数	人	46682
5.少数民族人口	人	5254
6.本县户籍人口中离开本县(市)半年	人	36599
受教育程度		
1.文　　盲	人	13281
2.小　　学	人	97936
3.初　　中	人	174013
4.高　　中	人	88748
5.中　　专	人	45031
6.大学专科及以上	人	73239
住　　房		
人均住房面积	平方米	16.3

15—04 尖草坪区国民经济主要指标

	单　　位	2001 年
一、人口、劳动力及其他		
乡(镇)个数	个	9
村民委员会个数	个	90
年末总人口	万人	31
# 乡村人口	万人	10
当年出生人口数	人	3334
当年死亡人口数	人	868
年末总户数	户	82689
# 乡村户数	户	29098
年末单位从业人数	人	35308
# 第二产业	人	26096
第三产业	人	9192
乡村从业人员数	人	51928
# 农林牧渔业	人	23483
城镇登记失业人员数	人	102
行政区域土地面积	平方公里	285.6
年末实有耕地面积	公顷	7974
# 水　田	公顷	252
旱　地	公顷	7722
二、综合经济		
(一)增加值		
第一产业增加值	万元	9502
农业增加值	万元	7111
林业增加值	万元	195
牧业增加值	万元	2148
渔业增加值	万元	48
第二产业增加值	万元	61810
# 工业	万元	49810
第三产业增加值	万元	37790
(二)财政、金融、保险		
财政总收入	万元	15813
# 地方财政预算内收入	万元	9264
各项税收	万元	7296
财政支出	万元	11540
# 支农支出	万元	560
科学事业费支出	万元	102
教育事业费支出	万元	2563

15—04 续表 1

	单　　位	2001 年
年末金融机构各项存款余额	万元	1380903
# 城乡居民储蓄存款余额	万元	547623
年末金融机构各项贷款余额	万元	1025417
# 农业贷款	万元	13998
承保额	万元	1282123
# 农业险	万元	
保　费	万元	17320
已决赔款	万元	4233
三、农业		
(一)生产条件		
农业机械总动力	万千瓦	11.1
化肥使用量(折纯量)	吨	1249
农药使用量	吨	59
地膜使用量	吨	73
农村用电量	万千瓦小时	2984
有效灌溉面积	公顷	5137
(二)农作物总播种面积	公顷	5550
粮食作物播种面积	公顷	3740
# 稻　谷	公顷	70
小　麦	公顷	
玉　米	公顷	1530
大　豆	公顷	600
油料作物播种面积	公顷	140
棉花作物播种面积	公顷	
糖料作物播种面积	公顷	
蔬菜作物播种面积	公顷	1570
粮食总产量	吨	6251
# 稻　谷	吨	444
小　麦	吨	
玉　米	吨	3787
大　豆	吨	712
油料产量	吨	68
棉花产量	吨	
糖料产量	吨	
水果产量	吨	12957

15—04　续表 2

	单　　位	2001 年
肉类总产量	吨	2101
奶类产量	吨	3152
蔬菜产量	吨	75086
水产品产量	吨	88
四、工业		
国有及年销售收入 500 万元以上的非国有		
工业企业数	个	28
工业总产值(现价)	万元	39306.8
内资企业	万元	39306.8
港、澳、台商投资企业	万元	
外商投资企业	万元	
从业人员年平均数	人	8429
流动资产年平均余额	万元	20958.3
固定资产净值年平均余额	万元	15342.8
产品销售收入	万元	27427
# 产品销售税金及附加	万元	311.1
本年应交增值税	万元	1288.3
利润总额	万元	238.8
年销售收入 500 万元以下的非国有		
工业企业数	个	610
工业总产值(现价)	万元	196650
五、交通运输和邮电通讯		
境内公路里程	公里	131
境内铁路里程	公里	30
民用汽车拥有量	辆	1890
# 载客汽车	辆	395
私人汽车拥有量	辆	1028
邮电业务总量	万元	37368
本地电话用户	户	63128
# 农村电话用户	户	
年末移动电话用户数	户	71698
互联网拨号上网用户	户	23044

15—04 续表 3

	单　　位	2001 年
六、贸易、外经、旅游		
限额以上批发零售贸易业商品销售总额	万元	112356
出口总额	万美元	
当年合同外资金额	万美元	
当年实际使用外资金额	万美元	
旅游总收入	万元	9231
旅游人数	人	265395
七、固定资产投资		
基本建设投资完成额	万元	1500
# 地方项目	万元	1500
基本建设新增固定资产	万元	7000
更新改造投资完成额	万元	1500
其它投资完成额	万元	8000
八、文教和卫生		
普通中学数	所	21
小学数	所	88
普通中学专任教师数	人	956
小学专任教师数	人	1196
普通中学在校学生数	人	10823
小学在校学生数	人	16784
医院、卫生院数	所	21
医院、卫生院床位数	床	1886
医院、卫生院技术人员数	人	2151
# 医生	人	1396
九、人民生活		
城镇在岗职工年平均人数	人	33773
城镇在岗职工工资总额	万元	20460.9
农村居民人均可支配收入	元	2437
农民人均住房面积	平方米	18
社会福利院数	个	8
社会福利院床位数	床	133
参加基本养老保险的职工数	人	20085
参加基本医疗保险的职工数	人	6026
十、社会治安		
交通事故件数	件	246
刑事案件立案数	件	1871
犯罪人数	人	389
民事案件发案数	件	1070

15—04 续表 4

	单　　位	2001 年
补充资料：		
人口基本情况		
1.总人口	人	338417
# 男	人	177399
女	人	161018
# 15—49 岁妇女人口数	人	101390
2.0—14 岁人口数	人	60550
3.15—64 岁人口数	人	255255
4.65 岁以上人口数	人	22612
5.少数民族人口	人	2508
6.本县户籍人口中离开本县(市)半年	人	8940
受教育程度		
1.文　　盲	人	13580
2.小　　学	人	69508
3.初　　中	人	122938
4.高　　中	人	41483
5.中　　专	人	28976
6.大学专科及以上	人	40052
住　　房		
人均住房面积	平方米	18.8

15—05　万柏林区国民经济主要指标

	单　　位	2001 年
一、人口、劳动力及其他		
乡(镇)个数	个	5
村民委员会个数	个	67
年末总人口	万人	48.5
# 乡村人口	万人	7.3
当年出生人口数	人	4822
当年死亡人口数	人	1339
年末总户数	户	115773
# 乡村户数	户	20256
年末单位从业人数	人	15512
# 第二产业	人	7550
第三产业	人	7962
乡村从业人员数	人	37984
# 农林牧渔业	人	10696
城镇登记失业人员数	人	171
行政区域土地面积	平方公里	304.8
年末实有耕地面积	公顷	4001
# 水　田	公顷	60
旱　地	公顷	3941
二、综合经济		
(一)增加值		
第一产业增加值	万元	4986
农业增加值	万元	4258
林业增加值	万元	129
牧业增加值	万元	595
渔业增加值	万元	4
第二产业增加值	万元	42441
# 工业	万元	39841
第三产业增加值	万元	41956
(二)财政、金融、保险		
财政总收入	万元	19307
# 地方财政预算内收入	万元	11687
各项税收	万元	9972
财政支出	万元	10948
# 支农支出	万元	198
科学事业费支出	万元	80
教育事业费支出	万元	1771

15—05　续表 1

	单　　位	2001 年
年末金融机构各项存款余额	万元	2124466
# 城乡居民储蓄存款余额	万元	842496
年末金融机构各项贷款余额	万元	1577582
# 农业贷款	万元	21536
承保额	万元	1973574
# 农业险	万元	
保　费	万元	26646
已决赔款	万元	6513
三、农业		
(一)生产条件		
农业机械总动力	万千瓦	11.1
化肥使用量(折纯量)	吨	121
农药使用量	吨	13
地膜使用量	吨	41
农村用电量	万千瓦小时	5857
有效灌溉面积	公顷	1440
(二)农作物总播种面积	公顷	2290
粮食作物播种面积	公顷	1230
# 稻　谷	公顷	50
小　麦	公顷	
玉　米	公顷	480
大　豆	公顷	20
油料作物播种面积	公顷	10
棉花作物播种面积	公顷	
糖料作物播种面积	公顷	
蔬菜作物播种面积	公顷	1050
粮食总产量	吨	1278
# 稻　谷	吨	268
小　麦	吨	
玉　米	吨	588
大　豆	吨	3
油料产量	吨	9
棉花产量	吨	
糖料产量	吨	
水果产量	吨	659

15—05 续表 2

	单 位	2001 年
肉类总产量	吨	737
奶类产量	吨	1485
蔬菜产量	吨	69800
水产品产量	吨	20
四、工业		
国有及年销售收入 500 万元以上的非国有		
工业企业数	个	18
工业总产值(现价)	万元	42028.7
内资企业	万元	42028.7
港、澳、台商投资企业	万元	
外商投资企业	万元	
从业人员年平均数	人	3819
流动资产年平均余额	万元	25788.4
固定资产净值年平均余额	万元	10926.3
产品销售收入	万元	27631
# 产品销售税金及附加	万元	580
本年应交增值税	万元	1547.7
利润总额	万元	73.4
年销售收入 500 万元以下的非国有		
工业企业数	个	668
工业总产值(现价)	万元	129837
五、交通运输和邮电通讯		
境内公路里程	公里	112
境内铁路里程	公里	5
民用汽车拥有量	辆	1729
# 载客汽车	辆	92
私人汽车拥有量	辆	518
邮电业务总量	万元	57488
本地电话用户	户	94875
# 农村电话用户	户	
年末移动电话用户数	户	110303
互联网拨号上网用户	户	35452

15—05 续表 3

	单　　位	2001 年
六、贸易、外经、旅游		
限额以上批发零售贸易业商品销售总额	万元	25132.8
出口总额	万美元	
当年合同外资金额	万美元	124
当年实际使用外资金额	万美元	866.4
旅游总收入	万元	9241
旅游人数	人	265375
七、固定资产投资		
基本建设投资完成额	万元	875
# 地方项目	万元	875
基本建设新增固定资产	万元	123
更新改造投资完成额	万元	759
其它投资完成额	万元	7248
八、文教和卫生		
普通中学数	所	31
小学数	所	115
普通中学专任教师数	人	2145
小学专任教师数	人	3714
普通中学在校学生数	人	24454
小学在校学生数	人	55647
医院、卫生院数	所	31
医院、卫生院床位数	床	3019
医院、卫生院技术人员数	人	3521
# 医生	人	1871
九、人民生活		
城镇在岗职工年平均人数	人	14318
城镇在岗职工工资总额	万元	9913.4
农村居民人均可支配收入	元	3451
农民人均住房面积	平方米	26.5
社会福利院数	个	5
社会福利院床位数	床	76
参加基本养老保险的职工数	人	10347
参加基本医疗保险的职工数	人	3104
十、社会治安		
交通事故件数	件	273
刑事案件立案数	件	2375
犯罪人数	人	614
民事案件发案数	件	1954

15—05　续表 4

	单　　位	2001 年
补充资料：		
人口基本情况		
1. 总人口	人	556931
# 男	人	299508
女	人	257423
# 15—49 岁妇女人口数	人	164740
2. 0—14 岁人口数	人	97021
3. 15—64 岁人口数	人	427462
4. 65 岁以上人口数	人	32448
5. 少数民族人口	人	4246
6. 本县户籍人口中离开本县(市)半年	人	13427
受教育程度		
1. 文　　盲	人	20403
2. 小　　学	人	110734
3. 初　　中	人	192096
4. 高　　中	人	76230
5. 中　　专	人	41161
6. 大学专科及以上	人	82287
住　　房		
人均住房面积	平方米	17.1

15—06 晋源区国民经济主要指标

	单　位	2001 年
一、人口、劳动力及其他		
乡(镇)个数	个	6
村民委员会个数	个	96
年末总人口	万人	17.6
# 乡村人口	万人	11.4
当年出生人口数	人	2230
当年死亡人口数	人	455
年末总户数	户	47541
# 乡村户数	户	30010
年末单位从业人数	人	5250
# 第二产业	人	1480
第三产业	人	3770
乡村从业人员数	人	52546
# 农林牧渔业	人	25703
城镇登记失业人员数	人	101
行政区域土地面积	平方公里	287.6
年末实有耕地面积	公顷	8312
# 水　田	公顷	1569
旱　地	公顷	6743
二、综合经济		
(一)增加值		
第一产业增加值	万元	19238
农业增加值	万元	15743
林业增加值	万元	160
牧业增加值	万元	3187
渔业增加值	万元	148
第二产业增加值	万元	45766
# 工业	万元	43123
第三产业增加值	万元	16788
(二)财政、金融、保险		
财政总收入	万元	6772
# 地方财政预算内收入	万元	3544
各项税收	万元	3126
财政支出	万元	8444
# 支农支出	万元	415
科学事业费支出	万元	64
教育事业费支出	万元	1382

15—06 续表 1

	单 位	2001 年
年末金融机构各项存款余额	万元	796675
# 城乡居民储蓄存款余额	万元	315936
年末金融机构各项贷款余额	万元	591595
# 农业贷款	万元	8076
承保额	万元	740840
# 农业险	万元	
保 费	万元	9993
已决赔款	万元	2442
三、农业		
(一)生产条件		
农业机械总动力	万千瓦	19.2
化肥使用量(折纯量)	吨	1242
农药使用量	吨	38
地膜使用量	吨	71
农村用电量	万千瓦小时	3601
有效灌溉面积	公顷	4789
(二)农作物总播种面积	公顷	7850
粮食作物播种面积	公顷	4831
# 稻 谷	公顷	1180
小 麦	公顷	980
玉 米	公顷	1130
大 豆	公顷	810
油料作物播种面积	公顷	20
棉花作物播种面积	公顷	
糖料作物播种面积	公顷	
蔬菜作物播种面积	公顷	2980
粮食总产量	吨	27069
# 稻 谷	吨	8411
小 麦	吨	4512
玉 米	吨	8502
大 豆	吨	1315
油料产量	吨	52
棉花产量	吨	
糖料产量	吨	
水果产量	吨	2084

15—06 续表 2

	单位	2001 年
肉类总产量	吨	3068
奶类产量	吨	6596
蔬菜产量	吨	165331
水产品产量	吨	379
四、工业		
国有及年销售收入 500 万元以上的非国有		
工业企业数	个	11
工业总产值(现价)	万元	37578.6
内资企业	万元	37578.6
港、澳、台商投资企业	万元	
外商投资企业	万元	
从业人员年平均数	人	2788
流动资产年平均余额	万元	17716.3
固定资产净值年平均余额	万元	21344
产品销售收入	万元	27713.8
# 产品销售税金及附加	万元	233.1
本年应交增值税	万元	1417.8
利润总额	万元	2105
年销售收入 500 万元以下的非国有		
工业企业数	个	543
工业总产值(现价)	万元	110063
五、交通运输和邮电通讯		
境内公路里程	公里	215
境内铁路里程	公里	5
民用汽车拥有量	辆	1245
# 载客汽车	辆	59
私人汽车拥有量	辆	601
邮电业务总量	万元	21558
本地电话用户	户	35579
# 农村电话用户	户	
年末移动电话用户数	户	41363
互联网拨号上网用户	户	13294

15—06 续表 3

	单 位	2001年
六、贸易、外经、旅游		
限额以上批发零售贸易业商品销售总额	万元	25009
出口总额	万美元	
当年合同外资金额	万美元	30
当年实际使用外资金额	万美元	95
旅游总收入	万元	61540
旅游人数	人	1769233
七、固定资产投资		
基本建设投资完成额	万元	26000
# 地方项目	万元	5689
基本建设新增固定资产	万元	7787
更新改造投资完成额	万元	1085
其它投资完成额	万元	760
八、文教和卫生		
普通中学数	所	12
小学数	所	72
普通中学专任教师数	人	635
小学专任教师数	人	714
普通中学在校学生数	人	8446
小学在校学生数	人	18036
医院、卫生院数	所	10
医院、卫生院床位数	床	747
医院、卫生院技术人员数	人	796
# 医生	人	541
九、人民生活		
城镇在岗职工年平均人数	人	5075
城镇在岗职工工资总额	万元	3741.8
农村居民人均可支配收入	元	3083
农民人均住房面积	平方米	25
社会福利院数	个	6
社会福利院床位数	床	161
参加基本养老保险的职工数	人	2371
参加基本医疗保险的职工数	人	711
十、社会治安		
交通事故件数	件	190
刑事案件立案数	件	372
犯罪人数	人	113
民事案件发案数	件	523

15—06 续表 4

	单　　位	2001 年
补充资料：		
人口基本情况		
1. 总人口	人	180165
# 男	人	91777
女	人	88388
# 15—49 岁妇女人口数	人	51316
2. 0—14 岁人口数	人	41273
3. 15—64 岁人口数	人	126915
4. 65 岁以上人口数	人	11977
5. 少数民族人口	人	638
6. 本县户籍人口中离开本县(市)半年	人	3755
受教育程度		
1. 文　　盲	人	10792
2. 小　　学	人	53963
3. 初　　中	人	60475
4. 高　　中	人	18348
5. 中　　专	人	13130
6. 大学专科及以上	人	9077
住　　房		
人均住房面积	平方米	19.7

15—07　清徐县国民经济主要指标

	单　　位	2001 年
一、人口、劳动力及其他		
乡(镇)个数	个	8
村民委员会个数	个	193
年末总人口	万人	29.9
# 乡村人口	万人	26.3
当年出生人口数	人	3348
当年死亡人口数	人	1129
年末总户数	户	84601
# 乡村户数	户	69688
年末单位从业人数	人	12110
# 第二产业	人	2088
第三产业	人	9821
乡村从业人员数	人	106485
# 农林牧渔业	人	70883
城镇登记失业人员数	人	296
行政区域土地面积	平方公里	609.5
年末实有耕地面积	公顷	29880
# 水　田	公顷	74
旱　地	公顷	29806
二、综合经济		
(一)增加值		
第一产业增加值	万元	55319
农业增加值	万元	42507
林业增加值	万元	203
牧业增加值	万元	12295
渔业增加值	万元	314
第二产业增加值	万元	111287
# 工业	万元	104263
第三产业增加值	万元	101913
(二)财政、金融、保险		
财政总收入	万元	18127
# 地方财政预算内收入	万元	9763
各项税收	万元	8300
财政支出	万元	15806
# 支农支出	万元	1840
科学事业费支出	万元	182
教育事业费支出	万元	3674

15—07 续表 1

	单位	2001 年
年末金融机构各项存款余额	万元	280685
# 城乡居民储蓄存款余额	万元	231012
年末金融机构各项贷款余额	万元	187475
# 农业贷款	万元	5139
承保额	万元	91220
# 农业险	万元	
保 费	万元	1306
已决赔款	万元	236
三、农业		
(一)生产条件		
农业机械总动力	万千瓦	33.9
化肥使用量(折纯量)	吨	11694
农药使用量	吨	284
地膜使用量	吨	666
农村用电量	万千瓦小时	17478
有效灌溉面积	公顷	24530
(二)农作物总播种面积	公顷	32663
粮食作物播种面积	公顷	20461
# 稻 谷	公顷	73
小 麦	公顷	5517
玉 米	公顷	9276
大 豆	公顷	1105
油料作物播种面积	公顷	1464
棉花作物播种面积	公顷	893
糖料作物播种面积	公顷	113
蔬菜作物播种面积	公顷	9373
粮食总产量	吨	93030
# 稻 谷	吨	445
小 麦	吨	22230
玉 米	吨	49586
大 豆	吨	1742
油料产量	吨	2058
棉花产量	吨	770
糖料产量	吨	4967
水果产量	吨	13906

15—07 续表 2

	单 位	2001 年
肉类总产量	吨	19845
奶类产量	吨	16543
蔬菜产量	吨	605003
水产品产量	吨	800
四、工业		
国有及年销售收入 500 万元以上的非国有		
工业企业数	个	24
工业总产值(现价)	万元	174019.1
内资企业	万元	174019.1
港、澳、台商投资企业	万元	
外商投资企业	万元	
从业人员年平均数	人	23160
流动资产年平均余额	万元	154179.9
固定资产净值年平均余额	万元	67581.1
产品销售收入	万元	172245.4
# 产品销售税金及附加	万元	2409.9
本年应交增值税	万元	5875.8
利润总额	万元	—132.7
年销售收入 500 万元以下的非国有		
工业企业数	个	482
工业总产值(现价)	万元	193706
五、交通运输和邮电通讯		
境内公路里程	公里	452
境内铁路里程	公里	
民用汽车拥有量	辆	1939
# 载客汽车	辆	200
私人汽车拥有量	辆	717
邮电业务总量	万元	3094
本地电话用户	户	37111
# 农村电话用户	户	20723
年末移动电话用户数	户	22957
互联网拨号上网用户	户	181

15—07 续表 3

	单 位	2001 年
六、贸易、外经、旅游		
限额以上批发零售贸易业商品销售总额	万元	86125
出口总额	万美元	7841
当年合同外资金额	万美元	601
当年实际使用外资金额	万美元	240
旅游总收入	万元	30780
旅游人数	人	884616
七、固定资产投资		
基本建设投资完成额	万元	6257
# 地方项目	万元	6257
基本建设新增固定资产	万元	1257
更新改造投资完成额	万元	19150
其它投资完成额	万元	12148
八、文教和卫生		
普通中学数	所	21
小学数	所	193
普通中学专任教师数	人	1266
小学专任教师数	人	1715
普通中学在校学生数	人	17664
小学在校学生数	人	37690
医院、卫生院数	所	18
医院、卫生院床位数	床	592
医院、卫生院技术人员数	人	542
# 医生	人	313
九、人民生活		
城镇在岗职工年平均人数	人	11872
城镇在岗职工工资总额	万元	9013
农村居民人均可支配收入	元	3422
农民人均住房面积	平方米	16
社会福利院数	个	9
社会福利院床位数	床	95
参加基本养老保险的职工数	人	4771
参加基本医疗保险的职工数	人	
十、社会治安		
交通事故件数	件	209
刑事案件立案数	件	395
犯罪人数	人	164
民事案件发案数	件	1063

15—07 续表 4

	单　　位	2001 年
补充资料:		
人口基本情况		
1.总人口	人	328787
# 男	人	177429
女	人	151358
# 15—49 岁妇女人口数	人	84007
2.0—14 岁人口数	人	85176
3.15—64 岁人口数	人	223242
4.65 岁以上人口数	人	20369
5.少数民族人口	人	472
6.本县户籍人口中离开本县(市)半年	人	6500
受教育程度		
1.文　　盲	人	17123
2.小　　学	人	117590
3.初　　中	人	132048
4.高　　中	人	22069
5.中　　专	人	5417
6.大学专科及以上	人	4414
住　　房		
人均住房面积	平方米	19.2

15—08　阳曲县国民经济主要指标

	单　　位	2001 年
一、人口、劳动力及其他		
乡(镇)个数	个	9
村民委员会个数	个	245
年末总人口	万人	14.4
# 乡村人口	万人	12.4
当年出生人口数	人	1439
当年死亡人口数	人	762
年末总户数	户	45333
# 乡村户数	户	36249
年末单位从业人数	人	6307
# 第二产业	人	893
第三产业	人	4916
乡村从业人员数	人	50397
# 农林牧渔业	人	35129
城镇登记失业人员数	人	70
行政区域土地面积	平方公里	2059
年末实有耕地面积	公顷	33889
# 水　田	公顷	
旱　地	公顷	33889
二、综合经济		
(一)增加值		
第一产业增加值	万元	8795
农业增加值	万元	1618
林业增加值	万元	584
牧业增加值	万元	6559
渔业增加值	万元	34
第二产业增加值	万元	29987
# 工业	万元	26117
第三产业增加值	万元	14206
(二)财政、金融、保险		
财政总收入	万元	5475
# 地方财政预算内收入	万元	3447
各项税收	万元	2951
财政支出	万元	8261
# 支农支出	万元	811
科学事业费支出	万元	98
教育事业费支出	万元	1835

15—08　续表 1

	单　　位	2001 年
年末金融机构各项存款余额	万元	74028
# 城乡居民储蓄存款余额	万元	61131
年末金融机构各项贷款余额	万元	46737
# 农业贷款	万元	8932
承保额	万元	9800
# 农业险	万元	
保　费	万元	776
已决赔款	万元	308
三、农业		
(一)生产条件		
农业机械总动力	万千瓦	11.1
化肥使用量(折纯量)	吨	3713
农药使用量	吨	56
地膜使用量	吨	192
农村用电量	万千瓦小时	1757
有效灌溉面积	公顷	2302
(二)农作物总播种面积	公顷	29880
粮食作物播种面积	公顷	23856
# 稻　谷	公顷	
小　麦	公顷	
玉　米	公顷	5919
大　豆	公顷	2262
油料作物播种面积	公顷	2846
棉花作物播种面积	公顷	
糖料作物播种面积	公顷	
蔬菜作物播种面积	公顷	2431
粮食总产量	吨	11786
# 稻　谷	吨	
小　麦	吨	
玉　米	吨	4561
大　豆	吨	569
油料产量	吨	747
棉花产量	吨	
糖料产量	吨	
水果产量	吨	2688

15—08 续表 2

	单 位	2001 年
肉类总产量	吨	8203
奶类产量	吨	3539
蔬菜产量	吨	36496
水产品产量	吨	50
四、工业		
国有及年销售收入 500 万元以上的非国有		
工业企业数	个	16
工业总产值(现价)	万元	22814.1
内资企业	万元	18264
港、澳、台商投资企业	万元	3574.4
外商投资企业	万元	1292.7
从业人员年平均数	人	2582
流动资产年平均余额	万元	13928.1
固定资产净值年平均余额	万元	10832.1
产品销售收入	万元	24629.4
# 产品销售税金及附加	万元	137.2
本年应交增值税	万元	711.8
利润总额	万元	—11.9
年销售收入 500 万元以下的非国有		
工业企业数	个	1160
工业总产值(现价)	万元	68000
五、交通运输和邮电通讯		
境内公路里程	公里	548
境内铁路里程	公里	30
民用汽车拥有量	辆	1400
# 载客汽车	辆	67
私人汽车拥有量	辆	740
邮电业务总量	万元	2281
本地电话用户	户	11102
# 农村电话用户	户	4192
年末移动电话用户数	户	13530
互联网拨号上网用户	户	98

15—08 续表 3

	单 位	2001 年
六、贸易、外经、旅游		
限额以上批发零售贸易业商品销售总额	万元	2386
出口总额	万美元	
当年合同外资金额	万美元	
当年实际使用外资金额	万美元	
旅游总收入	万元	3077
旅游人数	人	88472
七、固定资产投资		
基本建设投资完成额	万元	8903
# 地方项目	万元	8903
基本建设新增固定资产	万元	5900
更新改造投资完成额	万元	
其它投资完成额	万元	999
八、文教和卫生		
普通中学数	所	17
小学数	所	246
普通中学专任教师数	人	579
小学专任教师数	人	676
普通中学在校学生数	人	8101
小学在校学生数	人	12394
医院、卫生院数	所	19
医院、卫生院床位数	床	743
医院、卫生院技术人员数	人	447
# 医生	人	303
九、人民生活		
城镇在岗职工年平均人数	人	6314
城镇在岗职工工资总额	万元	4298.5
农村居民人均可支配收入	元	878
农民人均住房面积	平方米	15
社会福利院数	个	15
社会福利院床位数	床	230
参加基本养老保险的职工数	人	1965
参加基本医疗保险的职工数	人	
十、社会治安		
交通事故件数	件	28
刑事案件立案数	件	83
犯罪人数	人	77
民事案件发案数	件	360

15—08 续表 4

	单　　位	2001 年
补充资料：		
人口基本情况		
1.总人口	人	142109
# 男	人	74361
女	人	67748
# 15—49 岁妇女人口数	人	37023
2.0—14 岁人口数	人	35858
3.15—64 岁人口数	人	94156
4.65 岁以上人口数	人	12095
5.少数民族人口	人	150
6.本县户籍人口中离开本县(市)半年	人	6269
受教育程度		
1.文　　盲	人	9080
2.小　　学	人	50985
3.初　　中	人	54781
4.高　　中	人	9705
5.中　　专	人	3143
6.大学专科及以上	人	2541
住　　房		
人均住房面积	平方米	18.6

15—09 娄烦县国民经济主要指标

	单　　位	2001年
一、人口、劳动力及其他		
乡(镇)个数	个	7
村民委员会个数	个	217
年末总人口	万人	11.2
# 乡村人口	万人	9.5
当年出生人口数	人	2778
当年死亡人口数	人	393
年末总户数	户	31399
# 乡村户数	户	23108
年末单位从业人数	人	5354
# 第二产业	人	628
第三产业	人	4625
乡村从业人员数	人	46408
# 农林牧渔业	人	32530
城镇登记失业人员数	人	18
行政区域土地面积	平方公里	1276
年末实有耕地面积	公顷	28866
# 水　田	公顷	
旱　地	公顷	28866
二、综合经济		
(一)增加值		
第一产业增加值	万元	1612
农业增加值	万元	191
林业增加值	万元	282
牧业增加值	万元	1133
渔业增加值	万元	6
第二产业增加值	万元	12180
# 工业	万元	9680
第三产业增加值	万元	8400
(二)财政、金融、保险		
财政总收入	万元	2141
# 地方财政预算内收入	万元	1424
各项税收	万元	1127
财政支出	万元	7966
# 支农支出	万元	820
科学事业费支出	万元	21
教育事业费支出	万元	1842

15—09　续表1

	单　　位	2001年
年末金融机构各项存款余额	万元	37452
# 城乡居民储蓄存款余额	万元	28161
年末金融机构各项贷款余额	万元	19088
# 农业贷款	万元	4720
承保额	万元	38600
# 农业险	万元	
保　费	万元	577
已决赔款	万元	187.2
三、农业		
(一)生产条件		
农业机械总动力	万千瓦	4.3
化肥使用量(折纯量)	吨	839
农药使用量	吨	6
地膜使用量	吨	91
农村用电量	万千瓦小时	828
有效灌溉面积	公顷	1030
(二)农作物总播种面积	公顷	9360
粮食作物播种面积	公顷	7050
# 稻　谷	公顷	
小　麦	公顷	
玉　米	公顷	780
大　豆	公顷	670
油料作物播种面积	公顷	1300
棉花作物播种面积	公顷	
糖料作物播种面积	公顷	
蔬菜作物播种面积	公顷	740
粮食总产量	吨	4019
# 稻　谷	吨	
小　麦	吨	
玉　米	吨	772
大　豆	吨	279
油料产量	吨	496
棉花产量	吨	
糖料产量	吨	
水果产量	吨	298

15—09 续表 2

	单位	2001年
肉类总产量	吨	1811
奶类产量	吨	24
蔬菜产量	吨	12260
水产品产量	吨	10
四、工业		
国有及年销售收入500万元以上的非国有		
工业企业数	个	12
工业总产值(现价)	万元	6813.4
内资企业	万元	6813.4
港、澳、台商投资企业	万元	
外商投资企业	万元	
从业人员年平均数	人	1328
流动资产年平均余额	万元	7646.7
固定资产净值年平均余额	万元	11991.7
产品销售收入	万元	6145.8
# 产品销售税金及附加	万元	372.9
本年应交增值税	万元	129.8
利润总额	万元	-102.3
年销售收入500万元以下的非国有		
工业企业数	个	122
工业总产值(现价)	万元	18347
五、交通运输和邮电通讯		
境内公路里程	公里	313
境内铁路里程	公里	
民用汽车拥有量	辆	264
# 载客汽车	辆	59
私人汽车拥有量	辆	182
邮电业务总量	万元	1328
本地电话用户	户	7142
# 农村电话用户	户	2966
年末移动电话用户数	户	8172
互联网拨号上网用户	户	32

	单 位	2001 年
六、贸易、外经、旅游		
限额以上批发零售贸易业商品销售总额	万元	
出口总额	万美元	
当年合同外资金额	万美元	
当年实际使用外资金额	万美元	
旅游总收入	万元	3067
旅游人数	人	88453
七、固定资产投资		
基本建设投资完成额	万元	3021
# 地方项目	万元	
基本建设新增固定资产	万元	3000
更新改造投资完成额	万元	
其它投资完成额	万元	300
八、文教和卫生		
普通中学数	所	14
小学数	所	211
普通中学专任教师数	人	492
小学专任教师数	人	986
普通中学在校学生数	人	5766
小学在校学生数	人	13920
医院、卫生院数	所	14
医院、卫生院床位数	床	210
医院、卫生院技术人员数	人	210
# 医生	人	132
九、人民生活		
城镇在岗职工年平均人数	人	5195
城镇在岗职工工资总额	万元	3880.4
农村居民人均可支配收入	元	709
农民人均住房面积	平方米	18
社会福利院数	个	5
社会福利院床位数	床	28
参加基本养老保险的职工数	人	1619
参加基本医疗保险的职工数	人	
十、社会治安		
交通事故件数	件	65
刑事案件立案数	件	101
犯罪人数	人	74
民事案件发案数	件	247

15—09 续表 4

	单 位	2001 年
补充资料：		
人口基本情况		
1.总人口	人	109412
# 男	人	58302
女	人	51110
# 15—49 岁妇女人口数	人	27025
2.0—14 岁人口数	人	33014
3.15—64 岁人口数	人	69226
4.65 岁以上人口数	人	7172
5.少数民族人口	人	123
6.本县户籍人口中离开本县(市)半年	人	4860
受教育程度		
1.文 盲	人	13920
2.小 学	人	40161
3.初 中	人	30867
4.高 中	人	7354
5.中 专	人	3106
6.大学专科及以上	人	2128
住 房		
人均住房面积	平方米	16.7

15—10　古交市国民经济主要指标

	单　　位	2001 年
一、人口、劳动力及其他		
乡(镇)个数	个	14
村民委员会个数	个	200
年末总人口	万人	20.7
# 乡村人口	万人	9.9
当年出生人口数	人	3069
当年死亡人口数	人	218
年末总户数	户	67488
# 乡村户数	户	29524
年末单位从业人数	人	12241
# 第二产业	人	3898
第三产业	人	8193
乡村从业人员数	人	40783
# 农林牧渔业	人	21645
城镇登记失业人员数	人	1310
行政区域土地面积	平方公里	1584
年末实有耕地面积	公顷	24925
# 水　田	公顷	
旱　地	公顷	24925
二、综合经济		
(一)增加值		
第一产业增加值	万元	8317
农业增加值	万元	5765
林业增加值	万元	79
牧业增加值	万元	2414
渔业增加值	万元	59
第二产业增加值	万元	154238
# 工业	万元	150007
第三产业增加值	万元	55196
(二)财政、金融、保险		
财政总收入	万元	14515
# 地方财政预算内收入	万元	8686
各项税收	万元	7588
财政支出	万元	10833
# 支农支出	万元	281
科学事业费支出	万元	88
教育事业费支出	万元	2937

15—10　续表 1

	单　　位	2001 年
年末金融机构各项存款余额	万元	201603
# 城乡居民储蓄存款余额	万元	169114
年末金融机构各项贷款余额	万元	68198
# 农业贷款	万元	4932
承保额	万元	248881
# 农业险	万元	
保　费	万元	2268
已决赔款	万元	628.5
三、农业		
(一)生产条件		
农业机械总动力	万千瓦	10.8
化肥使用量(折纯量)	吨	760
农药使用量	吨	14
地膜使用量	吨	114
农村用电量	万千瓦小时	2740
有效灌溉面积	公顷	1040
(二)农作物总播种面积	公顷	13861
粮食作物播种面积	公顷	10668
# 稻　谷	公顷	
小　麦	公顷	
玉　米	公顷	1342
大　豆	公顷	805
油料作物播种面积	公顷	1956
棉花作物播种面积	公顷	
糖料作物播种面积	公顷	
蔬菜作物播种面积	公顷	1088
粮食总产量	吨	7462
# 稻　谷	吨	
小　麦	吨	
玉　米	吨	1333
大　豆	吨	237
油料产量	吨	466
棉花产量	吨	
糖料产量	吨	
水果产量	吨	569

15—10 续表 2

	单位	2001 年
肉类总产量	吨	3723
奶类产量	吨	56
蔬菜产量	吨	51490
水产品产量	吨	100
四、工业		
国有及年销售收入 500 万元以上的非国有		
工业企业数	个	41
工业总产值(现价)	万元	76355
内资企业	万元	61222
港、澳、台商投资企业	万元	15133
外商投资企业	万元	
从业人员年平均数	人	6448
流动资产年平均余额	万元	33649
固定资产净值年平均余额	万元	39290
产品销售收入	万元	61909
# 产品销售税金及附加	万元	2479
本年应交增值税	万元	5044
利润总额	万元	5649
年销售收入 500 万元以下的非国有		
工业企业数	个	756
工业总产值(现价)	万元	354102
五、交通运输和邮电通讯		
境内公路里程	公里	588
境内铁路里程	公里	53.7
民用汽车拥有量	辆	1320
# 载客汽车	辆	94
私人汽车拥有量	辆	508
邮电业务总量	万元	5004
本地电话用户	户	32092
# 农村电话用户	户	10316
年末移动电话用户数	户	18651
互联网拨号上网用户	户	296

15—10　续表 3

	单　　位	2001 年
六、贸易、外经、旅游		
限额以上批发零售贸易业商品销售总额	万元	1497
出口总额	万美元	
当年合同外资金额	万美元	660
当年实际使用外资金额	万美元	80
旅游总收入	万元	6154
旅游人数	人	176923
七、固定资产投资		
基本建设投资完成额	万元	64377
# 地方项目	万元	57662
基本建设新增固定资产	万元	19599
更新改造投资完成额	万元	10328
其它投资完成额	万元	
八、文教和卫生		
普通中学数	所	15
小学数	所	263
普通中学专任教师数	人	750
小学专任教师数	人	976
普通中学在校学生数	人	11941
小学在校学生数	人	15847
医院、卫生院数	所	26
医院、卫生院床位数	床	1162
医院、卫生院技术人员数	人	1483
# 医生	人	747
九、人民生活		
城镇在岗职工年平均人数	人	12284
城镇在岗职工工资总额	万元	10130.4
农村居民人均可支配收入	元	3024
农民人均住房面积	平方米	19.9
社会福利院数	个	11
社会福利院床位数	床	88
参加基本养老保险的职工数	人	3325
参加基本医疗保险的职工数	人	
十、社会治安		
交通事故件数	件	99
刑事案件立案数	件	376
犯罪人数	人	207
民事案件发案数	件	1279

15—10 续表 4

	单　　位	2001 年
补充资料：		
人口基本情况		
1.总人口	人	205702
# 男	人	110105
女	人	95597
# 15—49 岁妇女人口数	人	56394
2.0—14 岁人口数	人	56992
3.15—64 岁人口数	人	139781
4.65 岁以上人口数	人	8929
5.少数民族人口	人	853
6.本县户籍人口中离开本县(市)半年	人	5499
受教育程度		
1.文　　盲	人	12770
2.小　　学	人	55081
3.初　　中	人	85738
4.高　　中	人	17349
5.中　　专	人	9404
6.大学专科及以上	人	6431
住　　房		
人均住房面积	平方米	17.4

常用度量衡单位及换算

长度单位

1 厘米＝0.3 市寸＝0.3937 英寸
1 英寸＝2.5399 厘米＝0.7619 市寸
1 市尺＝0.3333 米＝1.0936 英尺
1 市里＝0.5 千米＝0.3107 英里＝0.27 海里
1 千米(公里)＝2 市里＝0.6214 英里＝0.5399 海里
1 英里＝1.6093 千米＝3.2185 市里＝0.8689 海里
1 海里＝1.852 千米＝3.704 市里＝1.1508 英里
1 市寸＝3.3333 厘米＝1.3123 英寸
1 米＝3 市尺＝3.2808 英尺
1 英尺＝0.3048 米＝0.9144 市尺
1 市丈＝10 市尺＝100 市寸＝3.3333 米

面(地)积单位

1 平方厘米＝0.09 平方市寸＝0.155 平方英寸
1 平方英寸＝6.4516 平方厘米＝0.5806 平方市寸
1 平方市尺＝0.1111 平方米＝1.196 平方英尺
1 公倾＝100 公亩＝15 市亩＝2.471 英亩
1 英亩＝0.405 公倾＝6.07 市亩
1 平方千米(平方公里)＝100 公顷＝4 平方市里＝0.386 平方英里
1 平方英里＝2.5907 平方千米＝259.0674 公顷＝10.3627 平方市里
1 市厘＝0.1 市分＝0.01 市亩
1 平方市寸＝11.1111 平方厘米＝1.7222 平方英寸
1 平方米＝9 平方市尺＝10.7636 平方英尺
1 平方英尺＝0.0929 平方米＝0.8362 平方市尺
1 市亩＝6.667 公亩＝0.165 英亩
1 公亩＝100 平方米

质量(重量)单位

1 克＝0.02 市两＝0.0353 盎司
1 盎司＝28.35 克＝0.5671 市两
1 市斤＝0.5 千克＝1.1023 英磅
1 吨＝0.9842 英吨＝1.1023 美吨
1 美吨＝0.9072 吨＝0.8929 英吨
1 市两＝50 克＝1.7635 盎司
1 千克(公斤)＝2 市斤＝2.2046 英磅
1 英镑＝0.4536 千克＝0.9072 市斤
1 英吨＝1.016 吨＝1.12 美吨
1 市担＝50 千克

容(体)积单位

1 升＝1 市升＝0.22 英加仑＝0.264 美加仑
1 英加仑＝4.5455 升＝4.5455 市升＝1.2 美加仑
1 美加仑＝3.7879 升＝3.7879 市升＝0.8333 英加仑
1 立方厘米＝0.000001 立方米＝0.000027 立方市尺＝0.06102 立方英寸＝0.00004 立方英尺
1 立方米＝1000000 立方厘米＝27 立方市尺＝61022 立方英寸＝35.3134 立方英尺
1 立方市尺＝0.037 立方米＝37037 立方厘米＝2260 立方英寸＝1.3079 立方英尺
1 立方英寸＝0.000016 立方米＝16.3875 立方厘米＝0.00044 立方市尺＝0.00058 立方英尺
1 立方英尺＝0.02832 立方米＝28318 立方厘米＝0.7646 立方市尺＝1728 立方英寸

编 后 说 明

一、2002年版《太原社会经济统计年鉴》是一本统计信息密集、综合性强的资料工具书，分上下两卷。分别收录了2000年和2001年太原社会和经济等各方面的主要统计数据。

二、全书内容分为：1.综合；2.人口、计划生育和社会治安；3.农业；4.工业、能源、交通、运输、邮电；5.企业调查；6.固定资产投资、建筑业；7.公用事业；8.财政、金融、税务、保险；9.物价指数；10.城市居民住户调查；11.农村住户调查；12.国内外贸易、旅游；13.劳动力和职工工资；14.科教文卫体、民政；15.县（市、区）经济概况共十五部分。

三、本年鉴总量指标计算所采用的价格除注明外均为当年价格。

四、本年鉴资料主要来自年度统计报表，一部分来自抽样调查和业务统计年报。

五、本年鉴表中的符号使用说明：

"空格"表示该项统计数据不详或无；

"#"表示其中主要项。

六、读者在使用历史资料时，凡与本年鉴有出入的，均以本年鉴为准。

七、本年鉴出版发行，受到了社会各界的关心和支持，对此我们深表谢意。欢迎读者对年鉴的内容、编排等方面提出宝贵意见，以帮助我们进一步改进编辑工作，更好地为读者服务。